陕西师范大学人文社会科学高等研究院资助出版（项目编号2018GY006）

"中国文学人类学原创书系"编委会

主　编

叶舒宪

副主编

李永平

编　委

冯晓立　刘东风　徐新建

彭兆荣　程金城

陕西师范大学人文社会科学高等研究院资助出版（项目编号2018GY006）

中国文学人类学原创书系
叶舒宪　主编

文学人类学的想象力

赵周宽　著

陕西师范大学出版总社

图书代号:SK19N0774

图书在版编目(CIP)数据

文学人类学的想象力 / 赵周宽著. —西安:陕西师范大学出版总社有限公司,2019.6
(中国文学人类学原创书系 / 叶舒宪主编)
ISBN 978-7-5695-0860-4

Ⅰ.①文… Ⅱ.①赵… Ⅲ.①文化人类学—研究 Ⅳ.①C958

中国版本图书馆 CIP 数据核字(2019)第 108388 号

文学人类学的想象力
WENXUE RENLEIXUE DE XIANGXIANGLI
赵周宽 著

责任编辑	王红凯
责任校对	陈梅宝
装帧设计	锦 册
出版发行	陕西师范大学出版总社
	(西安市长安南路 199 号 邮编 710062)
网 址	http://www.snupg.com
印 刷	西安牵井印务有限公司
开 本	720mm×1020mm 1/16
印 张	19.5
插 页	2
字 数	290 千
版 次	2019 年 6 月第 1 版
印 次	2019 年 6 月第 1 次印刷
书 号	ISBN 978-7-5695-0860-4
定 价	88.00 元

读者购书、书店添货或发现印刷装订问题,影响阅读,请与营销部联系、调换。
电话:(029)85307864 85303635 传真:(029)85303879

总序

2018年，正值中国改革开放40周年纪念之际，陕西师范大学出版总社推出"中国文学人类学原创书系"，对改革开放的时代大潮在人文学界催生的这个新兴学科，给出一个较全面的回顾与总结，以便继往开来，积极拓展人文学科的教学与研究新局面，可谓恰逢其时。

50后这代人的青春岁月，激荡在汹涌澎湃的"文革"浪潮之中。"文革"后的改革开放，相当于天赐给这一代知识人第二次青春。1977年恢复高考，我们在1978年春天步入大学校园，那种只争朝夕、如饥似渴的求学景象，至今仍历历在目。改革开放带来"科学的春天"，也第一次带来人文科学方面的世界景观。正如改革的基本方向是向发达国家学习市场经济模式一样，人文学者们也投入全副精力，虚心学习借鉴国际上先进的理论与研究方法。"神话-原型批评"就是当时的新方法论讨论热潮中，最早进入我们视野的一个理论流派。1986年我编成译文集《神话-原型批评》时，先将长序刊发在《陕西师大学报》上，文中介绍原型理论的宗师弗莱的观点时讲道：

> 物理学和天文学形成于文艺复兴时期，化学形成于18世纪，生物学形成于19世纪，而社会科学则形成于20世纪。系统的文

学批评学只是到了今天才得以发展。……正像自然科学体系的建立有赖于把握自然界本身的规律。一部文学作品,它所体现的规律性因素不是作家个人天才创造发明的,而是在文学的历史发展中,在文化传统中所形成的,这种规律性的因素就是"原型"。……从文学史的考察中可以看到,文学作为一个有机整体,植根于原始文化,最初的文学模式必然要追溯到远古的宗教仪式、神话和民间传说中去。"这样说来,探求原型实际上就是一种文学上的人类学"。

当时无论如何也不曾想到,这样一段话,居然能够准确地预示这一批学人后来几十年学术探索的方向。"文学人类学"这个名称,也就由此在汉语学术界里发端。10年之后的1996年,在长春召开的中国比较文学学会第五届学术年会上,中国文学人类学研究会宣告成立(首任会长为萧兵先生),如今简称"文学人类学研究会"。从研究文学的神话原型,到探索华夏文明的思想、信仰和想象的原型,这一派学者如今正式提出的大小传统理论和文化文本符号编码理论,可以说早已全面超越了当年所借鉴学习的原型批评理论,走出文学本位的限制,走向融通文史哲、宗教、艺术、心理学的广阔领域。

从1986年到2018年,整整32年过去了,我们也经历了自己人生从而立到花甲的过程。如今我们要解读的是5000多年前的先于华夏文明国家的"文化文本",阐发的是河南灵宝西坡仰韶文化大墓的神话学内涵。这是当年完全没有预料到的。是问题意识,先把我们引入文化人类学的宽广领域,再度引入中国考古学的全新知识世界,这样的跨越幅度,的确是当初摸索文学人类学研究范式时所始料未及的。

从原型批评倡导的文学有机整体论,拓展到文化符号的有机整体论、史前与文明贯通的文化文本论,这就是我们努力探索近40年的基本方向。西周青铜器上出现"中国"这个词语,至今不过3000年时间。2018年2月4日,我第二次给国家图书馆"文津讲坛"开设讲座,题目是"九千年玉文化传承"。今日的学者能够在9000年延续不断的文化大背景中研究"中国"

和"中国文学",就是从先于文字的文化大传统,重新审视文字书写小传统的一套完整思路。相信这样一种前无古人的理论思路和研究范式,是学者们对西方原型批评方法的全面超越和深化,这将会引向未来的知识更新格局。

本丛书要展示这40年的探索历程,以萧兵先生为首的这一批兴趣广泛的学人是如何一路走来,并逐渐成长壮大的。本丛书将给这个新兴学科留下它及时的也最有说服力的存照。希望后来者能够继往开来,特别注重不断发展和完善中国版的文化理论和文学理论,包括作为文史研究当代新方法论的三重证据法和四重证据法。

是为丛书总序。

叶舒宪
2018年2月7日于北京太阳宫

自 序
作为方法论探索的文学人类学

中国文学人类学从20世纪80年代的思想文化寻根到新世纪的体系建构,已经走过了近四十年的探索历程。文学人类学扎根于中国当代人文研究范式革新的时代土壤中,体现出理论探索的勇气。新世纪的自觉的方法论建构,已经初步建立起新的人文研究范式。当代中国的文学人类学在叶舒宪、徐新建和彭兆荣的引领下,仍然进行着积极的突破与创新。叶舒宪新著《文学人类学探索》①对这一学科的理论体系做出整体的描述和总结。

笔者从本科学习阶段,就对萧兵、叶舒宪的中国文化破译系列研究产生了浓厚的兴趣,在叶氏于2004年起担任西安外国语大学特聘教授之后,每年都有两周时间听他的讲座,更被其方法论探索所吸引。叶氏在西外的讲座围绕大传统、国学研究、神话历史、比较神话学、文化研究和文化产业、中华文明探源等重要课题展开。作为叶氏讲座的铁杆粉丝,笔者见证了新世纪的文学人类学体系建构的历程。叶氏在此阶段提出的"四重证据""N级编码理论""大小传统""文化文本""玉教说"等理论概念,极大地拓展了文学人类学研究论域。叶氏本人理论创新与方法论示例相结合的研究

---

① 叶舒宪:《文学人类学探索》,陕西师范大学出版总社2018年版。

思路,也为文学人类学的后学提供了研究范例,方便了本学科的深入展开。

文学人类学研究借助于多重方法,立体而动态地阐释了文化文本的生成与变迁,不仅扩展了文学研究领域,而且在人文学科的整体范围内都具有超强的理论辐射力。文学人类学刷新了现代性的文学概念,对于以虚构、想象和抒情为特质的现代性文学观予以极大的扩容。叶舒宪在回顾文学人类学的发展历程时谈道:

> 从原型批评倡导的文学有机整体论,拓展到文化符号的有机整体论、史前与文明贯通的文化文本论,这就是我们努力探索近四十年的基本方向……今日的学者能够在9000年延续不断的文化大背景中研究"中国"和"中国文学",这就是从先于文字的文化大传统,重新审视文字书写小传统的一套完整思路。①

文学研究视域的开拓,在纵向的历史方向上,把神话、法术、原始思维等纳入研究范围中,这就使文学人类学具有了文化考古、思想考古和观念考古的内涵;历史性溯源的同时也把人类精神不同部门浑然一体的历史情境展示出来,巫术、神话等人类远古时代的精神表达方式,是历史时期政治、经济、文化、宗教等不同部门的共同母体。马克思主义所谓的人类把握世界的不同方式,在此情境中是尚未分化的。因此,从现代性的分类学科视角来看,文学人类学对远古精神世界的还原,也是借"文学"之名,向哲学、历史以及其他艺术部门的渗透和拓展。

这种意义上的"效应史",从文学人类学的"史前"时期开始,就在人文学科范围内发酵,并对毗邻学科和繁难问题产生破解的奇效。王国维对"二重证据"的启动、郑振铎的《汤祷篇》等,以"文史研究"介入社会思想和时局之中去,这种研究在方法论溯源的意义上被确认为文学人类学的早期实践②,较早显示了人文学科的跨界魄力。在当代中国文学人类学的草

---

① 叶舒宪:《文学人类学探索》,陕西师范大学出版总社2018年版,总序第Ⅱ—Ⅲ页。
② 苏永前:《20世纪前期中国文学人类学实践研究》,中国社会科学出版社2017年版。

创阶段,萧兵、叶舒宪的"文化寻根"呼应了20世纪80年代的思想潮流,并突破"文学思潮"的界限,将文化之根的探寻追溯到古早的精神世界之中去。①文学人类学草创期的"跨界"和"破界"魄力不让前贤,同时也展现新的特征。

20世纪80年代,是人文学者在长久的思想禁锢之后,积极吸收西方新知以建构中国人文学科体系的建设期,同时也是对自身文化的深入探索和再奠基时期。建构独立学科体系和冲决体系壁垒的两极张力,体现在文学人类学的初期探索中。文学人类学对其他学科(包括自然科学)知识的积极吸收、对跨界性问题的多维思考、对人文学科基本问题出其不意的破解和阐释,是这一时期整个学术界思想张力的体现。哲学研究中的"道""气""天人合一""太一""生"等基本概念,历史学中的"循环历史观""进化史观"与"退化史观"等基本问题,都在对"文学"史的解读中得到贯通性理解。立足学科本位,我们可以把文学人类学对于这些问题的解读视作文学研究的"观念效应",虽然在文学人类学所复原的古远精神情境中,现代性的文史哲划分显得扞格不入。

本书尝试展开的研究,正与这种"效应史"相关。文学人类学在新世纪的体系建构中所提出的概念,研究中所运用的方法,构成本著的研究对象。因此,与文学人类学同人自觉运用这些方法概念解析文学和文化事项不同,笔者还尝试对这些概念本身做出方法论的还原、阐释和评测。本书的论述对象处于文学人类学的初步成熟期,研究方法则具有立足既成概念本身的现象学特征。叶舒宪将文学人类学的"前史"追溯至清末民初学者的甲骨文、古史、神话研究中,并将萧兵先生作为文学人类学的自觉开创者,当代文学人类学界更将叶氏与彭兆荣、徐新建并称为"三驾马车"。不仅"前史"阶段的研究与当代探索在问题指向、问题意识和具体论题方面存在很大的差异,"三驾马车"也各擅其长,相互助益且互为补充。因而,

---

① 《中国神话哲学》《高唐神女与维纳斯》《诗经的文化阐释》《庄子的文化解析》《老子与神话》《英雄与太阳》六种著作2005年由陕西人民出版社再版。直接提出对传统文化进行"破译"的萧兵先生的巨著《楚辞的文化破译——一个微宏观互渗的研究》于1991年由湖北人民出版社出版。

完整的"文学人类学图谱"并不存在,这种状况正与这门学科的"破界"特性相对应。完整梳理文学人类学的方法论是不可能的,另外一个重要的原因在于,这门学科仍处于积极的论域突创期,领军人物的勃勃雄心和理论创新生机仍在不断吸引着新的研究者加入研究队伍中来。

文学人类学从文学研究出发,对文化表述、文明探源、文化自信等时代命题的深刻阐发和重任担当的勇气和魄力值得钦佩。文学人类学走出书斋,与现实问题和时代关切实现连接,是自然而然的过程。本书是对叶舒宪新世纪文学人类学体系建构的阐释,主要是对一段学术生成史的近距离"浅描",笔者热切期待着更具理论阐释力的"深描"著作的出现。与期待中的方法论系统研究相比,本研究更多是对文学人类学核心概念的阐释以及在此基础上对新兴艺术的解读。因此,本书应该算是基于文学人类学方法论的"想象力"伸展,化用社会学家米尔斯的书名《社会学的想象力》,本著名为《文学人类学的想象力》。

"想象力"的涵摄力,可以从以下几个方面显示出来。

首先,在文学创作和文学批评中,"想象力"被理解为作家构思的"黑箱"和笔下生花的"核心技术",古今中外的批评理论在这方面的论述不胜枚举。这种"精骛八极,心游万仞"的心理能力,在现代心理学中被解释为早期记忆的遗留,这就导致对作家儿童期经验的追溯。弗洛伊德在这方面毁誉参半的著名研究,是个体心理研究的典型案例;荣格则突破个体心理,在社会集体的层面上为想象力探源。荣格的视界,并非完全现代科学式的,他把前科学的神秘记忆也纳入现代人心理和精神的根源背景范围内,这就使得他的神话研究在反思科学理性的审美领域容易发酵。文学人类学在这方面受益良多。通过历史溯源,文学中的想象力脱去"审美"的华装,展现巫术、神话、仪式等现代性"他者"的面向,艺术想象力中透显出的个体天才的神秘性,被人类集体历史想象力和文化想象力的"神秘性"所取代,现代科学中的"求知"本能(亚里士多德)突破了现代科学的藩篱。这或许是人类社会集体想象超常之"力"的展现吧。

其次,想象力被置于人类知性先天能力层面加以理解,因此成为先验认识论中的核心问题。用思辨哲学"收纳"人类集体想象之"力"的"努力",在康德的想象力理论中得到典型表现。在《纯粹理性批判》第一版（即 A 版先验演绎）中,想象力被理解为独立自发的"认识功能"（faculty）,而在修改之后的第二版（即 B 版先验演绎）中,它被设定为是知性对感性的一种作用,也就是所谓的"纯粹知性先验综合的最初应用"①。纯粹知性的先验综合能力改造应用于感性的经验中,从而把经验性的知识纳入哲学思辨中,这是奠定哲学根基的必要程序,也是思辨哲学与经验性、历史性研究形成争执、对峙而又互益的根源所在。能否通过经验性的描述达到超经验的、普遍必然的知识,在西方曾引发诗歌、历史和哲学间长久的三角争辩,《诗学》的作者亚里士多德、《理想国》中的苏格拉底和《历史》的作者希罗多德,分别站在三条论辩战线上。想象力的问题,正是三条线上争执的核心问题。哲学对想象力的极力收纳和文学想象力的无边迸发构成的张力,在文学人类学中通过更深的历史性还原（神话世界）得到缓解。想象力问题似乎既是张力的"增压器",又是其"解压阀"。

第三,米尔斯在社会学论域中提出的"想象力",是对这一古老词汇的"翻新",其中同样蕴含着强大的张力。米尔斯这一概念问题意识是:现代人面对生存世界和观念的巨变,无法将私己的生活与社会历史相关联而形成一种整体认知,因此需要借助于"社会学的想象力"以形成全新的世界观。米尔斯所发现的问题是全球性的,即在世界的一体化（全球化）背景中存在着分裂和离散的趋势,全球一体化的"地球村"想象与更加孤独的原子式个体境况相携并进。米尔斯试图借助社会学这门综合性的学科来建构整合世界观,形成个体与世界历史的有机连接。他把这种想象力看作是当代人的心灵必需,认为:

> 他们所需要的,以及他们感到他们所需要的,是一种特定的心智品质,能够有助于他们运用信息,发展理性,以求清晰地概括出周边世界正在发生什么,他们自己又会遭遇到什么。②

---

① 康德:《纯粹理性批判》,李秋零译,中国人民大学出版社 2011 年版,第 117 页。
② C. 赖特·米尔斯:《社会学的想象力》,李康译,北京师范大学出版社 2017 年版,第 4 页。

并认为,这种现象力可以帮助人们认识到,"个体若想理解自己的体验,估测自己的命运,就必须将自己定位到所处的时代"。米尔斯呼吁构建的这种想象力,正是现代哲学期望通过启蒙而让每一个现代公民都能获得的"健全理性"。人类个体面对时代巨变时的莫知所措,并没有随着知识的普及而有丝毫减弱;面对海量数据对有效信息的择取,重新考验着人类的理性能力。

如果说自然科学的发展遵循着知识逐层深化的客观逻辑,人文科学的发展则随时存在"歧路亡羊"的危险。人文学者的视野和格局,直接决定着学术的意义和价值。在知识全球化和后全球化时代,人文知识不仅呈现数量的爆炸式激增,其发展方向和视界选择的影响因素也更加多样化了,人文学科之间形成共通的知识世界的难度大大增加了。文学人类学从对文学的研究出发,将视野拓展至文化和历史的广阔领域中,如何保持其学科品格的一致性呢?在该学科所展现的广阔丰富的论域中,如何保持一种"健全意识",对于初入门径者来说是一项考验,对于长期进行相关研究的学者来说同样如此。

"想象力"在此意义上指称一种一致性的视界、学科范式和研究风格。这种想象力可以帮助我们确定,面对广泛的人文化的世界,我们应该将哪些问题纳入研究范围内,以及对于与其他学科共享的研究课题,文学人类学的独特视角该是怎样的。"文学人类学的想象力"既拓展关于"文学"和"人类学"的"想象空间",也收缩和规范"文学人类学"的想象范围,这一固定语用中的扩展性和规范性所形成的反向互益张力,与"想象力"一词的前述三层意义相契合。

想象力与人的世界认知密切相关,一定的想象力构建起一定的世界观。人文学者的研究范式和风格等,都是基于特定想象力构建的世界景观之上的。安德森(Benedict Anderson)在建构主义意义上把国家看作"民族想象的共同体"(imagined community of the nation)。[①] 质疑者提出,国家所

---

① 本尼迪克特·安德森:《想象的共同体——民族主义的起源与散布》,吴叡人译,上海人民出版社2011年版。

具有的国土、民族、语言和宗教等要素不是实实在在存在的吗,怎么可能是想象出来的?安德森对于国家的定义,如果去除其建构主义的淡化存在性规定的缺陷,套用在人文学科上,可能更恰切。两位社会学家都从"想象力"确定其研究对象的存在论特征。但实际上,人文学科的"想象性"更加明显:历史学家对于既往历史事件的想象,哲学家对于超越性存在的想象,文学艺术家用想象开创出的美的世界,都具有想象的特征。但是,我们再也不能在"虚幻不真""荒诞不经",甚至"奇思妙想"的意义上理解想象力。原始巫术和神话中的想象力本身具有存在建构的"创世"价值,这是一种借助于"想象"实现的"创世"和具有"创世"意义的"想象"。

文学人类学把作家创作中的灵感追溯至久远的神话观念,通过对现代性狭义想象力(个体的、诗意的、不可还原的)的历史世界还原,展现人类集体的早期想象空间。对这个想象空间,绝对不能用狭隘的真实性标准去衡判:法术、巫术仪式、神话故事等对远古先人来说,是世界生成与创造的必需,真实性不容置疑。因而,文学人类学对于现代学人的考验和召唤最终是本体论和生存论的。范式、风格和文学文化观念的革新,均须在这个具有创世意义的视界中把握。

作为一种召唤,文学人类学还将其想象之"网"撒向前人未曾涉足的领域。本书可以看作是对文学人类学想象力的回应。本书立足于文学人类学概念和方法的思考和阐释,并将关注范围扩展至影视、网络游戏和物联网等想象空间。研究方法上的学步,是向"三驾马车"的致敬;视域的开拓和延展,是否在整个学科的想象力范围之内,自当请教于方家。

目 录

第一编　文学人类学的理论视野

第一章　从文学到思想

第一节　从国别文学、整体文学到文化……………………………… 4
第二节　文化异同之辨，或通向思想发生学…………………………… 10
第三节　原始思维与思想考古…………………………………………… 15

第二章　文学中的思想

第一节　现代性批判的新路径：对现代性之"他者"的复原 ………… 24
第二节　文学人类学对思想之动力的激活 …………………………… 30
第三节　思想深描：文学人类学与形而上学的互训 ………………… 37

第三章　文化与文明

第一节　作为文化生命力之能指的多重证据 ………………………… 45
第二节　在文化的成熟（没落、被遗忘、僵化）期重返"第一现场" …… 51
第三节　玉教与文明探源………………………………………………… 56

第二编 文学人类学的理论工具

第四章 大传统的思想意义(上)

第一节 大传统概念的思想谱系 …………………………………… 66

第二节 大众文化与精英文化的关系 ……………………………… 69

第三节 实证与阐释的关系 ………………………………………… 72

第五章 大传统的思想意义(下)

第一节 文化起源之谜 ……………………………………………… 76

第二节 文化与人类的关系 ………………………………………… 79

第三节 "思想考古"的新田野 ……………………………………… 81

第六章 N级编码理论(上)

第一节 从神话–原型批评的方法论引介到N级编码的方法论新生 ……………………………………………………………… 84

第二节 N的符号学解读 …………………………………………… 87

第三节 编码符号学的尝试 ………………………………………… 91

第七章 N级编码理论(下)

第一节 迂回到欧洲:对表象主义的欧洲式反思 ………………… 94

第二节 N级编码理论的方法论意义评估 ………………………… 97

第三节 新的再现模式 ……………………………………………… 101

第八章 中华文明起源"玉教说"(上)

第一节 "玉教说"的观念前提:"神话"和"历史"的蜕变 ……… 104

第二节 中华文明探源研究神话学模式的基本特点 …………… 106

第三节 玉的"精神分析" ………………………………………… 107

第四节 "玉教说"的动力学分析 ………………………………… 113

第九章 中华文明起源"玉教说"(下)

第一节 玉教说的方法论试析 …………………………………… 122
第二节 "玉教说"的观念效应试析：以中国梦为背景的阐释 …… 127

第三编 实践篇

第十章 "格物说"的大传统探源

第一节 传统哲学的"格物"歧见与读解困境 …………………… 138
第二节 "格"的字源考察和词义衍变 …………………………… 142
第三节 "格物说"的神话观念背景 ……………………………… 147
第四节 "格物说"的大小传统互释 ……………………………… 152

第十一章 角色扮演

第一节 作为文化现象和思想现象的角色扮演 …………………… 158
第二节 指示和扮演：互异和/或互益？ ………………………… 166
第三节 角色扮演与世界的"透明度" …………………………… 171
第四节 扮演好自己 ………………………………………………… 177

第十二章 仪式性永生

第一节 "人文关中"中的扶风 …………………………………… 181
第二节 丧葬仪式及社会结构 ……………………………………… 184
第三节 在仪式中"克服"死亡 …………………………………… 189
第四节 仪式性"永生" …………………………………………… 193

第十三章 万物互联

第一节 万物互联的观念史 ………………………………………… 199
第二节 万物互联的技术本质与思想本质 ………………………… 202
第三节 "弯道超车"与"逆向回归" …………………………… 206

第四节　万物互联与"物神"重临 …………………………… 209

第四编　文学人类学新疆域

第十四章　电影"银翼杀手"系列中的哲思

第一节　人之所异于复制人者"几希" ……………………… 217
第二节　复制人的身位 ……………………………………… 222
第三节　人性基准线 ………………………………………… 227
第四节　真与幻的交织 ……………………………………… 233

第十五章　《你的名字》的文化解读

第一节　名字与自我的探寻 ………………………………… 241
第二节　我与你 ……………………………………………… 244
第三节　时间与线 …………………………………………… 247
第四节　断裂与连绵 ………………………………………… 250
第五节　拯救与物哀 ………………………………………… 252

附录一

文学人类学的中国路径与问题
　　——中国比较文学学会第十二届年会暨国际学术研讨会小组研讨
　　　综述 ………………………………………………… 256

附录二

"Road of Jade"
　　—Kinetic Analysis of Jade on the Origin of Chinese Civilization … 265

后　记 ……………………………………………………… 290

第一编 文学人类学的理论视野①

---

① "中国文学人类学原创书系"之《文化与文本》中的第一编"文学人类学:理论视野"精选八位当代学人的论述,立体而动态地展示了文学人类学的理论视野,分别为《文学人类学知识考古》(彭兆荣),《自由交流与学科重建——文学人类学的提出》(黄向春),《探寻文学世界的形上意义——论文学人类学的本体旨归》(梅新林),《文学人类学的当代命题》(李西建),《后现代、后殖民主义与文学人类学》(张德明),《跨文化解释的有效性》(叶舒宪,段从学),《审美文化的人类学视界》(朱存明)。见叶舒宪主编:《文化与文本》,陕西师范大学出版总社2018年版,第21—89页。

第一章 从文学到思想

中国当代文学人类学的研究已经成为引动和深化比较文学和比较文化研究的新的理论引擎。文学人类学的领军人物叶舒宪先生的相关研究，既紧贴中国文学和文化的固有资源，又能以跨文化比较的方法论自觉对不同文化做出相互启发与映照的阐释。叶氏的研究对于开拓文学研究的视野、革新文学观念、强化文学研究的方法革新与观念变革，都具有范导意义。以文学研究为起点，叶氏的文学人类学研究还伸展至文化研究、人类思维发展史、思想考古、现代性批判和中华文明起源研究等广阔领域。文学人类学的研究，具有为当代人文学科研究确立新型范式的重大意义。

中国当代文学人类学的研究已展现多彩的风姿。① 萧兵、彭兆荣、徐新建和叶舒宪等学者以各具特色而又深层呼应的不同研究路径，正在开拓文学人类学的研究领域。中国的文学人类学作为一门学科、一种研究方法

---

① 中国文学人类学研究的整体态势与发展历程，参见叶舒宪：《文学人类学在中国》，载《思想战线》2013 年第 5 期。纪建勋对中国文学人类学当代研究的主要态势和研究特点有系统的总结，参见纪建勋：《中国比较文学研究年度报告（2013）》，载《文贝：比较文学与比较文化》2014 年第 2 期。有关中国文学人类学学科的形成与发展过程，以及它与比较文学、比较文化研究的关系，最新的文献可参见叶舒宪：《建构中国版的文化理论——2015 年 4 月 12 日在四川大学举办的全国比较文学青年教师高研班上的讲演》，载《四川戏剧》2015 年第 6 期。

和一个流派的格局已经初步呈现了。文学人类学在文学研究的材料更新、观念变革、方法论探索等方面的开路之功,不容忽视。笔者尝试以叶舒宪的相关研究为例,阐释立体而含义丰富的文学观念在文学人类学中的形成过程,期待为文学研究的"扩胸运动"提供启迪。

叶舒宪的文学人类学研究路径,大致走过了从比较文学到整体文学观、从文学研究到文化研究、从文化研究到文明探源的思想生长历程。本文的研究基于其在文学观念的刷新及文学研究方法论革新方面的探索,对叶氏文学人类学研究中蕴含的人类思维探源研究、思想考古和现代性批判等理论效能做出基本阐释。

第一节 从国别文学、整体文学到文化

文学人类学以文学研究作为其理论出发点和核心关切,但文学人类学的方法自觉却是由学院式文学研究的弊端激发出来的。新中国成立以来的中国大学文学课的教学被严格划分为中外文学与文学理论;中外文学又分别依历史时段做出更细划分,而文学理论则试图勾画出文学这一门语言艺术的总体特征。虽然对具体文学作品的解读与概观性文学理论之间的相互阐发与互益也得到原则性强调,文学理论、文学史与文学批评三者的相互支援与互释似乎是文学研究者的基本观念[①],但学科领域的人为区隔所造成的文学研究的空疏与了无生趣,令研究者痛心疾首。颓风所至,文学几成死物:一方面,对文学作品的解读蜕变为主题、写作手法、人物性格、语言技法的归纳提炼;另一方面,理论失其所依,成为抽象概念的推演与

---

① 在"文艺学"的总体范围内,"文学理论""文学批评"和"文学史"三者的互益、渗透关系,在童庆炳主编的《文学理论教程》中,得到原则性确认。("文艺学是一门以文学为对象,以揭示文学基本规律、介绍相关知识为目的的学科,包括三个部分,即文学理论、文学批评和文学史。这三个分支具有不同的研究对象和任务。它们之间既相互独立又相互联系、相互渗透。")童庆炳主编:《文学理论教程》,高等教育出版社2008年版。在"文艺学"总体范围内"三分"而"互益"的理论格局,受益于刘象愚对韦勒克、沃伦《文学理论》的理论成就的总结。韦勒克、沃伦:《文学理论》,刘象愚、邢培明、陈圣生等译,江苏教育出版社2005年版。

游戏。

文学从关乎生命体验与精神追求的艺术退化为一门僵化的科学。那些在现代学科制度规范下的文学研究者,被拘围于一个个孤立狭窄的领域内,不相往来。在学科分类的理性框架和官本位体制中的先居要津者,被所谓学科建设的目标所限,成为文学科学中蔽于虚假科学的盲者;而年轻的文学研究入门者,则蔽于权威,被驯化成为冬烘的盲从者。叶舒宪引用一项关于新中国成立以来文学理论教程的统计数据说明,文学理论的各种教程几乎是简单复制的。①

走出文学研究的井底之蛙格局,需要对古今中外文学作品与文学现象的通览式巡礼,需要大海般广袤无涯的视野和鹰一般的锐利眼睛。中国文学人类学的当代学人,借助人类学对"异文化"的广泛涵摄,获得了通观文学的宏阔视野。叶舒宪在20世纪80年代的外国文学教学与研究中,已经开始了不同国别文学之间的深层比较。照理讲,文学研究从国别文学研究走向整体文学研究,应是文学理论的基本要求,但传统的文学研究,由于视野的限制,这一基本要求并不能得到满足。人类学开拓了学人的视野,使整体文学的通览和贯通成为学者们的自觉。借助于人类学的开阔视野,文学研究从对有限文学现象的解释到通向对总体文学的通览成为可能。

但在新的学科观念中,广袤的视野与深刻的理论洞见如何做到在新的文学研究方法中融贯一体,而非如传统的研究者那样,虽然原则性强调理论与作品的紧密关联但却最终使两者渐行渐远。新的理论工具的砥砺成了文学人类学研究的紧迫要求。叶氏对理论工具的砥砺和锤炼,具有积极的示范和导航作用。他回忆自己在20世纪80年代译介西方理论的工作时,自称"愣头青"。然而从他本人日后的文学人类学研究的深化和展开情况来看,恰恰是那时"不识愁滋味"的勇毅,使他慧眼独具,从纷繁多样的理论中甄选出两个重要的方法论流派,即结构主义批评和神话-原型批

---

① 参见《社会科学报》(上海社会科学院)2006年的相关讨论。在《文学人类学教程》之第三章第二节"什么是'文学'——追问学科建构与知识范式合法性"中,叶氏以文学教材的简单复制现象说明在文学研究中"带有根本性的学科合法性反思运动"的必要性。参见叶舒宪:《文学人类学教程》,中国社会科学出版社2010年版,第89—92页。

评。这两种方法并非叶舒宪文学人类学研究理论宝库的全部家当，但在破除学科壁垒、突破既往文学研究的僵局方面，居功甚伟。正是借助于神话－原型批评和结构主义批评，中国学人对于整体文学的展望与勾画，摆脱了仅仅借歌德的"世界文学"理念以壮胆，或从伏尔泰的"世界"视野喊口号的旧习。文学人类学的"整体文学"突创工作可以切切实实"动手"了。

这两种西方批评理论在文学人类学研究中的适用性和实效，依然可以从叶舒宪本人的操作实例中看得分明。加拿大文学批评家弗莱是神话－原型批评的执牛耳者，他的文学类型"四季说"和文学主题的"永恒回复"观念，在叶舒宪分析老子的"返"与"归"、古文字中的宇宙模式系统、吉尔伽美什与后羿的命运沉浮等叙事性结构问题时，恰如切玉之刀。① 经神话－原型理论的透视，文学研究的"整体"观念的轮廓逐渐清晰起来。所谓"整体"，除了研究者胸襟之开阔、视野之广袤，更应包括不同地域与历史中的文学在主题与模式上的一致性，以及由这种一致性所引发的对人性共通感的思考与表述。高尔基所谓"文学是人学"的观点，被这一共通感瞬间照亮，秘响旁通般获得了人类学的解释维度（《文学与人类学》）。文学的人性视角，在跨文化、跨时空的文化语境中得到不曾有过的深刻揭示。以亚里士多德的形式—质料二"因"为比，如果说神话－原型批评是文学人类学确认不同文化中相同"质料因"的有益透镜，那么，结构主义批评则是叶舒宪用以在不同文化间探测构成文化之共同"形式因"的高敏度"探杖"。结构主义批评的基本原理可以粗略地表述为：那些看似时空相隔邈远的文学作品，都运用了惊人一致的结构方法。例如，在吉尔伽美什与后羿的命运沉浮中，具有完全相同的叙事模式（《英雄与太阳》）；在老子的"道"之"返"与印度的历史循环论之间，"永恒复归"的神话观念起着深层语法的支配作用（《老子与神话》）。叶舒宪在对不同文学经典的对比互训

---

① 分别参见叶舒宪：《老子与神话》，陕西人民出版社 2005 年版，第三章；叶舒宪：《中国神话哲学》，陕西人民出版社 2005 年版，第二章；叶舒宪：《英雄与太阳》，陕西人民出版社 2005 年版。

中,将神话-原型批评和结构主义批评"拧成一股绳",这使得其理论阐释的"合力"大大增强了。

这两种理论方法之所以能够形成合力,正在于其超越文学文本的文化阐释特性。这两种理论方法运用于文学研究之所以合适,是由于文学作为一种语言艺术,原本是人类文化的一种主要形式;而反过来可以说,在作为现代人文学科之一的文学的研究中运用这两种方法,只是牛刀小试而已。我们惊叹这两种理论方法在文学研究中的切玉功效时,还应该对方法自身所最终指向的"文化"投注更多深入的观察。叶舒宪运用神话-原型批评方法和结构主义批评方法对文学作品与现象的解读,可以看作是他对文学原理和本质的深入探讨。在对作品的立体解读中,"原理"与"本质"也立体而丰满起来。但这样所理解的文学人类学研究,似乎还只是围绕一个孤立化的客体即"文学"而逡巡踹详,这样的文学人类学依然是未能走出拘谨而冬烘的现代性学科的"洞穴"。

视野决定境界。当叶舒宪在习惯称为民间文学的口传文学中寻觅人性的回声时,他的文学人类学的研究再度打开新世界。对口传文学(Oral tradition)的发现,使得文字媒介素常享有的尊崇受到质疑。通过对荷马史诗流传史的考索和对藏族史诗《格萨尔》传唱艺人嘎藏智化的实地采访,叶舒宪发现,文字以及以之为媒介的书写文学,只是漫长得多的口传文学的固化、凝结和不完整的记录。他将每年5月的"花儿会"同样视为口传文学的现代传承。

依例考究,叶舒宪在中国第一部文字文献《尚书》中探寻到口传文化的印迹,并模拟复原了《论语·学而》的口传语境。借助对口传媒介的抉发,"文化"陡然立体而丰富起来。文学人类学研究在扩充了其所探究的物象范围后,金蝉脱壳般获得新生,赢得更广阔的文化论域。文学人类学已经挣脱作为现代性学科的文学的羁绊与束缚,将研究者也裹挟进广袤的文化之中了。叶舒宪在王国维"二重证据"基础上,于20世纪90年代明确提出"三重证据"①（口传叙事、仪式叙事）。随着文化溯源工作的深入，他又在《千面女神》中尝试激发和调动图像叙事的说服力，提出了"四重证据"，以丰富证古稽考之材料的范围，增强其立体说服力。"四重证据"的提出及其在猫头鹰象征研究中的出色运用，使现代性人文学科的文化语境得到多角度、立体化的呈现。②

凭借在文化溯源与考证工作上的多方积累，叶舒宪的文学人类学研究已经充分挖掘和调动起前人信息获取之视、听、文字等多种媒介，以立体聚焦方式使得文化发生学的第一现场纤毫毕现。③ 在总结自己的文学人类学研究的风格时，叶氏自述尝试"以低调的不争论的方式"，"用研究的实绩"参与重大问题的解答。在学科建设"大兴土木"的机器轰鸣声中，文学人类学的低沉、务实而又坚定的声音，值得谛听。蔽于学科分立的聋者和感觉麻木者，对于多重媒介之阐释力可以付之一哂，但"有耳朵者"（尼采语）应该听得到。

口传叙事属于叶氏所总结的第三重证据，但它又不仅仅是多重证据之一。发现了口传叙事，对于打破学科囿限、更新稽古方法，具有决堤溃坝般的作用。口传文化对文字记录之前的深远文化语境的真实复原，与多重证据所展现的文化表述的立体感，二者之间的深刻关联，需要在与"文字崇拜"所构建的传统稽古策略的对比中来把握。通过对文字崇拜中隐含的遮蔽作用的深入反思，叶氏一举冲开传统研究中阻隔历史深景和文化观测广角的理论囿限。领悟口传历史与多重证据的深层关联，是我们紧随叶舒

---

① 对"三重证据"的方法论考古与系统论述，参见叶舒宪：《诗经的文化阐释》，陕西人民出版社2005年版，"自序：人类学'三重证据法'与考古学的更新"第2—4页。
② 叶舒宪：《第四重证据：比较图像学的视觉说服力——以猫头鹰象征的跨文化解读为例》，载《文学评论》2006年第5期。其他分析案例可参见叶舒宪：《西周神话"凤鸣岐山"及其图像叙事》，载《民族艺术》2010年第4期；叶舒宪：《虎食人卣与妇好圈足觥的图像叙事——殷周青铜器的神话学解读》，载《民族艺术》2010年第2期；叶舒宪：《熊图腾与东北亚史前神话》，载《北方论丛》2010年第6期。还有借图像叙事的视觉说服力对"四重证据"的连续"六论"以及专著，参见叶舒宪：《熊图腾——中国祖先神话探源》，上海锦绣文章出版社2007年版。
③ 多重证据的整体论述，参见叶舒宪：《文学人类学：探寻文化表述的多重视野》，载《西南民族大学学报》（人文社会科学版）2011年第1期。

宪稽古步伐、深入文化第一现场的必要准备。这二者之间的深刻关联在于,正是由于书写文献的局限性,在沿波讨源的文化稽考中,口传文化显得极端重要;而在口传文化,如民歌民谣、史诗传唱、说唱性展演等之外,可以更进一步补书写文化之弊的,还有视觉性表达媒介。这正是叶舒宪所运用的图像叙事和物的叙事。因而可以说,对口传文化的发现,在文化溯源工作对材料之广罗穷搜上具有先导和开创意义,并有可能进一步激活图像的说服力,使多重证据的立体释古与互相阐释成为可能。口传叙事与视觉叙事的相互激发,可谓"声像相求"。

关于口传文化的历史优先性,叶舒宪是通过除文字之"魅"来阐明的。中国传说中仓颉造字所引发的"天雨粟,鬼神泣"神奇效应,被叶氏还原为一种蔽于文字而昧于口传史的文字宰制的隐喻。在叶氏看来,在去古未远的时代,口传文化依然被有意无意传承着[①],但在现代性学科分类的辖制下,今人几乎忘却了那在历史跨度之远和影响范围之宽上都令书写文化望尘莫及的口传文化。

在媒介专政的文化表述方法的表层之下,深藏着权力关系。叶氏借用福柯的"知识/权力"解析模式展示了文字媒介的霸权。这样,本原地再现文化第一现场,立体而多元地展现文化媒介的阐发力,首先意味着对规约现代科学格局的权力背景的深层反思。

叶氏的文学人类学研究,通过调动媒介革命,揭开了掩盖在文学观念变革这一问题之下的深刻文化命题。以浪漫主义、现实主义等舶来的艺术学概念描述文学,其捉襟见肘、枘圆凿方之弊昭然可见。严谨而深入的文学研究也不能在抽象的"书写性灵"中求得满足了。文化叙事的立体景观为文学研究提供了深厚而丰赡的文化语境。通过对口传文化与多重证据之释古功效的论证、强调和展示,叶氏不仅革新了致知方式和知识学理念,而且以"哥白尼革命"的方式对文化人类学中的大传统与小传统进行了

[①] 叶舒宪认为,《诗》《书》《礼》《乐》《易》等最早出现的"经典"几乎没有例外全来自口传媒介。参见叶舒宪:《本土文化自觉与"文学"、"文学史"观反思——西方知识范式对中国本土的创新与误导》,载《文学评论》2008年第6期。

置换。

以叶氏之见,那些以文字形式记录下来的文化遗迹,尤其是其中被"知识/权力"改塑过而带有意识形态印记的传统典籍,不再有资格享有"大传统"的尊荣。相对于真正的"大传统",即历时久远的口传文化和丰富多彩的多重叙事,文字典籍所代表的,只不过是被阉割与规训了的"小传统"。① 大传统与小传统之所指的互换,绝非简单的概念语用的调整,责名求实的背后,是对包括传统典籍(小传统)在内的文化大传统的宏观性总览的尝试。这一大传统才是文化第一现场的原貌。

第二节 文化异同之辨,或通向思想发生学

就其产生背景来看,人类学最早曾充任西方殖民者的殖民工具之一,因而带有西方白种人对"异文化"进行利用和宰制的前设功能。但在20世纪初以后,随着"异文化"被广泛认识,人类学家逐渐走出"我族中心主义"的藩篱,尝试在不同文化之间寻求互通的可能。"异文化"不再受到贬低,利用和宰制的前设功能也被文化相对主义的平视目光所代替,这种眼光的转变是人类学家必备的条件。叶氏在《两种旅行的足迹》②中以文化随笔的形式展现了自己的这一主体条件的完备过程。抱持文化相对主义的主体,即人类学家,不仅需要走出书本,切身体验和深度介入"异文化",还要能摆脱对文化现象的碎片化、印象式感受,将体验所得以条理化方式做出表述(录音、摄像、民族志写作等)。因而,对于人类学家来说,其工作方式与工作成果之间天然具有一种张力。一方面,人类学家即使是在深入进行田野调查时,依然要在其脑海中将那些看似无序的现象规整为一种现代科学意义上的结构性知识;但在另一方面,人类学家又是极端重视各种地方性知识之微妙之处的,他们应该让那些特色如其本然地以现象学的方式呈现,力避自身知识的先入之见,力避结构性知识的宰制。这两个方向

---

① 叶舒宪:《中国文化的大传统与小传统》,载《党建》2010年第7期。
② 叶舒宪:《两种旅行的足迹》,上海文艺出版社1999年版。

相反的要求,构成人类学家主体建构的内在张力。这一内在张力,必然深层引发人类学学者对于文化之异同关系的思考。

文学人类学要在跨文化的视域中展开,就需要将时空相隔渺远的文学现象纳入同一个分析框架中,发现这些文学作品中的同一性结构,文学作品内在结构的同一性似乎印证着某种文化同一观。但是,异质文化的简单比附与表层同一性的提取,又会使文学人类学重蹈传统的文学研究抽象概括之覆辙。在广罗穷搜的文学人类学研究视野中,要同时克服囿于一时一地文学的冬烘和理论概念推演之空疏这两种弊端,研究方法的革新势在必行。

要保持文学人类学研究中的主体内在张力结构,又能对文学人类学进行有条理的表述,面对这一要求,叶氏在研究中保持着方法的自觉。在文学人类学的方法论上,叶氏既能踵武前贤,又能锐意求新。他将文学研究的人类学方法溯及闻一多和郑振铎等前行者,但认为他们所借鉴的人类学理论与方法仍是古典人类学,而"当代人类学研究在方法论上的突出特征在于,将跨文化的比较分析提升到文化模式的发现与研究"。叶氏坦言受益于当代人类学的模式分析法,并在《英雄与太阳》中,

> 尝试了一种建立在模式分析基础上的"发掘"式的研究,针对中国上古文献的简略和残缺,运用原型模式构拟方法,去重构和复原已经失传埋没或丧失本义的上古神话……①

并且,这种方法得到"继续",即"遵循原型分析的基本原则",

> 探讨不可经验的、但又实际存在着并主宰、决定着表层现象的深层结构模式,进而从原型的生成和人类象征思维的普遍性方面对这种深层模式做出合理的发生学阐释,力求在主体——人的

---

① 叶舒宪:《英雄与太阳》,陕西人民出版社2005年版,"引言:文学的人类学研究"第2—3页。

(思维)心理结构和客体对象的结构之间的对应关系中,把握某些跨文化的文学现象生成及转换的规律性线索。①

这两段自述简直可以视为乔姆斯基"转换生成语法"理论在文学人类学研究中的"转换生成"。文学人类学的模式分析法与乔姆斯基"转换生成语法"理论具有深层的一致性。这种一致性表现在:它们对于分析的对象(语言和文化)都采取一种浅层结构/深层结构的二分法;都主张深层语法的跨文化的同构性和浅层结构的异质性;都主张在浅层结构/深层结构的二元互动中激活理论阐释力。除了阐释研究对象的区别以外,这两种"转换生成"理论在深/浅结构的能动/被动关系上也存在重要区别。乔姆斯基认为在不同语言的深层,具有一致的结构,这种一致的结构经过在不同语言中的转换,生成了不同的具体语法。因而,相对于每一种语言中的"具体语法",在不同语言的深层,具有一种"普遍语法"。普遍语法作为语言生成的根,在不同语言中长出不同的具体语法。

对乔姆斯基"转换生成语法"理论的批评,主要来自这种普遍语法的先天设定。乔姆斯基不仅坚持这种普遍语法的先天性,还主张句法学可以和语义学、语用学完全分离。这种先天形式性设定让人自然地想到了康德,先天性的普遍语法似乎就是康德纯粹理性中的"先验构架"、审美判断力中的"合目的性"和实践理性中的行使普遍立法之责的道德律令的"理论语言学版"的重述;而那种和语义学、语用学完全分离的句法学,则是高高在上、与幸福无关的道德律令的"语言学投影"。在康德的形式主义伦理学以及作为其思想根基的先验唯心论受到批判以后,理论对于"质料"的需求变得极端紧迫了。纯粹形式的先天结构或者是异想天开的臆造,或者是僵化体系的残骸,康德因"形式主义"而受到的攻击与批判中,有一部分是代有体系癖的"乔姆斯基们"受罚的。

我们从叶氏前面两段自述中所读解的乔姆斯基风格,会不会是一种危

---

① 叶舒宪:《英雄与太阳》,陕西人民出版社2005年版,"引言:文学的人类学研究"第3页。

险的形式主义的信号呢？借助于结构主义的分析，叶氏的文学人类学研究是否掉入某种抽象的同一性结构的空洞推演中了？只要对叶氏的转换生成理论的运用程序稍有了解，我们就大可不必担心。叶氏在文学人类学释古材料上的古今中外广涉穷搜、在释古方法上的多重证据"立体聚焦"，使任何一种僵化形式都无所遁形。然而的的确确，我们又在叶氏的"文化模式"原则中能够隐隐约约看到"普遍语法"的影子。能够借"文化模式"分析法之广泛涵摄力又不落入抽象推演，广泛征用释古材料，广涉穷搜又不目迷五色，叶氏在"质料"与"形式"之间的相互阐释和引发，使得材料与方法形成良性的互动，他的特色鲜明的文学人类学研究从而具有人文学方法示范的意义。

浅层结构与深层结构的双向互动，使一个关乎文学人类学研究之根基的问题逐渐呈现了，这就是文化异同问题。我们可以按照叶氏本人的指示，从《英雄与太阳》和《中国神话哲学》两著的论证程序中同时审视他在材料与方法关系上灵活多变的处理策略，以及他对文化异同问题的极富启发性的解答。

在《英雄与太阳》中，叶氏试图考察中国上古时期汉民族的英雄史诗。这一任务首先就可以被视为是对"中国有没有史诗"这个引发学界长久讨论的问题不露声色的回应。作者首先对世界范围内的史诗做出通盘扫描，从对上古印欧史诗和中古欧亚史诗的功能、结构与主题的细部分析中，勾勒出这一战马英雄史诗类型的原型范式（第一编第一章）。与这种战马英雄史诗类型不同，另一种类型史诗是以两河流域发现的《吉尔伽美什》为标志的。《吉尔伽美什》在19世纪被发现后，荷马史诗作为史诗之滥觞与不二元典的地位被动摇了（第一编第二章之"荷马的悲哀：英雄史诗的再发现"）。从史诗产生的不同背景来看，荷马史诗可以看作游牧文化自我表达的原始密码，而《吉尔伽美什》则是对农耕文化英雄崇拜的表述。在这两种不同类型史诗的平行研究与相互阐发中，叶氏运用结构分析的方法，发现了两类史诗在"原始神话"同一根脉上的不同生成方式：

原始神话中的神人关系在游牧文明的史诗作品中置换为马

与主人公的关系,而在农耕文明的史诗中置换为太阳与主人公的关系。一个值得注意的区别是:游牧民族史诗中主人公对神马的依赖和神马对主人公命运成败的决定作用是明确表述在作品的叙述层次中的,而农耕民族史诗中主人公对太阳的依赖和太阳对主人公命运的升降的作用是潜在的、隐伏的,埋藏于作品叙述层次背后的深层结构之中。①

由于在农耕史诗类型中,人物命运埋藏于深层结构中,叶氏便采用一种个案研究的方式,用原型结构分析法对《吉尔伽美什》这一典型史诗进行由表及里的纵深剖析,即从作品的叙述母题层面逐层推进到深层结构及其所发生的文化心理机制。在深层心理机制中,叶氏不仅在农耕文化类型的史诗中发现了追求生命永恒的神话原型,在草原文化类型的史诗中,这种追求同样昭然可见。前者表现于吉尔伽美什与后羿的朝升而暮落的命运图式和象征性战胜死亡的循环模式、龙凤呈祥所象征的永生祈愿,后者则表现为草原英雄借神马之助一次次摆脱死亡的追杀。

在勾勒了农耕文化中的史诗之深浅结构对应关系后,叶氏又分析了死亡主题在中国文化中的独特"变奏",即儒家的重生哲学和道家的永生奢望。参照追求生命永恒的神话原型,隐藏在儒道两家思想深层的基本语法得到剖析(第四编第七章)。对帝王-太阳神话认同关系的深入挖掘(第四编第八章),更进一步揭示了神话原型的后世影响力。

在《英雄与太阳》深层语法的剖析中,叶氏不时对转换生成语法的方法论做出论证和探究。在对帝王与太阳的认同关系中,更是挑明了乔姆斯基的转换生成语法学理论的基础方法论意义。② 与转换生成语法学一道共同构成叶氏原型分析工具的,还有列维-斯特劳斯的结构主义神话学、弗莱的四季循环理论、印度的循环世界观与中国的五行学说、弗雷泽对死亡起源神话的研究、皮亚杰的发生认识论、荣格的集体无意识理论、卡西尔

---

① 叶舒宪:《英雄与太阳》,陕西人民出版社 2005 年版,第 34 页。
② 叶舒宪:《英雄与太阳》,陕西人民出版社 2005 年版,第 256—257 页。

的象征形式哲学、伊利亚德的比较神话学、马林诺夫斯基的神话功能理论，等等。叶氏在对原型的深入分析中，注意将结构主义的共时性分析与历史主义的历时性分析结合起来，以跨越文化与历史的整体视野和理论间、材料间以及理论与材料之间的引发与互训的灵活而扎实的研究方法，将贯通不同文化的神话思维之基本语法清晰地呈现。有了如此丰赡的材料和摇曳生姿的论述，文化之异同问题似乎已经得到了解答。至此，文化异同问题似乎又不再具有自足性了。即，相对于在异与同之间的非此即彼的选择，关乎文化根本的问题似乎将我们带向另一条更加深邃而迷人的探究之路了。

在跨文化的视野中，叶氏的文学人类学研究获得了一种极富内在张力的文化同构观。不同文化深层结构的同构，却并没有使文学人类学的释古成为一种新的一元专政，不同文化的"转换"形式，丰富了文化模式的内涵，文化异同问题获得一种开放而弹性的论域。这种开放性论域赋予叶氏的文学人类学一种具有思想本质规定性的学术品质。如果说，文学人类学从文学研究到文化研究的论域转变具有开阔视野，丰富了文化事项的氤氲相生与相互激发，那么，从文化研究到思想本质规定性的赋予，则使得叶氏的文学人类学具有深刻的思想根源，由此我们似乎被引上思想本质的探源之途。

第三节 原始思维与思想考古

在叶氏的全球视野立体释古中，研究的触角逐渐伸向了对原始思维的探究。原始思维对于神话、史诗、口传文学、图像叙事与物的叙事以及作为前面几种材料之记录的文字，都有着先天的深层规定性，并且对人类当下的生活方式仍有着深层的制约。比如，在《圣经》中的"七日造人"的故事和中国人大年初一吃饺子的习俗中，隐含着"创世神话"思维。神话思维作为释古工作之目力所及的最远点，对于今天的文学人类学研究而言，是历史景深之"没点"。由于在这种"没点"所探明的神话思维至今仍然隐形制约着人类的生活，这一"没点"便同样具有了深层思想语法的本质性规定。这样,叶氏在神话思维研究中的复原与钩沉工作,便具有了"思想考古"的意义。

叶氏所说的"神话哲学",是指神话中所蕴含的哲学观念内容,即神话中的哲学。① 他提倡将神话作为前理论阶段的思维方式,作为前哲学的世界观和意识形态来研究。② 这就表明,他对于神话的研究是瞄准思想的。我们在剖析了《英雄与太阳》中的模式分析法后,再回过头看早先的《中国神话哲学》中同样方法的运用,会发现,模式分析法的破界而又融贯各界的广阔理论视野,早就是叶氏方法论的基本理念。叶氏在这里昭示的几个"破界"包括:打破神话与哲学之间的界限,打破语言学与思维科学(认知科学)的界限,打破"国学"与"西学"的界限。这几项极富冲击力的破界提醒我们,理解所提及的"思维""哲学"等现代性新词时,都应首先将其置于原始先民那里的融贯一体的发生学背景,而不能在学科分类的"井底"只看重现代性学科井盖大的一片天。

因此,叶氏的思想的发生学,并非如传统的哲学史"第一章"那样,首先撇清思想与其他学科的关联,考证出哲学的第一人或第一个哲学命题,而是相反,要将尽可能丰厚的思想、观念、信仰背景和盘托出。因此我们看到,在《诗经的文化阐释》之"第一章 导论:从法术到诗歌"中,作为"中国诗歌起源考"的准备工作,叶氏是对"思维""宗教"和"艺术"做"发生学通观"的。可以说,思维发生学的整体背景呈现,与文学人类学的多重证据的立体聚焦是互为表里的。在对史诗英雄的深浅模式的分析中,多重证据与多种理论方法的运用,使得分析论证过程左右逢源。那么,在这种通观性研究中,原始思维的神秘面纱能否被轻松揭开呢?

叶氏认为,如果在原始思维探源研究中死守实证主义底线,则我们能够做的工作微乎其微。原因在于,对于原始思维,我们并没有任何可供直接观察的经验材料,有的只是极其零碎、个别、间接的石制工具、残缺的猿人头骨化石。以理性思维的方式对这些材料进行研究,是很难得出科学研

---

① 叶舒宪:《中国神话哲学》,陕西人民出版社2005年版,导言第1页。
② 叶舒宪:《中国神话哲学》,陕西人民出版社2005年版,导言第2页。

究的结果的。因而,叶氏主张,在原始思维的研究中,应该以提出理论假说的方式展开。这是原始思维研究的第一条原则和方法。但理论假设不能随意提出,而是要遵循原始思维发生的基本问题情境,并考虑到原始思维的历史性发生过程。因而,第一条原则是,以历时性方法,展现原始思维的发生过程。静态共时的结构只是原始思维历时性发展的结果,而不能反映其全貌。在原始思维的历时性研究方法的尝试与探索上,叶氏将维柯(《新科学》)的人类历史三阶段理论、黑格尔的绝对精神变迁史以及冯特从民族心理学角度、卡西尔从符号学角度进行的历时性探究视作前行者。叶氏还将这一研究领域的进步寄希望于比较心理学、考古学和社会生物学等学科的助益,并尤其看重比较解剖学的创始人弗里德里希·梅克尔的一个大胆假说,即认为人类个体的生长史就是种族历史的一个重演。

  德国生物学家海克尔重新论证了梅克尔的假说,并将个体发生和种系发生之间的因果关系确立为"生物发生的基本律",认为重演的根源在于原生质遗传性的无意识记忆。① 叶氏所看重的"梅克尔假说"中的"异性同构"与黑格尔所指出的人类理性思维期的"异性同构",还有皮亚杰发生认识论原理在儿童个体思维发生和人类思维发生之间确认的"异性同构",显得如此眼熟。没错,这正是叶氏在史诗原型结构的浅/深结构中所使用的生成转换原理的又一次"生成转换"。区别在于,在史诗的浅深两结构分析中,并列的多个研究对象本身是同一类型,即史诗;而在这里,对象之间的异质性比较明显:儿童心理研究所属领域与原始思维研究领域之间的思维跨度稍显大了些。在这两类分析对象之间实现转换性生成的,是更加不可把握的思维方式。

  那么在儿童思维发展过程和原始思维的发展过程之间,究竟有着怎样的"同构性"呢?在儿童思维与原始思维的转换生成关系方面,叶氏主要以皮亚杰的发生认识论原理作为跨学科的"他山之石"。将儿童心理学的最新研究成果与原始思维的探源工作实现深层沟通,这是朝向思想考古工作的关键一步。这两者之间的深层一致性,不仅表现在各自的历时性发展

---

① 叶舒宪:《英雄与太阳》,陕西人民出版社2005年版,第286页。

过程中,同样,在其思想的本质规定性上,潜藏着思想发生的秘密。这种秘密,只有在与体制化的西方思想的对比中,才能看得真切。

叶氏在老子思想的探究中,将老子的"类比思维"定位于"神话思维"和"新的更为抽象的逻辑思维"之间,并通过对于老子的"比喻"和庄子的"寓言"的连贯性解释,将这种类比思维视为"神话思维"与"逻辑思维"之间的过渡形态。对老庄思想特质的确定,在叶氏的原始思维探源工作中,具有思想样本的意义(《老子与神话》之第一章第三节"从神话思维看老子的类比推理")。这一样本的独特性在于,它是一种"居间"形态:一方面,老庄思想以及概而言之"中国哲学"没有彻底脱离具象;另一方面,这些可以还原为具象物的哲学概念("道""易""卮言""玄""朴""母"等),又具有朝向逻辑化方向发展的潜能,这种"半流质性"的哲学术语成为中国哲学的鲜明特色。而作为神话思维文化表现之另一样态的,就是"引譬连类"的诗性传统(《诗经的文化阐释》第六章"诗可以兴——神话思维与诗国文化")。叶氏指出,"兴"是神话时代随着理性的崛起而终结的。

叶氏在神话思维与理性思维之间清晰呈现的老庄思想特质,具有引发与召唤的意义。那种与逻辑思维有别的神话思维,不再只是神话学家的臆断,老庄思想就是这种神话思维残存的表征。他指出:"老子的比喻并非后世诗人墨客所用来增加修辞效果的文学技巧,而是他得自神话类比思维的一种独特的思维方式和论证方式。对此,只有把老子的比喻思维放置在自神话语言向概念语言演进的历史过程之中,才能获得清晰的关照。"①神话思维与逻辑思维之间的僵硬对峙被化解了,这样,从任何一种可能被称作思维的原始思维通向逻辑思维的发展线索也逐渐呈现了。思想自身的历时性,即黑格尔式的哲学等于哲学史的观念,通过叶氏在老庄哲学中实施的思想考古工作,成为文学人类学的基本观念。

以老庄思想作为"居间者"而进行的神话思维与逻辑思维之比较,使得这两者各自的特征清晰展现。神话思维的类比特性与逻辑思维的同一律(矛盾律),是这两种思维各自的突出特点。同一律是自亚里士多德以

---

① 叶舒宪:《老子与神话》,陕西人民出版社2005年版,第38页。

来的西方思想的根本性原则,是支撑西方思想的深层语法。同一律的基本观念,用简单的公式表示,就是 A = A,即一物等于它自身。换言之,A ≠ 非 A,即,一事物不能既是自身又不是自身。这种看似空洞的思想基本原则,实际上是西方理性思维的根本所在。只要看看海德格尔、尼采等思想巨匠在反思形而上学时对于同一律的深入剖析,我们就不难明白,任何思想家,只要瞄准同一律,就是瞄准了西方理性思维深层反思的重大问题。从古希腊先哲到形而上学的完成者(终结者)黑格尔之间的思想巨擘,无一不在这一基本问题上殚精竭虑。在叶氏神话思维的探讨中,作为其对立面的,正是以同一律为深层根基的理性思维。同一性,意味着事物与自身的认同,这种面对事物的形式化、僵化思维方式,深层规定着西方思想的发展轨迹,但同一性中蕴含着的思想之乏力,却被尼采一语道破。尼采指出,认为一物等同于自身的同一律,是思想之无能的表现。对照叶舒宪在神话思维研究领域所展现的鸢飞鱼跃的生命活力,理性思维同一律的贫弱与僵化昭然可见。与理性思维之僵化形成对照的,正是神话思维在本体与象征体之间由多元映射关系显现的有机关联。依照语义转换关系,神话思维展现了在抽象特征与感性特征、抽象特征与抽象特征间的关联,比如自然事物的抽象特征"重"与人的行为准则"稳重"之间的深层关联,如"轻重"之"轻"与"轻率"之"轻"的关联[①],"无"这一特性与中空的车轴、中空的器皿、中空的门窗与房室这三种不同事物的多元映射关系等等[②],均是打破理性思维之僵化同一的神话思维的佐证。

  这种激发思想活力、赋予思想以生命力的现象学式溯源工作,在叶氏的神话思维研究中,通过对一个个思想案例和理论流派的细致剖析而展开。在老子思想中,叶氏挑明了一种不同于逻辑思维的类比思维,认为"神话思维是一种象征思维,它所遵循的基本逻辑规则是类比"[③],并一一辨明了作为"道""阴""母"等形而上概念之类比的形而下神话原型。在

[①] 叶舒宪:《老子与神话》,陕西人民出版社 2005 年版,第 34 页。
[②] 叶舒宪:《老子与神话》,陕西人民出版社 2005 年版,第 32 页。
[③] 转引自俞建章、叶舒宪:《符号:语言与艺术》,上海人民出版社 1988 年版,第四章第 1 节。

对《庄子》的"卮言"的"诗性智慧"的阐释中,叶氏复原了作为酒器的"卮"的形下所指,并以形下之"卮"的"注焉而不满,酌焉而不竭"特性阐明形上之道的回环往复、周行不殆特征,还把这种回环往复特性回返来作为一种解读《庄子》结构的透视角度(《庄子的文化解析》第二章第三节"《庄子》的回旋结构"),叶氏以"天均"之"损有余而补不足"的原理阐明庄学"等贵贱""齐万物""和是非"的价值取向。对其他原型如葫芦、婴儿、蚕与龙、嫦娥等,叶氏凭借雕刻师的细致和仰观俯察的宏阔视野,在形上意义与形下物象之间激发出两者双向互证的阐释潜能。

叶氏将类比思维作为一种有别于逻辑思维的思维方式,并以老庄思想作为思想个案,梳理了从前者发展到后者的理论轨迹。对两种思维的连贯性读解使得叶氏本人的思想考古工作成为思想自身逻辑的展开过程。叶氏多次谈到,黑格尔告诫人们,孤立的花果无异于事物的僵尸,应当在一颗种子中看到未来的花果,从成熟的花果中看到当初的种子萌芽、生长的全过程。如果我们在思想考古工作中,也能以"在种子中看到花果"和"从花果中看到种子萌芽、生长的全过程"的双向视角对这一思想发展过程的起点和结果做出相互阐释,那么,叶氏思想考古的意义,就绝非溯源、稽古与释古所能涵盖,而是天然地具有对作为"果实"的西方现代思想的深刻评判了,那就是现代性批判的任务了。

要想使这种现代性批判具有超出逻辑理性自身的他者眼光,似乎在现代性的思辨性批判之外,仍需将非西方异文化纳入视野,将剖析目光投向历史最深处。文学人类学的深源探索,为叶氏的现代性批判提供了历史"深景";而主动变换文化身份、以平视目光看待异文化的开阔胸襟,更使得叶氏的现代性批判具有超文化的效度。如果着眼于当下煊赫的现代性批判主潮,叶氏以文学人类学的深广视野,经由现代性的"前史"(神话思维)[①]和"外史"(非西方的"异文化")而迂回进入现代性批判主战场的理论探险,借用人类学的术语,可以看作是朝向着成熟的现代性体验而进行

[①] 我们把对《老子》的人类学解读看作一种"前哲学"或"原哲学"的研究,见叶舒宪:《老子与神话》,陕西人民出版社2005年版。

的一次思想"成人仪式"。

然而,成熟的现代性体验本身却具有不可根除的痼疾,因而,与之相对,叶氏借出文学人类学的路径而进行的现代性批判天然具有免疫特性。也就是说,我们不必如尼采那样,自身作为"病人"来医现代性之病,而是有望以现代性的"来访者",以"各位"的方法介入现代性批判问题域中。如果化用现代诗人顾城著名的诗句,可以说叶氏的现代性批判是,"人类学给了他非理性的思维,他却用它来审视理性之弊"①。

在充分展现叶氏现代性批判的深度与效度之前,有必要就其在神话思维中所探明的基本特性做出基本勾勒。这一基本勾勒的任务,具体来说就是,厘清以类比推理为原理的神话思维与固守同一律的逻辑理性思维,这两者的根本性异同何在。叶氏以历时性观点看待神话中的类比思维与严格遵守同一律的逻辑理性的异同。他将类比能力看作是"人类最早发展起来的一种能力",认为,神话思维在解释世界时,通过类比建立起本体(被解释的现象)与象征体(用作解释的现象)之间的因果关系。这种基于有限经验而建立的因果关联,与科学思维相比,具有偶然性和表面性特点,但它却是科学思维的"种子"。②

要对神话思维的本质特征做出更深入的刻画,我们可以借用弗雷泽对交感巫术原理的说明,以之作为理解神话思维深层特质的"引线"。按照弗雷泽的理论,交感巫术有两种基本形式,即"模仿巫术"和"染触巫术"。前者以"同类相生"(like producing like)的信念或"相似律"(Law of Similarity)为基础,后者以"染触律"(Law of Contact)为基础。以现代思想来看,这种基于偶然和表面的相似或染触而推衍出的思想,的确很不"科学"。如果直接以现代性的理性观来审视,这种思维方式自然不会受到正眼看待;然而,在叶氏经由文学人类学的迂回,以非理性的神话思维对现代

---

① 这并不是说文学人类学的研究方法是"非理性"的,而是说,在现代理性视野中,这种思维是作为"他者"而出现的。"理性"与"非理性",这些被用滥了的"大词",在这里绝不意味着对古今思维方式的价值衡判,而是应当将二者放在整体发展过程中,作为人类精神发展的有机环节来看待。

② 叶舒宪:《老子与神话》,陕西人民出版社2005年版,第24页。

性的理性之弊进行深度剖析时,理论研究主客位却需要一个根本的翻转。现代理性不是思想之"种子"的必然花朵,而是这颗种子偶然的花朵,甚至是一朵奇异的"恶之花"。与这朵"恶之花"的现代畸变形成对照,神话思维虽然质朴简陋,但它的阐释力却远远超出了其产生的语境,甚至对于现代思想之病的治疗,也屡见奇效。

  文学人类学能够借助于前现代的思想资源,对现代性之积弊做出深刻针砭,除了文学人类学绕开现代性的思想藩篱,迂回至辽远而深邃的现代性思想的他者那里去,进行釜底抽薪式的批判以外,其批判的深度与效度究竟所从何来呢?

第二章　文学中的思想

在现代性的学科分野中,文学被理解为一门语言艺术。在整个人文学的范围内,文学是依照"文学＜语言艺术＜艺术＜人文学科"这一不等式而定位的。在人文学科中,艺术以区别于理性思维的探讨而凸显其"艺"的特性,在学科分界中与思想性学科(哲学)和历史性学科相区别。文学是依据其以"文"(语言文字)为"艺"的独特性而确定其学科自主性的。但理性思考和历史性反思,从来都是文学表现的重要内容。新中国建立起来的现代文艺学中,对文学内涵的思想性的探讨,构成了其体系建构的核心内容。新中国建立之初的形象思维讨论与争鸣[1],20世纪80年代的文艺主体性问题探讨[2]、后现代思潮[3]中对于文学艺术中的思想性的探讨,均构成"文学与思想之关系"的中国文学版论题。在艺术的表达形式中抽绎和阐释思想性课题,是现代性学科对文学的基本要求,是中国文学走出传统诗学品评和兴味传统并完成体系建构的必要条件。

作为中国当代文学研究之重要劲旅的文学人类学,对于文学与思想之关系的探讨,不仅仅是指出两者的相关性,更要借助于对文学形式的解析

---

[1]　黄吟曙:《形象思维和抽象思维的关系问题来稿综述》,载《学术月刊》1958年第11期。
[2]　刘再复:《论文学的主体性》,载《文学评论》1985年第6期。
[3]　詹明信、行远:《现实主义、现代主义、后现代主义》,载《文艺研究》1986年第3期。

来探究"文学中的思想"问题。在文学人类学研究的纵深处,现代性问题构成其思想批判的核心课题。

第一节　现代性批判的新路径:对现代性之"他者"的复原

现代性批判已经成为当代思想的基本意识。现代性之"病症",在现代性萌生之初,就为思想家所憬悟。在环境恶化、核云笼罩、精神失序、世界面临诸多天灾人祸威胁的现代生活中,对作为这些危机之深层根源的"现代性"的反思成为思想家的自觉。在理论思辨层面对现代性进行反思,思想家是通过对现代性进行思想内在结构的剖析而进行的。比如,尼采的现代性批判,是通过对现代性思想的主体性原则进行深入剖析而进行的;海德格尔发现了在现代性中所蕴含的技术霸权,而作为这种霸权之根源的,同样是主体性的强力。从主体性的宰制力角度解析现代性之弊的根源,实际上可以从笛卡尔－康德的主体性理论中找到思想原型。可以毫不夸张地说,主体性,这一近代思想之"光源",正是"现代性"的"病根"。只要意识到这种"光源"与"病根"的同一性,对现代性的批判就根本无望以快刀斩乱麻、毕其功于一役的方式进行。这种同一性中所蕴含的深层悖论,既是现代性体验的核心部分,也是现代性批判的基本语境。这种深含悖论的现代性体验,提示着一种无悖论的、和谐而自洽的前现代世界的存在。对前现代与现代世界的对比性考量,构成了当下古典政治哲学的基本主题,古典政治哲学以"古今之争"作为基本论题,以攻"他山之石"的方式,对现代性批判的思想主潮做出回应。

以"古今之争"作为现代性批判的背景,这就暗示着,作为"今"(现代性)之对立面和矫正者的"古"(古代世界),对现代性天然地具有纠偏补弊作用。这种在现代性批判语境中对于"古代"的思想赋值,有可能使"古代"在发挥其现代性借镜作用时,被幻想为一个无矛盾的和谐整体。这种和谐整体,同样是现代性的虚构;以这种理想化的"古代"来置换现代性悖论世界,同样是虚幻而不切实际的。但问题并不在于对和谐世界的渴望,而在于,即使以古代世界作为和谐整体的理想,也须首先明白,这种和谐整体,在何种意义上是具有现实性的。现代性的批判者将古代设想为和谐世界,这首先是一种理论期许;而在古代世界,这种和谐整体观并非一种现成存在,而是古代思想、精神和信仰世界努力的成果。因而,如果说政治哲学在对古代世界的理想化处理上有简单化之嫌,那么,完整展现古代世界和谐理想的形成过程,就成为一项紧迫的思想任务了。

叶氏的文学人类学将我们的视野引向原始先民的巫术仪式、祈福禳灾以及作为其精神遗绪的救灾等丰富的思想、精神和信仰领域中,开拓出了现代性批判之现实操作空间。我们可以先看看叶氏的现代性诊断,然后来理解他调动起巫术仪式等原始先民的信仰活动在现代性批判中的深刻用意。叶氏借助卢曼和吉登斯的"风险现代性"理论,以"风险"作为核心词,为现代性把脉。他所总结出的现代风险的"频繁性""人为性""不可预测性",无不是"现代性"之悖论的映象。如果详加推究,我们不难看出,现代风险的"频繁性"是与现代性所催生的资本主义的体制化和无远弗届的征服互为表里的。叶氏引用马克斯·舍勒对资本主义的自我生长性的论述来阐明体制化的现代性精神对于盲目相信直线进步观的现代人的挟持和制约。在直线进步的观念成为现代人的"集体无意识"时,现代性的风险必然大规模、频繁性爆发出来。这种大规模的社会风险,根源正在于主体性的狂妄;现代风险正是"人造孽"的结果。而在主体性迷雾下浑然不觉的现代人,却以为可以凭借科技的无限发展,将弊端与风险完全消除。作为例证,叶氏举出了 20 世纪 60 年代世界卫生组织在灭蚊运动中采用滴滴涕(DDT)引发连锁反应导致瘟疫威胁人类的主体性荒诞剧。这样的主体性荒诞剧在叶氏的现代性诊断工作中比比皆是:高科技的中央空调却成了传播 SARS 病毒的帮凶;现代传媒给了现代人在电视前观看战争中规模化集约化杀人的特权;等等。在技术乐观主义者看来,由技术发展带来的问题必然会随着技术的进一步发展而得到解决。这些乐观主义者信奉技术无极限、发展无极限的信条,其深层的思想背景,正是对在近代思想发展中不断得到强化的"主体性迷思"。叶氏指出,甚至哲人马克思也未能跳出自己的时代,领悟技术发展的极限。①

主体以自身的发展逻辑来规范世界,大自然的报复自然是不可预测的。以强主体性作为与自然对话的基本原则,面对灾害与威胁,人们能够做出的反应,当然只能是"马后炮""事后诸葛亮"式的,甚至只能是"刻舟求剑"。② 以不变的主体权威向变幻多端、自我生成的自然发号施令,现代性救治的刻舟求剑性质便不难理解了。

现代性风险的"频繁性""人为性""不可预测性",皆源自主体性的一意孤行。在现代性风险的大爆发下,现代性的基本信条受到动摇。这一信条就是,在主体性的操控中,借助于现代科技,世界本身是可以按照人类的意愿发展和改变的。动摇这种现代性信条的,除了科学中的不确定性(这是知识人可以认识的领域,叶舒宪称之为"写在书本上的大道理"③,对于现代社会民众而言,则有真切无比的"现代性的文化体验"④。关于这些"现代性的文化体验",叶氏以激切的笔调写道:

> 也许,只有当我们眼前不断浮现出伊拉克战争期间小鹰号航空母舰上试图跳海自杀以求解脱精神压力的美军士兵的身影,或是梦见百孔千疮的巴格达市的废墟与硝烟,或者只有当我们经常性地穿着类似防毒面具的隔离服上班,闻着过氧乙酸的刺鼻味道出入电梯,不厌其烦地经过电子测温仪、红外线测温仪去登车或乘机时,才会把所谓现代性问题最终理出个清楚的头绪来!⑤

面对这种现代性风险与灾害面前的"头疼医头、脚疼医脚"窘境,现代人还有什么可夸耀的呢?黑格尔所说的现代思想在发现主体性原则时如同大海上漂流日久的船员看到大陆而狂喊"陆地"的乐观昂扬气息,已荡

---

① 叶舒宪:《现代性危机与文化寻根》,山东教育出版社2009年版,第8页。
② 叶舒宪:《现代性危机与文化寻根》,山东教育出版社2009年版,第24页。
③ 叶舒宪:《现代性危机与文化寻根》,山东教育出版社2009年版,第31页。
④ 叶舒宪:《现代性危机与文化寻根》,山东教育出版社2009年版,第31页。
⑤ 叶舒宪:《现代性危机与文化寻根》,山东教育出版社2009年版,第31页。

然无存。不确定性的科学,使得"知识就是力量"的豪言壮语,变成不确定的现代世界中的风中飘絮了。叶氏指出:"知识的不确定性不光使社会科学面临伪科学的尴尬,就连一向受人推崇的自然科学也在丧失着科学性。"①"确定性"的追求曾是西方思想的立足之根。不仅现代性主体哲学试图用"主体"的新大陆作为确定性的稳固根基,在西方哲学的源头,以"真理"反对"意见之流"的巴门尼德,也以确定性作为其价值衡判标准。西方思想正是在确定性知识理想召唤下,生长为一个体系化结构的。随着现代性梦幻的破灭,西方思想也从根本上受到了动摇。叶氏以文学人类学的深远迂回,对现代性做出既不乏思想规定性,又具有现实背景的深刻批判,其批判力是超越中西的,这似乎也以"低调"的方式对现代性之普适性与特殊性之争、一元现代性与多元现代性之争等论题做出回应。这样,能够作为现代性之他者和借镜的,就不仅仅是"非西方"了。而同样作为被诊救者,所有在现代性无限发展观念鼓舞(蛊惑?)下跨上发展的高速列车匆匆前行的民族国家,也都应该对来自他者的声音细心谛听。

与强主体性地变自然为被操控者,从而以主客二分强行为世界制定规则的现代性不同,叶氏从文学人类学的"田野"中听到了自然的回声。叶氏将印第安人瓦尼许部落西雅图酋长写给美国总统皮尔士的信视为"主客体浑融、物我合一式通灵自然观的标本",信中写道:

> 我的族人认为,地球上每个地方都是神圣的。每一根闪亮的松针,每一片沙滩、黑暗的森林,每一片薄雾,每一个翁翁的昆虫,在我的族人的记忆与经验中,都是神圣的……白人……是夜里来的陌生人,从土地上攫取任何他需要的东西。地球不是他的兄弟,而是敌人……继续污染你的床,迟早有一天夜里,你会在自己的废物中窒息。②

---

① 叶舒宪:《现代性危机与文化寻根》,山东教育出版社2009年版,第28页。
② 叶舒宪:《现代性危机与文化寻根》,山东教育出版社2009年版,第10页。

对于现代性的重症患者来说,这种"主客体浑融、物我合一式通灵自然观"是怎么形成的呢?文学人类学对于这种自然观形成背景的复原与重现工作,既是现代性的"第二次启蒙",也是对现代性的根本性疗救。在叶氏的现代性诊断中,现代性与"他者"的对比鲜明而深刻。现代性凭借主体强力,以技术作为主体性的极端表现,对外在世界强势宰制,从国民经济的"生产强化"①、科技万能幻觉、物欲横流②到核战阴云笼罩、环境恶化、基于生存资源与能源掠夺的当代霸权政治和侵略战争,无一不是现代性危机的表征,多重危机的叠加效应正在凸现出来。面对现代世界之沉疴积弊,在西方知识界和民间社团,日益自觉的反现代性运动正蓬蓬勃勃地进行着。叶氏细心梳理出"新时代运动""黑色风暴""凯尔特复兴""原始情结""女神复兴""东方转向"等运动的思想脉络,剖析了这些运动在"反现代性"思想主题上的深层一致。从这些"反现代性"运动的风潮涌动中,叶氏深入探明的,正是其面对现代性之沉疴而起弊救危的思想功效。这些现代性的"反"者,以现代性之他者的"思想身份",为现代思想和现代世界的发展提供了其他的路径和可能性。叶氏思想考古工作的现实意义在此清晰呈现,那就是,原始思维的复原工作,是紧紧瞄准现代性思想和现代世界之诊治这一任务的。对原始思维和原始世界的展现,为现代性的疗治提供了借镜。

何以要绕道原始思维和原始世界场景,才能对现代性实施诊疗呢?在叶氏看来,原因在于,那些后发达的民族国家,也已经在对现代性愿景的渴慕中唯现代性马首是瞻,成为现代性病症的不自觉患者。这样,作为西方的"他者","东方"自身的借镜作用和价值,也只有在对源自西方的"现代性"的诊疗现场才能得到发挥。这也许就是叶氏自述的与法国思想家于连在文化隔膜的大山两面同时挖进的效用所在。③

面对现代性,反现代性的思想图景清晰而本质地呈现。叶氏的"反现

---

① 叶舒宪:《现代性危机与文化寻根》,山东教育出版社2009年版,第168页。
② 叶舒宪:《现代性危机与文化寻根》,山东教育出版社2009年版,第156页。
③ 叶舒宪:《现代性危机与文化寻根》,山东教育出版社2009年版,第162—163页。

代性"图景所展现的,是以类比性原始思维作为深层特质的整体性世界观。这种世界观曾是原始思维的深层无意识,但却天然地成为深化现代性批判的资源;"新时代""黑色风暴""凯尔特复兴"等反现代性运动,试图借助现代传媒,使这种整体性世界观得以重现。

何为整体性世界呢?从叶氏的原始思维探源工作中可以看到,整体性世界,是类比性原始思维的现实土壤和可能性条件。在人类还没有将外在世界看作单纯的对象物时,一种物我同一的朴素世界观是支撑原始人现实操作和观念演进的基本框架。反现代性运动中所调动的,正是这种物我同一世界观的疗救功效。比如,新时代运动"打破牛顿式机械世界观,代之以整体的有机世界观"[1];"盖亚假说"蕴含着"一种全新的自组织的地球生态观"[2];环境主义倡导的"整合的世界观"[3];黑色风暴使往昔信奉为科学和真理的东西,接二连三暴露出"建构"和"虚设"的马脚[4];列维-布留尔的"原始思维"中的"互渗律"与萨满思维中的人与物的相互感应[5];女性主义巫术的"螺旋之舞"在恢复人与自然环境之和谐方面的作用[6];《佛教经济学》对"经济单面人"的警醒作用[7];等等。

一种融合物我、复归混沌的整体性世界观是原始类比思维的现实土壤,而在现代主体迷信科技万能的精神蛮荒时代,类比思维作为一种救现代性之弊的思想资源,厥功甚伟。因而,对某种整体性世界图景的回顾和期盼,自然就超出了简单的思想考古意义,而具有现代世界精神疗救的现实意义。当下的问题在于,如果叶氏在反现代性运动中彰显的整体性世界观仅仅具有历史景深之深邃和文化视野之开阔,那么,这种以别样世界观对现代性实施疗救的文化工程,会不会只是发思古之幽情的浪漫主义的扩展版呢?如果没有思想与社会存在的深层契合,这种在神话中探明的世界

---

[1] 叶舒宪:《现代性危机与文化寻根》,山东教育出版社2009年版,第44页。
[2] 叶舒宪:《现代性危机与文化寻根》,山东教育出版社2009年版,第44页。
[3] 叶舒宪:《现代性危机与文化寻根》,山东教育出版社2009年版,第44页。
[4] 叶舒宪:《现代性危机与文化寻根》,山东教育出版社2009年版,第78页。
[5] 叶舒宪:《现代性危机与文化寻根》,山东教育出版社2009年版,第110页。
[6] 叶舒宪:《现代性危机与文化寻根》,山东教育出版社2009年版,第130页。
[7] 叶舒宪:《现代性危机与文化寻根》,山东教育出版社2009年版,第166—167页。

观本身,是否还只是一种浪漫主义的"神话"呢?

在叶氏对《老子》《庄子》《诗经》等中国文化元典的人类学解读中,思想方式与社会存在的相互阐发与互证,使得思想与社会存在的共生性清晰可辨。在对中国哲学概念"道"的发生学考证中,叶氏指出:"哲学不是凭空产生的,形而上学的哲学概念'道',当有其形而下的神话原型。"① 可见,在叶氏的思想考古中,思想与社会存在是契合无间的,这里不存在思想与存在间"溢出"与"剩余"的问题。

正是由于思想与存在间丝丝入扣的关联,叶氏立足思想考古,从文学人类学的深远背景迂回进行的现代性批判,既具有深切的现实感,也具有思想的本质规定性,叶氏的现代性批判由此而成为对思想自身进行深刻剖析与批判的本质一环。文学人类学在材料更新、观念变革、方法论探索方面的探路之功,不容忽视。笔者尝试以叶舒宪的文学人类学研究为例,阐明文学人类学的理论效能,并探索这一学科与其他人文学科在思想研究方面互通的可能。

叶舒宪的文学人类学研究路径,大致走过了从比较文学到整体文学观、从文学研究到文化研究、从文化研究到文明探源的思想生长历程。本文的研究聚焦于其文化研究所具有的思想观念意义,并对其文明探源的最新动态做出展望。

第二节 文学人类学对思想之动力的激活

叶舒宪的文学人类学研究中包含着对现代性的批判,他是借神话等原始文化素材迂回进行现代性批判的,却能直指现代性理性之病灶。这种似乎主要借助于原始文化的观念素材而进行的颇具实证色彩的思想探源工作,何以能将现代性的病根精准探明并痛下针砭呢? 除了其在思想与社会

---

① 叶舒宪:《中国神话哲学》,陕西人民出版社2005年版,第119页。在最近的文明探源工作中,叶氏以关于熊图腾的文献记载从具象到抽象的发展过程,阐释了哲学思想从形而下到形而上的发展历程。参见叶舒宪:《图说中华文明发生史》,南方日报出版社2015年版,第92—104页。

存在间的丝丝入扣关联,是否材料自身也能借助于集团化力量说出深刻的思辨语言呢?

叶氏文学人类学研究的思想质地,是在其现代性批判的论题中明确呈现的,但对思想性的坚守,在叶氏文学人类学的广阔论域中一以贯之。要解析叶氏文学人类学研究特色,需总览其文学人类学的广阔论域并以现代性批判为核心提出以下问题:何以在现代性批判论域中,思想得到最清晰的呈现?参照现代性批判的核心论题,我们能否对"何为思想"这样的问题做出尝试性回答?以及,叶氏的现代性批判以何种方式推进了对思想自身的批判呢?

在对现代性的批判中,叶氏所深刻关切的,是"原始性"对"现代性"的思想矫正和救偏作用。这种作用的有效性,源自不同的世界图景和以这些世界图景为土壤的思想方式的对峙。在当代艺术人类学的广泛研究中,原始性整体世界观及其类比思维方式,被确立为救治现代性主客二分世界观及其认识、攫取、进攻性思维方式之弊的良药。问题是,这种以主体为根本的现代性思维方式,何以在偏离原始性的整体世界观之后呈现病态、弊端和危机?思想的病症只能以思想的方式得到确诊和救治。

现代性的病根何在呢?依照叶氏对现代性危机的诊断,现代人凭借科技万能的神话,试图实现无限发展的奢望。这种奢望,使得地球亿万年累积的不可再生能源,在短短两三百年的时间内消耗殆尽。能源战争频仍、环境空前恶化、道德颓败、物欲横流,人类在物质欲望的驱使下,彻底丧失其对精神性维度的追求。现代性的弊端似乎在于,人类妄图以自身主体性彻底宰制地球,主体性的极端强化成为现代世界的灾难。主体性作为思想的衡判标准,是在近代哲学的认识论转向中确立的,主体以认识能力为自身权威的彰显,逼迫作为客体的世界做出应答(康德:人为自然立法;人类面对自然,如同老师面对小学生,要求其做出回答)。看来,现代性之病皆以主体强力之极端彰显为根源。似乎只需回归某种物我合一的世界观,尊重地球上一切生命的平等权利,即可救现代性强主体性之弊。

然而这种以物我合一世界观纠主体性之偏的现代性诊疗,只是叶氏现代性批判的初步工作。在与"反现代性"运动诸种思潮的对比中,叶氏还探明了"现代性"的乏力感与其窒息、压抑思想的深度病症。这似乎是与其强主体性的现代性诊断正好相反的"诊断证明"。可以说,这种深层的现代性诊断,是叶氏对于思想之深层动力性的回应和激发。对"力"和"力量"的呼应与期盼,在叶氏的"文化寻根"中,在在皆是。比如:罗林(《哈利·波特》)对女巫形象的反基督化处理,在叶氏看来,表明了作者希望从前基督教的魔法世界找回现代性的商业社会中丧失了的"精神力量"。① 荣格认为西方文化因为对异教思想的压制而限制了自身的"活力",而叶氏将这种"活力"阐释为与"宇宙生产"相并列的"大地母亲"(Earth-Mother)的生产力。② 女性主义者金芭塔丝和祭司斯达霍克对"女神"之生命力的张扬,叶氏将其看作是女神复兴运动蓬勃发展的动力。③ 日本理论物理学家汤川秀树(《创造力与直觉——一个物理学家对于东西方的考察》)对东方直觉智慧中蕴藏的巨大的科学"创造潜力",被叶氏解读为补西方抽象思辨之弊的思想资源。④ 在英国谢菲尔德大学开设"异教哲学"的霍恩(Richard Herne)认为古代法术师通过《易经》来把握宇宙"力量",完成人与自然的沟通。今天我们可以通过《易经》的学习来引导深思冥想,学习接近宇宙的基本力量。叶氏以此来解释《易经》热潮风行西方的深层原因。⑤ 汤因比认为西方在过去的五百年里引导世界走向了物质上的统一,但在未来的五百年人类面临着在精神上走向统一的伟大任务。日趋衰落的西方基督教文化不可能胜任这个使命,只有从"文明生命力"最为持久的东方文化之中,才有可能找到这种引导人类精神统一大业的"思想力量"。⑥ 叶氏将汤因比命题视为韦伯的资本主义精神考古的反命题,以此凸显"东方转向"的思想动力意义。

叶氏对现代性病症做出的两种诊断结论并不矛盾,而是在思想动力学

---

① 叶舒宪:《现代性危机与文化寻根》,山东教育出版社2009年版,第103页。
② 叶舒宪:《现代性危机与文化寻根》,山东教育出版社2009年版,第126、147页。
③ 叶舒宪:《现代性危机与文化寻根》,山东教育出版社2009年版,第136页。
④ 叶舒宪:《现代性危机与文化寻根》,山东教育出版社2009年版,第148页。
⑤ 叶舒宪:《现代性危机与文化寻根》,山东教育出版社2009年版,第149页。
⑥ 叶舒宪:《现代性危机与文化寻根》,山东教育出版社2009年版,第155页。

上具有深层一致性。现代性的强主体性"力量",与其"思想力"之疲软颓败,是现代性病症之一体两面。叶氏以两种表面看来正好相反的现代性诊断,将我们引向这样两个关乎现代性之思想实质的问题:在现代性主体中极端张扬的认知"力"、征服"力"与操控"力",是否就是思想自身的"动力"呢?如果思想在其主体性即"人"之外还有另外的"力量"之源,那么我们又如何在思想中为思想者即人定位呢?"思想"只能是"人的思想",但在"人的强力"之下,"思想之力"却在现代性中极端萎缩了。如果叶氏现代性诊断的两种诊断证明是自洽而周延的,那么这两种相反而相成的力量,即"主体之力"和"思想之动力"之间,必然有主从之分。

对比叶氏在反思现代性语境中对两次启蒙的思想实质的归纳,我们可以清晰地看到"主体之力"与"思想之动力"的力量消长关系。旧启蒙"完全打消了千百年来人对神的敬畏,而且使人完全丧失了对宇宙自然的那份敬畏之心,成了倚仗自以为无往不胜的技术手段在这个星球上为所欲为的强者"①。这场三百年前的旧启蒙是以祛除外在权威、彰显人类主体之强力为思想核心的。在这场旧启蒙中,"主体之力"是代"思想之动力"而立言的。旧启蒙的思想家自然认为,思想之力充分灌注启蒙思想家的主体之力中了。黑格尔怀着这份启蒙的信心,认为拿破仑就是骑在马背上的世界精神。"主体之力"与"思想之动力"在旧启蒙运动中的重合同一,阻碍了思想家对"思之实事"的关切。启蒙思想家把"主体"作为形而上学家苦苦寻觅的坚实的"新大陆",将"主体性之力"完全等同于"思想之动力",以为只要抛弃思想的非自觉状态,抛弃融于世界之中、混沌未知的抽象而不自知的"意识","意识自身确定性的真理"就可以在现代主体中稳稳扎根了。② 但在这种主体强力极端张扬的短短三百年里,"主体之力"的局限性被揭露出来了,主体性重重撞上了天花板,主体自身的确定性被动摇了。叶氏梳理的"新启蒙运动",就其思想实质来说,正是对主体性之局限性的

---

① 叶舒宪:《现代性危机与文化寻根》,山东教育出版社2009年版,第9页。
② 黑格尔:《精神现象学》,贺麟、王玖兴译,商务印书馆1996年版,"第四章:意识自身确定性的真理性"。

深刻揭示。在对主体性之强力的限制中,思想自身的动力才逐渐呈现。"意识到自己行为的后果和能力的限度,是人类在20世纪后期开启的反现代性的新启蒙运动之出发点。对于300年前曾经给现代性奠基的那场旧启蒙运动来说,新启蒙运动似乎刚好是一种否定之否定。"①"新启蒙运动"向原始人学习,借助"新萨满运动",是要摆脱"生产主义"与"消费主义"这些强主体性的不归路,学习那种把人看作与万物"通灵"之一体的通灵自然观。② 这种通灵自然观,正是前述的物我一体整体世界观。在将主体人"回置"到其所从来的自然之中时,"主体之力"便融入世界自身的起灭循环中去了。

因而,所谓"主客体浑融、物我合一式通灵自然观",并非简单的浪漫主义思古幽情,也不是简单的思想方式的外在技法(思想方式)更新,而是对逞主体之强力、阻滞思想自身之生长性的现代魔怔的根治。这种自然观所吁求的,并非理性的退步,而是对思想自身之动力性的激发与释放。现代性以主体强力作为基本法则,以认识世界、宰制世界作为思想的基本任务。主体性之力强盛而思想之动力性被主体性之力裹挟乃至遗忘,这正是海德格尔惊呼以往的形而上学根本未曾"思"的原因所在。准确地说,主体性形而上学是以主体之"思"取代思之自然萌动与生长。叶氏以文学人类学的思想考古工作所展现的原始思维类比性特征,以及作为这种思维之土壤与背景的物我合一式通灵自然观,在思想动力学意义上,正与海德格尔对思的重新唤醒相呼应。海德格尔不说我们思,而说我们"应和"着思。在这种应和中,主体之强力与思之动力性的主从关系发生了微妙的转变。海德格尔在对思的应和中,让思之花朵作为美自然绽出③,叶氏的文学人类学研究,将我们带到思想产生的形下现场,使我们端详在物我合一式世界图景中思想的自然生成。

如果说,新启蒙运动是对旧启蒙运动中的主体之力和思想的动力性两

---

① 叶舒宪:《现代性危机与文化寻根》,山东教育出版社2009年版,第8页。
② 叶舒宪:《现代性危机与文化寻根》,山东教育出版社2009年版,第10页。
③ 海德格尔:《技术的追问》,见《演讲与论文集》,孙周兴译,生活·读书·新知三联书店2005年版。

者关系的调整,那么,我们能否以"三十年河东,三十年河西"的方式来看待这两种力的消长关系呢？是否通过对旧启蒙之主体强力的限制,我们就要相反地让思想之动力成为主宰,将主体之力压抑至喑哑无声呢？显然,离开主体人,根本就没有思想。没有这种思想者人的激发,思想之动力性如何可能自行绽出呢？那种荡秋千式的思想批判显然并非思想发展的逻辑,而是犬儒主义的随风倒的无思状态。在思想之萌动与生长中,主体人正是那个激化者。就此而言,近代形而上学的主体性原则并没有错,错只错在主体性原则强化、膨胀为人类中心主义的偏执和狂妄。如果说要对旧启蒙运动做出批判,只需对主体性凌驾于世界之上的极端张扬予以纠偏,对迷信主体之力的人类中心主义提出警示。因为,不仅主体性原则的确立者、主体性原则的极端强化者只能是人,对这种主体性的极端强化补弊救偏、实施诊疗的,也还只能是主体人。只有在这种纠正主体性之弊的思想任务中,文学人类学所勾勒的"主客体浑融、物我合一式通灵自然观"的思想意义才清晰可辨。这种自然观像细心保护自然植被一样,把思想的动力与主体人的认知、探索的能动性协调包容于一种与社会存在密合无间的社会意识之中。叶氏在对《老子》的分析中所还原的复归母体观念,对哲学概念"壹"与"壶"之思想同构的探索,在对《庄子》的解析中对于"卮言"之循环往复的揭示,对巫术仪式中人神一体的描述,等等,都是对与人共生的思想之动力性的呵护。只有在"天人不相胜"的自然观念中,人与思想的浑融共生才有保障,才能使"道不远人""思不远人"。

　　叶氏文学人类学视野中的主客浑融世界观的思想意义,可与海德格尔在"思存一致"原则上阐发的"思"与"此在"(人)的关系问题相对勘。在"思"与"此在"(人)的关系问题上,海德格尔的处理方式深契思想之动力性的秘密。海德格尔在批判以近代主体性为基础的科技形而上学时,并没有矫枉过正地将近代思想的发起者即主体(人)压至喑哑状态,而是在回应巴门尼德"思想与存在是同一的"这一箴言时,调动起此在(人)与思之间草长莺飞般的互益与共生性。海德格尔所谓人与存在的共属一体性,是对思想之动力性的细心维护。一方面,"存在"只有借助于"此在"(人)的激活才能维持其在思想中的动力核心位置;而另一方面,"此在"(人)只有在激活"存在"之活力时才具有真正的思想规定性。叶氏对原始生活场景中的神人一体状态和仪式中的"出神"的还原工作,都可理解为是要将思想之发动者,即人"回置"进思想萌生的原初场景中去。在这种融汇性世界中,不仅思想的现实性有了保障,而且可以解释文学艺术等的治疗功用。①

叶氏文学人类学研究调动起思想之动力,使人与思想的共属一体性这种足以纠主体性之偏的观念在现代性的"他者"场域(即"原始性")中得到重现。叶氏对于思想活力的激发,无疑来自其反对凌虚蹈空式致思理路的方法自觉以及中西古今融会贯通的开阔视野,在其编选的《神话-原型批评》之"导读:神话原型批评的理论与实践"中,他将弗雷泽《金枝》与人类学、荣格的分析心理学和卡西尔的象征形式哲学视作突破学科壁垒,激发思想活力的理论酵素,但在他本人研究的"活力迸发"中,我们可以看到更多酵素的多向激发。在对神话-原型批评新近发展的评述中,叶氏指出,由于弗莱《批评的解剖》在原型批评之理论与实践上的巨大成功,后继学者面对这一神话"图腾"般的巨著,极艰难地开拓出了以迂回方式超越弗莱的"第三条道路"。叶氏在对原型批评理论之"往世今生"的历史性回顾中所探明的理论"冲决力",完全可以用来解读他本人的文学人类学的理论活力之源。如果化用弗莱的话"文学产生文学",我们也可以说,"理论产生理论""思想产生思想"。

对于思想之动力性的发掘,总是源于对既往理论中的遏制思想活力之弊的反驳。在原型批评的新近发展中,葛尔德的"神话意向"理论要求重新理解被荣格和弗莱简化了的原型理论,认为那是一种本质主义的概念。与这种理论评述相对应,叶氏本人的研究中,时时警惕对理论观念的简单套用。比如,他对杜而未"月亮意象"的无限推衍持批判的态度;在对于某一文化事项的意义没有把握时,他会提出一种可能的解释,而并不坐实一种观点。

---

① 关于"文学与治疗"问题,可参见叶舒宪主编:《文学与治疗》,社会科学文献出版社1999年版;《文学人类学教程》,中国社会科学出版社2010年版,第七章。

叶氏在评述"神话意向"理论的前景展望时,肯定了葛尔德对众多派别的广收博取及其对原型理论的本体论地位的确定。葛尔德本人在文学批评的核心问题"神话"和20世纪哲学核心问题"语言与阐释"这两者之间进行的打通工作,会给文学人类学的理论深化提供怎样的动力呢?文学人类学研究中该如何确定本体论问题呢?

第三节　思想深描:文学人类学与形而上学的互训

葛尔德通过打通神话与"语言与阐释"这个20世纪哲学的核心问题,为原型理论确立了本体论根基。神话研究显然不再是与哲学不相沟通的古典人类学中的一个狭小领域,而是直指"思想"与"哲学"。葛尔德所挑明的这层深刻关联,是文学人类学研究得以成为一门严谨的科学的本质保障。在文学人类学研究中,叶氏虽未处处挑明本体论根基,但在对原始的知识、观念与意识的探索中,他却能在关乎思想本质时,深入剖析这些知识、观念与意识的思想根基。

在对原始思维的思想考古中,哲学概念的发生学探源关乎思想根基的确立。在对中国哲学概念"道"的发生学考索中,叶氏将"道"与古希腊哲学中的"逻各斯"(logos)、希伯来文化中的耶和华、印度宗教观念中的"梵"进行"文化并置",使得对"道"的追根溯源本质上就是对于中国哲学根基的探究。[①] 这样,对于"道"的发生学探源,本质上就是对于中国哲学最高范畴的本体论奠基。由于在道之探源中坚持了跨文化(古希腊哲学、希伯来文化、印度宗教文化等)比较的方法和视野,道的本体论奠基,就具有了超越中国思想疆域的人类学思想意义。在这种跨文化的思想与哲学范畴沿波讨源工作中,叶氏的思想本体论奠基工作,不再限于西方逻各斯中心主义的固有疆界,还将包括西方哲学在内的不同文化样态中的思想纳入单数的思想之中。不同文化语境中形成的看似迥异的思想样态,得到互文性

---

① 叶舒宪:《中国神话哲学》,陕西人民出版社2005年版,第四章"道的原型"之"一、道与逻各斯、梵、上帝——最高范畴的神话发生"。

阐释。

对于体系化的思想(哲学)而言,最根本的问题正是本体论奠基问题。在后神话时代,尤其是现代性以来,西方思想的本体论问题,是以"形而上学"问题为标示的。而在神话思维中,创世神话则是"所有神话类型中最庄重也最根本的"①。在形而上学与创世神话之间进行的深层沟通与互训,是叶氏文学人类学研究中最具思想质地的论题。叶氏将"道"视作"中国思想传统中的第一范畴",认为它在中国思想中具有"万世不移的本体地位"②。这一判断规划出在文学人类学的神话研究与哲学本体论之间进行深层沟通的任务。叶氏提出,"若将哲学的创生论视为创世神话的抽象发展,那么各种创生论之差别也当从创世神话的不同类型着眼加以讨论。儒家的创生论以天地为起点,这显然是天父地母型(又称世界父母型)创世神话的逻辑引申;而道家的创生论强调天地开辟之前的'道',这乃是象征太阳初升的宇宙蛋型创世神话的必然发展"③。在跨文化比较视野中,不仅儒道两者的本体论根基可以依照创世神话的不同类型得到发生学的对比性阐发,而且中西哲学比较研究也获得了超出书写材料的更深厚的神话素材的支持。叶氏的比较神话研究,出人意表地为比较哲学提供了深层文化背景。叶氏以比较神话学为起点的比较哲学研究,起到因枝振叶的奇效。

我们可以暂时不以类型学视野介入叶氏在神话类型与哲学本体论类型之间的对应性研究中去。当下紧要的问题是,通过跨文化视野的整合作用,叶氏在中西哲学比较中借助文化而实现的深层嵌合,会赋予中西哲学研究各自以怎样的全新视角呢?体系化的西方思想以理性思维方式占优,而神话思维在中国哲学发生过程中具有更为重要的作用④;然而,在中西哲学比较中引入跨文化视野后,重要的就不再是"异",而是"同"。这个"同",就是为思想之动力性奠基的本体论了。

---

① 叶舒宪:《庄子的文化解析》,陕西人民出版社2005年版,第489页。
② 叶舒宪:《庄子的文化解析》,陕西人民出版社2005年版,第494页。
③ 叶舒宪:《老子与神话》,陕西人民出版社2005年版,第84—85页。
④ 叶舒宪:《老子与神话》,陕西人民出版社2005年版,第37页。

创世神话是哲学本体论在神话思维中的转换生成形式,那么,在《老子》的"无名为万物始"的创世观与《圣经》的"太初有言"以言创世的观念间,在"创世"这一基础之上的真正差异何在呢?叶氏仔细勾勒了"以言创世"的观念,从古希腊的"逻各斯",经《圣经》的"太初有言"直至康德、黑格尔对逻辑理念语言的强化过程(《老子与神话》第五章"无名与有名")。与之相反,老子则以"道,可道,非常道;名,可名,非常名"这样的语言学观纲领解构了语言创世观。语言观并非天然地具有哲学本体论比较的意义,但是,如果不同思想对于语言是否直接导致世界之创生这一问题做出原则性表态,则这种语言观直接就是哲学本体论问题。在老子的"无言"观与西方哲学"逻各斯中心主义"的对比中,叶氏的比较哲学紧紧瞄准了本体论问题。

要真正明白叶氏中西哲学本体论比较问题的思想意义,我们还需稍稍回顾一下以本体论为核心的西方形而上学史。"哲学之父"泰勒斯提出,万物生于水,又复归于水。这一观点开创了希腊哲学将世界万物归于一种基本原则的传统。对于创生世界的基本原则,后来的哲人提出不同的解释和命名:阿纳克西曼德认为是"无限";毕达哥拉斯学派认为是"数";赫拉克利特认为在一切运动变化背后,有一种适合一切事物的理性,即"逻各斯"。关于如何达到或掌握这种基本原则和理性的学说,构成西方形而上学的基本内容。巴门尼德以为走真理之路就可掌握这种原则,柏拉图认为摒弃感性,就能达到清晰的理性认识,亚里士多德在知识学上将这种追求清晰理性的学科命名为"形而上学";基督教以人格化的"上帝"代表追求确定性知识的精神指向。这种对于确定性理性知识的追求在 17 世纪获得了"本体论"的命名。沃尔夫体系勾画出形而上学研究的范围。追求理性化、确定性知识的"形而上学",成了从康德经费希特到黑格尔的德国古典哲学的基本思想框架。黑格尔无所不包的形而上学大厦坍塌后,批判形而上学的压制性、独断性,成为西方思想的自觉。[①] 尼采对理性霸权的批判,

---

① 赵周宽、王美玲:《后形而上学思潮与理论美学的核心问题》,载《新疆大学学报》(哲学·人文社会科学版)2010 年第 5 期。

表现为对认识主体的"建构性"的深刻洞察。海德格尔对形而上学之可能性问题的探讨,重新激活了关于思想之动力性的思考。在海德格尔批判性深化和深刻的批判中,形而上学再次成为思想的核心问题,形而上学之可能性问题成为关乎思想之可能性的根本问题。在这一简略的形而上学史的回顾中,有一点是明确的,那就是,形而上学将确定性知识的可能性问题和对这种确定性知识的追求问题越来越自觉地提上议事日程。

如果说形而上学是对确定性知识追求的动力学问题的思辨性探究,叶氏的文学人类学研究则以丰赡而多样化的前现代思想、观念与意识,为这种思辨性探究提供了现实性佐证。形而上学确定了以"存在""上帝"作为标志和绝对所指的确定性知识生成过程,叶氏在文学人类学中,则以创生神话展现了思想自身的生成过程。这两者之间具有深层同构关系:形而上学家从未知的混乱中分辨出确定性知识和混乱的意见,将前者作为知识学的目标;叶氏以不同类型创生神话展示了不同文明对天地创生的解释。两者同为关于创生的学说,两者皆以揭示创生过程中的动力和创生原理为基本内容,两者都解释了某种从无到有的过程。

在从无到有的创造过程方面,创生神话可以看作形而上学确定性知识形成过程的隐喻,而形而上学确定性知识的可能性问题则可以视作创生神话在神话观念消失后的转换生成。在这两种创生过程中,都具有由浑然整体到一分为二的结构性特征。这种"一生二"的基本结构,是创生神话与形而上学所共有的基本语法。创生神话中的"一生二"可以看得一目了然,但形而上学的确定性知识生产何以也是"一生二"的呢?这种从"一"到"二"的"分"与"判"的过程,我们可以从巴门尼德在哲理诗区分"真理之路"和"意见之路"中看出,从柏拉图区分"理念"和它的"摹本"看出(床的"理念"到木匠所造的床、木匠所造之床到画家画的床),从康德的纯粹理性与实践理性的画土分疆看得出。在近代主体性原则确立后,形而上学将世界区分为站在世界对面的认识主体和等待被认识的客体,使得世界一分为二的后果昭然可见。

世界被剖判为二,站在主位的人以世界主宰者的姿态颐指气使,要求世界像小学生那样对自己的指令做出回应。康德在强调认识主体性时的比喻,在现代性的危机中,成为真真切切的普遍现实。叶氏现代性批判的根本正在于对人类中心主义逞一己之能的警示。对形而上学而言,这种剖判世界的思想动力必然会迸发出来、凿破混沌。而创世神话从无到有、"一分为二"的过程也是不可逆转的。这种不可逆转性是文明的本质,人类借助文明实现了对世界的有效把握,如同拥有了一个握住世界的着力点。然而,有机械者必有机事,有机事者必有机心,人类借助文明不仅对自然界实施肆意改造,连自己的自然躯体都不放过。① 文明的动力不仅型塑、创生了人的世界,也为创造者造成伤害;形而上学的思想动力亦复如此:人类试图借以获得确定性知识的形而上学,成为钳制思想活力的僵化体系。叶氏仔细探查出那些形而上学概念的形下所指,正是要冲决形而上学之僵化体系,重新为思想注入动力。

形而上学由激发思想的可靠方法变为窒息思想的僵化体系,这是人类思想无可逃避的命运。与之相应,创世神话在开创出人的世界后,如同《庄子》中的"中央之帝"混沌被日凿一窍,七日而死。在思想之动力变为钳制力和创世导致世界灭亡这两种"天命"的互文性阐发中,叶氏的文学人类学跨越文化,深挖人类思想与文明之秘密。

正是由于不同文化对于这种天命的憬悟,在人类文明创生之初,一种反向的、复归混沌的努力就从来没有断绝。《庄子的文化解析》第五章"返胎与复朴"、《老子与神话》第三章"永恒回归"这两章,是叶氏对于回归母体、回归混沌这一文化母题的系统阐明。在回归母题下,叶氏同样以跨文化的视野,将不同民族的回归意象进行对照。在跨文化扫描中,叶氏纳入考察范围的还有,基于《圣经》救赎观的"复乐园"主题②、澳大利亚土著社会中的复乐园神话③、巴比伦的复乐园主题、与道家复归主题相关的儒家"大同"、"大同"理想④,等等。复归主题源于文明和思想在创世之后的颓败和僵化,与这种颓败和僵化相对比,那个被渴望的文明未开、混沌未凿时

---

① 叶舒宪:《阉割与狂狷》,陕西师范大学出版总社2018年版。
② 叶舒宪:《老子与神话》,陕西人民出版社2005年版,第140页。
③ 叶舒宪:《老子与神话》,陕西人民出版社2005年版,第140页。
④ 叶舒宪:《老子与神话》,陕西人民出版社2005年版,第146页。

期,被想象为"神圣开端"(the Sacred Beginning)①和"初始之完美"。在文明已开、混沌凿破的现代性中,思想之僵化与生命活力之颓败是文明人可能经历过和正在经历着的现实处境;如果没有文学人类学对原始族群的田野调查,我们可以说,神圣开端对于初始的理想化设定,主要是与这种现实处境相对照而设定的价值期许。叶氏引述人类学家对昆人生活状况的田野调查,指出这种"初始之完美"具有一定的现实根据。在"初始之完美"和现代的颓败之间,选择前者是必然的。因而神话叙述以初始为顶点,以当下为谷底,以可期盼的重攀顶点为完满结局的U型结构,就是一个完整神话叙事的标准结构了。

U型结构所表达的,是人类关于过去—现在—未来的整体历史构想。在太阳神话和战马神话中(《英雄与太阳》),叶氏以U型结构分析了不同类型英雄相同的命运图式,而在对老庄哲学的结构分析中,我们可以看到这种命运图式在哲学观念上的投射:永恒回归的神话模式与循环历史观互为表里。使得回归得以永恒进行,使得人类理想投射方向折向历史的,正是叶氏所谓"高贵的野蛮人"发出的"诱惑"②。西方思想在20世纪以来的现代性批判中所重新发现的"野蛮人"的"高贵",在老庄思想中,从来没有被彻底抛弃过。正如叶氏所说,与西方思想相比,道家思想较多保留了原始思维特征。

老子保存这种原始思维的突出表现在于,他将初始之"道"认同为混沌。③ 叶氏把老子对于混沌的正面价值的肯认比作老子的"混沌之恋"。在从混沌到文明开化和从文明之颓败复归混沌的往复运动中,混沌无疑是思想的牵引力。老子对于混沌的正面价值的确认,如果以形而上学的语言来表述,可以说,他细心葆有着思想的活力,确保这种活力不因形而上学体系的僵化而被窒息。

形而上学激发思想活力同时又可能窒息思想活力,创世神话给人类带

---

① 叶舒宪:《老子与神话》,陕西人民出版社2005年版,第102页。
② 叶舒宪:《现代性危机与文化寻根》,山东教育出版社2009年版,第十章"反现代性与艺术的'复魅'"。
③ 叶舒宪:《老子与神话》,陕西人民出版社2005年版,第131页。

来光明与秩序却导致"初始之完美"遭到破坏。在形而上学和创世神话中,都蕴藏着深层的悖论性。认同混沌与完整世界的正面价值,并不意味着彻底回归到"初始"之中去。叶氏清醒地认识到这种根本性回归的不可能性。对于思想和神话思维来说,重要的是并非在破除现代性迷信后重新掉入"初始神话"中去,而是要时时警惕思想的僵化,便那种引发思想的活力永不消歇。这可能是叶氏文学人类学的思想动力学意义所在。

第三章 文化与文明

思想动力的问题,构成任何一种有价值、有力道的思想体系的鲜明标志。思辨哲学中往往将动力问题凝缩为一种结构主义的关系学问题,所谓"主体与客体""主动与被动"①"形式与功能"②"生成与存在"的辩难③等问题,均是对思想动力性的抉发。康德在《判断力批判》中对于想象性的合目的性判断沟通实践理性与理论理性之思想功能的阐发,本质上是指向思想动力问题的。尼采指出要恢复思想的动力性,摆脱"概念木乃伊"的钳制;后现代思想家德里达反对逻各斯中心主义,释放意义生成过程中的"延异";"过程哲学"尝试走出实在论哲学,对意义形成过程予以凸显……思想动力的问题,成为严格思想的命门所在。

在思辨哲学的探讨中,动力性问题往往被结构性问题所遮蔽,未能探究到思想动力性问题的不自觉的"思者",可能在对思想结构的解析中迷失方向。文学人类学的思想考古,把历史性消息带入思想中,用文化的变

---

① 现象学中的"被动构成"问题,以极端悖论的方式解释了思想中的动力学问题。
② 20世纪影响甚剧的结构主义,其核心的思想意义应该从"形式中蕴含着动力"这一论题中得到揭示。结构主义思想动力性的源头,应该追溯到亚里士多德的"形式因"定性问题。
③ 海德格尔在"尼采讲座"中借助尼采思想所阐发的这一对概念的关系问题,堪称经典。参见海德格尔:《尼采》,孙周兴译,商务印书馆2010年版。

迁、观念的嬗递为思想的动态性和历史性赋彩塑形。

第一节　作为文化生命力之能指的多重证据

动力性问题推动着思想。要想保持思想的绵延永续,则应该努力保持思想的火种。思想之动力能否永久葆有呢?

回答这个问题,似乎还应从激活思想的主体即人入手。作为认识者、征服者和操控者的人将世界剖判为二,着眼于世界秩序的建构,这类同于形而上学从意见之中分别整理出"确定性真理"。一种特定的创世方式(即特定的创世神话)和一种特定的知识把握方式(即形而上学地认识世界),使得整体世界所可能具有的多重视角被单向定型于一种方式了。现代性是这种单向控制世界的极端表现。未来优先的现代性视野,把向世界进攻、索取、剥削和宰制世界作为人类面向世界的唯一视角了。现代民族国家以西方为标准,将面向未来的无限发展观念作为人类思想与观念的唯一标准答案了。把握世界方式的单一性和独断性,是与近代以来主体性原则基础上生长起来的人类中心主义相表里的。这样看来,现代性的病根,正是形而上学的单一视角的强化和独断。在从原始完整世界到形而上学僵化世界的转变中,内藏着从一种单一世界到另一种单一世界的转变。前一种单一世界是物我混溶、主客不分的完整世界;在后一种单一世界中,主体独大、膨胀为唯一主宰,外在世界完全被笼罩在主体意志之下。生产强化、无限发展观、GDP强迫等都是独断世界观的必然后果。

参照形而上学从对思想动力的激发到对思想动力的遏制这一思想发展辩证过程,现代性的症结获得了新的观入角度。在对思想之活力的激发中,形而上学借主体之意志,将思想的动力性强化到极点,在达到极点的形而上学体系中,思想之动力因单向定型而被耗尽,形而上学成为僵化的思想残骸了。

葆有思想之动力,使思想也能生生不息,看来只能借助于对主体意志的调整了。叶氏所引述的现代性"他者",即"新时代运动""黑色风暴""凯尔特复兴""原始情结""女神复兴"和"东方转向"等,无一不是瞄准人类中心主义的独断靶心的。西方知识界对这些思想资源的发现和启用,打破了欧洲白种成年男人对思想的垄断,启发了思想生长的多重可能性。解铃还须系铃人,解形而上学钳制思想动力之弊,还需调动起思想动力的主体的自我反省力。欧洲思想在形而上学的困境中幡然醒悟,意识到对于主体意志力的限制和调整,而对这一点,中国古人对此却早就了然于心。叶氏指出,20世纪西方哲学对于"逻各斯中心主义"的"反击战",以及卡西尔对逻辑概念的限制,似乎只是对老子"道可道非常道"的"超前智慧命题的现代演绎"。① 老子哲学表明了,在对语言之效度的评估中,老子既是语言之系铃人,又是解铃人。而语言正是形而上学逻各斯中心主义的核心问题。语言如同思想的塑形结构,在固定思想、使之明晰化的同时,也成为思想之板结。

  思想自身的多样可能性如何得到保存或复现呢?叶氏在"新时代运动"等现代性的"他者"和创世神话研究、原始思维、老庄哲学等思想资源的探究中所着力进行的,正是对思想之多种可能性的探试。混沌世界的不可把捉性,使形而上学的理性思维无所措其力;原始仪式中的出神状态,使理性主义者莫名就里;新年礼俗中食馄饨的习俗,现代人很难察觉到其中隐含着对创生神话的重演;②等等。在理性思想的洗礼下,现代人已经很难窥见理性思维之外的思想和文化意涵了。理性思维的一孔之见,有待于借助原始思维的多样视角来拓开。如果说,现代人要彻底领悟完整世界的丰沛意蕴,已如缘木求鱼,或如以尺衡重,方枘圆凿,那么我们还有没有接近完整世界的方式和可能呢?叶氏的文学人类学研究以扎实的多重证据辐辏式稽古法,对这一问题做出解答。

  通过梳理远早于文字叙事的口传叙事,叶氏在复原文化的整体世界方面,揭开其宏大工程的一角。与老庄的类比思维本质相关,在中国的文化传承中,诗经"诗可以兴"的引譬连类式推理,同样防止了逻辑理性主义建

---

① 叶舒宪:《老子与神话》,陕西人民出版社2005年版,第221页。
② 叶舒宪:《老子与神话》,陕西人民出版社2005年版,第156—158页。

立独尊地位。诗经中的"诗性智慧"使"诗国文化"保存整体性思维成为可能。① 神话世界以及以之为背景的神话思维,已经永难追慕了。但是,类比思维与引譬连类式推理,以及原始族群的仪式,为世界景观的多角度呈现提供了可能,而多重证据正是立体地呈现这一世界景观的多样化媒介,借助这些媒介,神话整体世界才可能为现代人所揣摩。叶氏在《文学人类学教程》"第四编:研究方法"中,以两章的篇幅详细论证了多重证据的必要性、可行性,并以对熊图腾传统的立体式复原而展示了多重证据无可辩驳的说服力。叶氏将多重证据立体释古的方法论与证据法学的侦破案件的作用相比较,强调了立体释古的细致与精微。立体释古的思想意义在于:要对主体性逻辑理性的强意志力做出限制,就须调动多重信息,尝试多种信息接收方式,对"光"的形而上学和视觉中心主义的局限性给予警示。这样,在视觉信息之外,人类其他的信息接收方式的利用价值就被开发出来了。叶氏将立体释古中多重证据的功用与证据法学进行了功能对照(见表1):

表1 考古学证据与证据法学的功能对照

考据学方法分类	证据法学分类	文化-符号学的叙事分类
1.一重证据	书证(间接)	文字叙事
2.二重证据	书证(直接)	文字叙事
3.三重证据	证词或旁证	口传叙事 仪式叙事
4.四重证据	物证或图像证	物的叙事 图像叙事

与四重证据相关联但角度稍有不同,文化文本的五重叙事则是对不同证据所运用的媒介进行的分析。这四重证据中包含着传播学中的五种不同的媒介。关于五重叙事与四重证据的交叉对应关系,叶氏归纳出下表(见表2):

---

① 叶舒宪:《诗经的文化阐释》,陕西人民出版社2005年版,第六章"诗可以兴"。

表2　文化文本五重叙事与四重证据对照

文化－符号学的叙事分类	考据学方法分类	证据法学分类
文字叙事	一重证据，二重证据	人证之书证
口传叙事	三重证据	人证之证词
图像叙事	四重证据	物证
物的叙事	四重证据	物证
仪式（礼乐）叙事	三、四重证据	人证＋物证

表2中的最后一列，是从证据法学角度对前述"五"和"四"的解析。证据法学中所列举的，计有四种证据："人证""书证""物证"和"证词"。我们如果变换角度，对这些证据的人类学依据做出解析，即把这些证据都看作是人的文化构成物，则可以尝试另一种证据分类方法，即从人的感觉的类型角度重新审视这些证据。这样，我们可以置换表2中的第三列，以下表做出另外的归纳（见表3）。

表3　五重叙事、四重证据与人类感觉对照

文化－符号学的叙事分类	考据学方法分类	接受信息的感觉
文字叙事	一重证据，二重证据	视觉、听觉
口传叙事	三重证据	听觉
图像叙事	四重证据	视觉
物的叙事	四重证据	视觉
仪式（礼乐）叙事	三、四重证据	视觉、听觉

需要对上表做出两点说明：第一，在人类学家深入田野对仪式进行实地研究时，其接受信息的感觉器官是全面"对外开放"的，除了视、听两种主要的信息接收感觉以外，味觉、嗅觉、肤觉等内外感觉系统被全面调动起来了。因为没有田野调查的经验，笔者只能大致揣摩，多重感觉的立体冲击力，必然会使置身其中的学者深刻感受到文化生生不息的活力和震撼力。第二，在文字叙事中，除了对书写符号的视觉感受（汉字中的"象形"：对汉字书写形式的感受、对汉字中的象形文字的感受与该象形文字所象之

具体物的视觉感受的对照）之外，叶氏在对汉语文字的训诂中，充分发挥了汉字同音相训的文化阐释力。可以说，在汉字书写符号中，有听觉信息的"回响"。另外，在现代新传媒与文化产业的相互借力中，电子游戏和综合型艺术影视等将多重叙事强力推向受众，对受众产生立体冲击。叶氏对《指环王》《哈利·波特》等影视中文化因素的分析提示我们，文化的多重证据立体呈现的可能性，在现代传媒中成为现实。这是否可以看作对多种感觉的全体"动员"呢？

以人类接受事物的感觉能力对叶氏梳理的"五"和"四"再做透视，有利于我们在将文化问题集中于"人"的同时，展开马克思意义上的作为人类历史之后果的"感觉史"的批判。① 感觉本身就能变为"理论家"，因而，感觉的批判也就是理论的批判。因而可以说，叶氏在原始思维的思想考古工作中，将荣格的集体无意识、皮亚杰的发生认识论原理、梅克尔假说熔铸一体，从感觉发生学角度所进行的复原、探源工作②，具有回到作为生物的人本身并以之为起点和批判原点的思想批判方法论意义。

从感觉起步并发动思想批判，正是莫里斯·梅洛－庞蒂（Maurice Merleau－Ponty）的"知觉现象学"的主题。梅洛－庞蒂的《知觉现象学》从传统对于感觉之误解的批判开始，以一种"重返现象"的豪迈为其思想批判工作奠基，其最终的反思批判矛头直指"我思""时间性"和"自由"这些形而上学中"圣杯"一般的思辨概念。③ 仅从书名就可以看出，梅洛－庞蒂的知觉现象学是对另一位哲人黑格尔的精神现象学的深化。与黑格尔的精神现象学注目于精神现象不同，梅洛－庞蒂所瞄准的，是知觉的现象。梅洛－庞蒂试图将对真正作为思想源点的现象的聚焦，从精神转向知觉，赋予知觉以不同于意识哲学的本源意义："知觉不是关于世界的科学，甚至不是一种行为，不是有意识采取的立场，知觉是一切行为得以展开的基础，

---

① 马克思：《1844年经济学哲学手稿》，人民出版社2014年版。
② 叶舒宪：《英雄与太阳》，陕西人民出版社2005年版，"附录：原始思维发生学研究导论"。
③ 莫里斯·梅洛－庞蒂：《知觉现象学》，姜志辉译，商务印书馆2001年版，"引论：传统的偏见和重返现象"，及"第三部分：自为的存在和在世界上的存在"。

是行为的前提。"①他在心理学、神经生理学、脑科学等方面的广泛涉猎,使得知觉现象学具有了现代自然实验科学的"硬科学"特点。然而,以自然实证性连接感觉与思辨理性批判的工作,由于现代性视域的限制,终归不能用于阐释作为有机整体的文化。与之相反,叶氏的五重叙事与四重证据,由于将现代性的他者纳入考量,调动起多种感觉能力互动,使得文化源点上的多元信息通过多个管道流向"蜗居"于"现代性洞穴"中的当代人。

若着眼于"释古",我们可以将多重证据视作追溯远古文化的引线;若着眼于"稽古",我们可以以符号学的观点,将叶氏五重叙事与四重证据视为文化能指的丰富而多样化的所指。由于多重证据、多重叙事的相互论证与支援,在文化的多重能指间,并没有后现代所谓的"能指链"的无限异延。在多重证据的相互指证下,叶氏的文学人类学展现了作为整体的文化。"释古"与"稽古"的统一,沿波讨源式由今溯古与因枝振叶式以古释今的双向视角的统一,是叶氏文学人类学研究在文化研究和现代性批判上的突出特色。

借助于思想考古和文化溯源,叶氏的文学人类学为文化研究赋予思想规定性,同时也突破了纯思辨性的反思哲学的狭窄视界。海德格尔在对形而上学的批判和深化中,试图激发"存在"中的动力因素,并在"语言"中安置"存在"。这样,"语言是存在的家"就意味着,在语言中蕴含着"存在"的全部动力和秘密。海德格尔"安置""存在"的方式表明了,他是深层"应和"思辨性意识哲学的。虽然他限制主体性,要求意识主体在存在的"自然绽出"中"泰然处之",但这种限制主体的哲学仍然是主体意识的反光和镜像。如果存在只能被理解为自我反思着的意识,只在"思存同一"意义上理解存在,则"语言是存在的家"只是表明了,存在自身存在于其自我意识中,这完全是康德意义上的没有产出新知的"分析判断"。如果存在被理解为广泛的社会存在,则存在的"家"远不止"语言"一个。叶氏的多重证据将包括"语言"在内的存在的多个"家"被一一落实。

---

① 莫里斯·梅洛-庞蒂:《知觉现象学》,姜志辉译,商务印书馆2001年版,第5页。

第二节　在文化的成熟（没落、被遗忘、僵化）期重返"第一现场"

庄子《齐物论》有言："物固有所然，物固有所可。无物不然，无物不可。故为是举莛与楹，厉与西施，恢诡谲怪，道通为一。其分也，成也；其成也，毁也。凡物无成与毁，复通为一。""成即为毁"的道理，老子早发先声，并提出"为而弗恃，功成而不居"的圣人处世原则。西方文化在成熟期引发的两种截然相反的感悟，说明了"成毁同一"思想的跨文化共通性。所谓"历史的完成"与"西方的没落"，既包含着西方文化的高度自豪感，也隐含着"成"而不能"化"的文化隐忧。现代性批判这一思想课题所揭示的，是跨文化的"成毁同一"难题。

人在现代性背景中无家可归的深层根源，在于以主体性为基本原则的逻各斯中心主义的垄断。这种垄断，以海德格尔的"家喻"来看，源自现代人对"语言"这唯一的"家"的依恋。叶氏以多重证据所标示的多个家园，也可以看作是现代人尝试回归文化整体之家的多条路径。要在文化整体世界被肢解为断片时，即韦伯所谓的分化世界中追思远慕混沌未凿的整体世界，需要在人类感知方式上对多种感觉力的激发与调动，以及在思想上对多种可能性路径的开辟。叶氏的四重证据与五重叙事，使这种感知力和思想力成为可能。接下来的任务就是，在既已分化的、思想动力衰颓的现代，以多重证据和多重叙事来呵护文化和思想的源点。

重回混沌的思想任务，可以看作在现代性的弊端暴露无遗时，现代人的自我救赎。区隔物我、凿破混沌，进而引发世界之非世界化、人之非人化的，是以培根、笛卡尔、康德等思想家为先驱的现代人。思想家能够引领时代，开主体性的现代性之格局，同样也就能够除主体性之弊、自抑主体强力，重开完整世界格局。在这个现代性自我反思的关节点上，思想家的任务具有深层悖论性：思想家必须强大到能认识到主体强力之无力，并把对主体强力的抑制作为新的强力，在现代性的自我反对的忧郁情绪中继续推进思想。在对主体强力的抑制中推进思想，就要让原始的整体世界的可能性呈现，对现代性主体导致灾难（环境污染、核云笼罩、能源危机、道德沦丧等）进行深刻批判，这正是叶氏现代性批判的具体工作。叶氏在现代性批判中对于科学有限性的认识,是对培根以来的"知识就是力量"信条的根本质疑。质疑理性和科学合法性,并非盲目的复古,也与蒙昧主义毫无关系。只要我们注意到叶氏现代性批判的内在逻辑,就应认识到,质疑理性与科学,只是要取消它们的自足性,对它们的适用范围做出限制。理性与科学是人类文明取得进步的工具,但现代性在科技崇拜中将这种工具绝对化为目的。通过对科学和理性的限制,叶氏使作为整体的文化在现代性的颓败中呈现了。

通过对科学和理性的限制,叶氏的文化整体复原工作,使得文学的发生场域完整呈现,文学不是现代性学术体制中的一个孤立、封闭的言说空间,而是融汇了文化整体意蕴并将社会存在的综合特征展现的一种文化能指。对这种文化能指进行的复原,不仅具有文化研究的史料意义,而且在深层上是对人类思想的现象学式呈现。

要呈现文化和思想得以生成的整体面貌,就须调动多种能指的阐释力。在传统的文学研究中,作为一重证据的传世典籍是学者所倚重的唯一材料,文学研究陷于书写符号这一能指之间的相互映射和自指中,根本无望穿透能指的迷雾抵达文化之所指。叶氏对多重证据之阐发力的系统论述和成功示范,不仅丰富了文化能指的范围,而且使得以往的书写典籍这第一重证据焕发新生,多重证据之间形成互文性阐发,文化生成之整体氛围得到悉心呵护。在中国文学人类学研究会第四届年会(2008年11月,贵阳)上,叶氏提出人类学"写"文化的四种叙事方式,并将"物质文化"(material culture)研究视为一种新的叙事方式。叶氏所谓的"写"文化的四种叙事方式,对应着四重证据,是对自身提出的四重证据的人类学解读。

何为"物质文化"呢?叶氏所谓的"物的叙事"具有怎样的特质呢?依照叶氏的观点,物的叙事具有"在文字文本之外重新建构文化文本"的作用。[①] 在近年来发表的文章中,叶氏将很大的注意力投注进四重证据中的实物证据中,并通过对跨越民族的玉石崇拜的研究,发现了在人类文明初

---

① 叶舒宪:《物的叙事:中华文明探源的四重证据法》,载《兰州大学学报》(社会科学版)2010年第6期。

创期的玉石神话观。在《苏美尔青金石神话研究——文明探源的神话学视野》①中,叶氏探讨了苏美尔青金石神话及其在古埃及、巴比伦和整个地中海文明中的传播历程,试图借此重构五千年前文明城邦的神权意识形态内容,探索催生文明起源的神话观念动力。在《物的叙事:中华文明探源的四重证据法》②中,叶氏尝试借助四重证据,超越汉字记录的局限,在文字文本之外重新建构文化文本。文章以死而复生神话信仰的多种动物形象——虎、鸮、熊、蝉、蛇等的图像编码为参照,提示对文献叙事难点问题的再解读。《伊甸园生命树、印度如意树与"琉璃"原型通考——苏美尔青金石神话的文明起源意义》③尝试给出"从文学中发现历史"的方法案例,提示文明起源研究的神话学视角。在《女娲补天和玉石为天的神话观》④中,叶氏以擅长的转换生成法对古代中国、苏美尔、埃及分别信仰的玉、绿松石和天青石进行了跨文化阐释。

对物的证据之研究的推进,帮助叶氏逐渐清晰地勾勒出文明史上一个由玉石器到金属器的过渡历史时期,叶氏的文化复原与释古工作正扎实而细致地推进。只有在总体了解了叶氏从文学基础理论研究到文化复原、从文化复原到思想考古、从思想考古到现代性批判的研究历程后,物的证据的效用和阐释力才能得到真正把握。因而,叶氏近年来收集和研究玉器的兴趣,就不同于古玩家的居奇之癖。这种对物证的保存整理工作,具有文化动力考古学意义。

通过对多重证据的相互阐发,叶氏的文学人类学研究为我们提供了重返文化"第一现场"的可能性。在文化的氤氲氛围中回归文学研究,文学自身的多重可能与功用也得到瞬间激活。立足文化整体的文学,自然具有叶氏所倡扬的治疗作用。文学对个体性灵的救助诊疗作用,正类同于原始

---

① 叶舒宪:《苏美尔青金石神话研究——文明探源的神话学视野》,载《中南民族大学学报》(人文社会科学版)2011年第4期。
② 叶舒宪:《物的叙事:中华文明探源的四重证据法》,载《兰州大学学报》(社会科学版)2010年第6期。
③ 叶舒宪:《伊甸园生命树、印度如意树与"琉璃"原型通考——苏美尔青金石神话的文明起源意义》,载《民族艺术》2011年第3期。
④ 叶舒宪:《女娲补天和玉石为天的神话观》,载《民族艺术》2011年第1期。

思维对于现代性的纠偏补弊功效。

叶氏以为,在弗洛伊德以后,治疗的现代主题分解为个人诊疗与社会文化诊疗两大趋向,二者之间虽有互动,但各自的发展轨迹却泾渭分明。前者多为职业医生的世袭领地,后者则催生出一批不挂牌的"医师"。① 如果说,弗洛伊德以后的治疗主题确如叶氏所说,在个人治疗和文化治疗之间存在明显的区别,那么,在叶氏本人的文学治疗研究中,这两种诊疗实际上是紧密关联的。通过原始文化对现代性进行的补弊纠偏作用,是文学可能具有个人诊疗作用的深层根源;而文学阅读和创作所具有的诊疗作用,只有在理性霸权导致现代危机充分暴露的现时代中,才能得到充分的领悟和认同。叶氏所列举的泰戈尔和川端康成这两位因文学而获得治疗的文学大师,都同时在社会文化诊疗和个体诊疗上具有典范意义。如果说川端康成因获诺贝尔文学奖而被媒体包围,意外中断了其治疗过程而导致治疗失败,对于川端这位病人来说表明了治疗的失败,那么,从川端作品的广泛流布来看,文学自身的治疗作用对于后来者,依然发挥着其跨越时空的疗效。

叶氏指出,在19世纪,哲学取代宗教,直接面对"文化医生"的呼唤。20世纪,"哲学的死亡"或"哲学的终结"一类说法已经屡见不鲜。诊断和治疗文化痼疾和个体心理障碍的重任又有了明确转向文学的迹象。"文艺取代宗教""为艺术而艺术""唯美主义"一类口号便是对这场精神职能转移的公开呼应。② 叶氏在此所勾勒的精神职能转移,实际上正对应着西方思想之现实控制力在黑格尔的形而上学体系倒塌之后的精神状况。随着"哲学的终结",治疗功能从尼采所期许的"作为文化医生的哲学家",转向了文学家。相对于开处方或在无影灯下操刀的治疗师来说,尼采所期许的"哲学家"和泰戈尔、川端康成所践行的通过文学自我疗救者,都是不挂牌的"医师"。如果立足西方思想的形而上学深层结构,并以长时段观察

---

① 叶舒宪主编:《文学与治疗》,社会科学文献出版社1999年版,"导论:文学治疗的原理及实际"第5页。
② 叶舒宪主编:《文学与治疗》,社会科学文献出版社1999年版,"导论:文学治疗的原理及实际"第7页。

叶氏所说的"精神职能转移",就不难明白,哲学家和文学家,无一例外都是文化能指的阐发者。只要能够葆有思想之动力,他们都是思想本质意义上的"文化医生"。在文化草创期,他们会以主体之力激活思想;而在现代性的思想颓势中,他们同样有自觉意识和能力自抑主体强力,以"逆势疗法"实施对文化的诊疗。得到诊疗的现代性,才使个体身心康健成为可能。

在现代性危机中重返文化第一现场的工作,在西方思想的本质意义上,天然具有文化修复和思想疗救作用。就文化修复而言,叶氏对原始神话思维方式的展现,适应现代性为自我疗救而"复"与"返"的时代主潮;就思想之自我疗救而言,正如海德格尔所示,不断回返自身根基,寻求自身可能性的条件,正是西方思想的"天命"。在文化修复和思想疗救中,文学研究痼疾尽除,得到痊愈,文学自身的生命力为理论家重新拥有。叶氏通过回返文化第一现场所实施的文化与思想疗救,为文学人类学重新赢得了广阔的空间。

叶氏的文学人类学研究可以看作是对现代思想和学术的整体疗救过程。为实施彻底的治疗,研究视野的极度开阔、古今文化的广罗穷搜、研究方法的精心锤炼,无疑都是必不可少的。叶氏通过多年研究所获得的广博而深邃的理论眼光,具有典范意义,堪为后学导航。

从整体文学观到文化研究的平视眼光,从跨文化的追根溯源到思想考古学,从思想诊治到跨越文化与民族的现代性批判,只有在对叶氏文学人类学的整体思想论域做出扫描后,我们才能对他的研究的学术伦理做出基本评价。在如此广袤而深入的系统探究中,叶氏文学人类学的学术伦理,并非如他所述,仅仅是"从殖民时代的霸权到后殖民时代的全球公正与平等"的"学术伦理大转向"[①],而是在诸多学科的支援、互益与激发中,对弥贯古今、包举中外的思想与文化的通盘扫描、检测和"杀毒"。

---

① 叶舒宪:《文学人类学的学术伦理》,载《百色学院学报》2010年第4期。

第三节　玉教与文明探源

叶舒宪的文学人类学研究,远远溢出传统文学的论域。在新近的研究中,文明探源研究已经成为其新的田野。其主持并完成的"中华文明探源的神话学研究",作为"中华文明探源研究"的主要子课题,借助神话学的新视野和新方法,对"中华文明探源研究"这一世纪工程做出了积极的贡献。① 大胆拓宽文学观念,积极开拓新的研究视野,成为文学人类学的醒目标志。

从思想考古到文明探源,是文学人类学的理论探索向历史更深处掘进的必然,对文明探源的关注,拓宽了学理研究的视角,为文学人类学的研究赋予时代特色和历史使命感。文明探源的问题,在历史上不仅是一个科学性问题,更是民族国家建构中的文化身份课题。20世纪20年代安特生开启了中国考古学以后,关于中国人从何而来、中国文化从何起源,引发了中华文明起源的长久论争。"西来说"和"本土说"形成强烈对峙,"区系类型"理论、"满天星斗"说、"夷夏东西"说等显示了中华文明探源问题论域的广阔性。"中华文明探源工程"是继国家"九五"重点科技攻关项目——"夏商周断代工程"之后,又一项由国家支持的多学科综合研究中国历史与古代文化的重大科研项目,该项目于2004年启动,正式名称为"中华文明起源与早期发展研究",其目标是多学科、全方位、多角度、多层次地研究中华文明的起源与早期发展的过程、背景、原因、特点和机制。项目吸收了考古学、历史学、年代测定、环境科学、物理学、化学、天文学、地质学、植物学、动物学、冶金学、生物学、体质人类学等十多个学科的学者积极参与。叶舒宪指出,中华文明探源工程缺失了神话学视角,因而阻碍着考古学素材和人文学科阐释之间的沟通。比较神话学是重新进入中国传统的本源和有效门径,具有贯通文、史、哲诸学科的多边际整合性视野。从整合性视野看,神话是作为文化基因而存在的,必然对特定文化的宇宙观、价值观和行为礼仪等发挥基本的建构和编码作用。要把握当代比较神话学整合性

---

① 叶舒宪:《中华文明探源的神话学研究》,社会科学文献出版社2015年版。

视野的优势,一个认识上的前提是:必须把神话概念从现代学术分科制度的割裂与遮蔽中解放出来。最重要的转变就在于:将归类为民间文学一种体裁的神话,还原为文化编码的基因。① 叶舒宪运用比较神话学的方法,尝试补足文明探源工程中的理论缺环,并提出"玉教统一中国"说,简称"玉教说"。

玉教说的理论主张可以概括为如下几点:

第一,与传统的文明起源学说三大标准(城市的兴起、青铜器的使用、文字的发明)不同,祭祀用玉的出现可以看作是中华文明形成的核心标志。

第二,祭祀用玉促成了对玉的崇拜,并在观念上凝聚成文明统一体。

第三,由于崇玉观念与玉矿分布地理位置上的不对应性,在中华文明体内部,形成了玉矿从西至东的传输和崇玉观念从东向西的传播,在思想观念和玉石双向交流的过程中,中华文明的统一体得到建构和巩固。

第四,崇玉的观念贯穿无文字的大传统和文字书写的小传统,并在历史时期对政治、经济、文化观念和意识形态等物质世界和精神世界产生全面的影响。

第五,在以玉器礼天地、祈福寿的传统观念不再占据意识形态主要地位的后世,玉的影响并没有消退,反而作为一种神秘的通灵物质而更加成为古玩市场上的奇货,在流通中继续维系着久远时代就已形成的精神观念共同体。在《玉教伦理与华夏文明——访上海交通大学叶舒宪教授》(徐杰舜,载《民族论坛》2014 年第 11 期)、《从玉教神话到金属神话——华夏核心价值的大小传统源流》(叶舒宪,载《民族艺术》2014 年第 4 期)、《玉教神话与华夏核心价值——从玉器时代大传统到青铜时代小传统》(叶舒宪,载《社会科学家》2014 年第 12 期)、《玉石神话背后有一种"玉教"吗?——华夏文明的信仰之根的讨论》(叶舒宪,载《百色学院学报》2014 年第 6 期)、《从玉教神话看"天人合一"——中国思想的大传统原型》(叶舒宪,载《民族艺术》2015 年第 1 期)、《多元"玉成"一体——玉教神话观

---

① 叶舒宪:《中华文明探源的比较神话学视角》,载《江西社会科学》2009 年第 6 期。

对华夏统一国家形成的作用》(叶舒宪,载《社会科学》2015年第3期)、《从玉教到佛教——本土信仰与外来信仰的置换研究之一》(叶舒宪、公维军,载《民族艺术》2015年第4期)等文中,叶舒宪阐释了"玉教说"的基本主张。

叶舒宪指出,他的文明起源问题与其文学人类学开创期的文化寻根密切相关,这一寻就寻到了书写文明的前史,即口传大传统中去了。因此中华文明探源研究的神话学研究,不仅突破文明起源的文字标准,而且跨过张光直的"中国青铜时代"说所瞩目的商代,把目光投向史无典籍而用玉普遍的先商时代。根据2017年在黑龙江饶河县发现的距今九千年的小南山玉器群推测,中国玉文化的发轫要比中国文明国家的形成至少早五千多年。最早出现的玉器比最早的青铜器要早四千年。①

对玉教形成中国认同的观念史,在《玉成中国——玉石之路与玉兵文化探源》一书中以图文并茂的形式得到历史性的清晰表达。②

玉教说是在积极参与中华文明探源工程时提出的文明起源理论,随着对文明发生源头的历史景象认识的深化,在其本人古玉鉴赏和收藏实践的促进下,叶氏又提出"玉教"系统内的"新教革命"。叶氏指出,从玉石神话信仰(玉教)到白玉独尊的文化价值观体系形成是驱动华夏文明发生的特殊动力要素,它使中国掀起最高价值以和田白玉为原型的"玉教新教革命",建构白玉崇拜为核心的华夏核心价值,周代以来的"白圭之玷"与"白璧无瑕"、夏商周以来出土的白玉玉器以及白玉为尊的价值谱系皆是上古国家统治者的神话观与西玉东输的文化现象构成的因果链条,揭示了华夏文明数千年来所独有的资源依赖现象的宗教信仰底蕴。③

从玉教说到白玉独尊的玉教新教革命说,叶氏的鉴玉、赏玉、藏玉和玉学理论推进,逐渐勾画出一幅上古崇玉观念的发展图谱。在对玉教说的信守中,叶氏迈出书斋,走向无文字的广阔田野,开始了玉石之路的踏查。截止2017年9月,叶氏与文史专家一起,共展开十三次玉石之路踏查,大致

---

① 叶舒宪:《从理论建构开始》,载《社会科学报》2018年3月1日第8版。
② 叶舒宪、古方主编:《玉成中国——玉石之路与玉兵文化探源》,中华书局2015年版。
③ 叶舒宪:《从"玉教"说到"玉教新教革命"说——华夏文明起源的神话动力学解释理论》,载《民族艺术》2016年第1期。

勾画出西玉东输的线索,对文明史的早期发展做了动态记录。踏查行程和成果,记录在《玉石之路踏查记》①和《玉石之路踏查续记》②两本著作中。在长期田野考察调研基础上,2014年提交中国文联一份对策报告《玉石之路申报世界文化遗产》;2015年提交两份对策报告《玉石之路文化品牌与甘肃的文化资本》和《草原玉石之路文化品牌》,分别呈送甘肃省和内蒙古自治区。2016年第四份报告《玉文化——中国文化品牌战略》呈送国家社会科学基金规划办,并发表在《中国社会科学院专供信息》(国办第239期)和《中国社会科学院专供信息》(中宣部第98期)。

2017年,在完成十三次玉石之路踏查之后,叶氏再将玉器时代文明史向前推进,提出在白玉之前的"玄玉时代"。叶氏指出,中国玉文化史的史前期发展脉络是先外围后中原。中原玉礼器发生期曾经历一个长达一千多年的深色蛇纹石玉料为主的阶段,按照古文献的用语称为"玄玉时代"。沿着渭水上游而来的深色蛇纹石的开发使用,逐渐引来西部地区浅色透闪石玉料的东输。继五千年前的玄玉时代之后,在距今四千年前后进入青黄玉为主的阶段,再到距今三千年的商周时代,最终引来新疆和田玉资源,开启白玉独尊的时代。广义的玄玉指以黑色为主色调的深色玉石,包括蛇纹石玉、透闪石玉和阳起石玉;狭义的玄玉特指墨色中透出变化之色的玉,即透闪石玉中的墨碧和墨翠之类。从玄玉时代的中原文化视角看,狭义的透闪石玄玉是由墨色或墨绿色的蛇纹石的玄玉引出来的。③"玄黄赤白"的更替,是叶氏在玉教说概念之内勾画出的最新的玉石崇拜色彩谱系。

玉教说处于文学人类学理论创新的前沿,是在该学科既往概念体系基础上着眼文明探源问题而引发的理论创建。这一理论的跨界特征和人类学田野考察实践,充分显示了文学人类学学派的人类学底蕴和意识。玉教

---

① 叶舒宪:《玉石之路踏查记》,甘肃人民出版社2015年版。
② 叶舒宪:《玉石之路踏查续记》,上海科学技术文献出版社2017年版。
③ 叶舒宪:《玄黄赤白——古玉色价值谱系的大传统底蕴》,载《民族艺术》2017年第3期。关于"玄玉时代"的观念史,另参见叶舒宪:《认识玄玉时代》,载《中国社会科学报》2017年5月25日,以及叶舒宪:《夏商周与黑白赤的颜色礼俗——玉文化视角的新解说》,载《百色学院学报》2017年第1期。

说所依托的大传统观念,对于无文字的史前精神世界具有跨界跨时空的阐释力,玉教说深刻揭示了中国文化动态的有机生成过程。

与无文字的大传统观念背景形成呼应的是,在书写文字小传统的范围内,玉教说也具有其理论阐释的效能。以叶氏之见,以玉为神的玉教信仰,是中国"天人合一"观念的大传统原型。① 而"玉教"不仅是儒家思想的源头和观念原型,而且是道家思想的源头②,而佛教在中国的容受,在叶舒宪看来也与"玉教"到佛教的置换有关。③

---

① 叶舒宪:《从玉教神话看"天人合一"——中国思想的大传统原型》,载《民族艺术》2015年第1期。
② 叶舒宪:《玉教与儒道思想的神话根源——探寻中国文明发生期的"国教"》,载《民族艺术》2010年第3期。
③ 叶舒宪、公维军:《从玉教到佛教——本土信仰与外来信仰的置换研究之一》,载《民族艺术》2015年第4期。

第二编

文学人类学的理论工具

新世纪以来,文学人类学的发展进入自觉积极的体积建构阶段。"大小传统""N级编码""三重证据""四重证据""玉教说""白玉新教""玄玉时代""中华文明资源依赖性"等一系列有重要影响的概念和观念的提出,为学科深化研究提供了方法论依据。文学人类学的开创者叶舒宪教授案例解析与体系建构相结合的立体式研究格局,鼓舞和吸引了更多的年轻学者加入到研究队伍中。叶舒宪明确的学科意识促成了文学人类学的积极成熟。①

新世纪以来文学人类学的长足发展态势,可以通过中国期刊网的研究论文做出简单分析。在中国期刊网以"文学人类学"为篇名搜索到的文献历年发表情况图示如下:

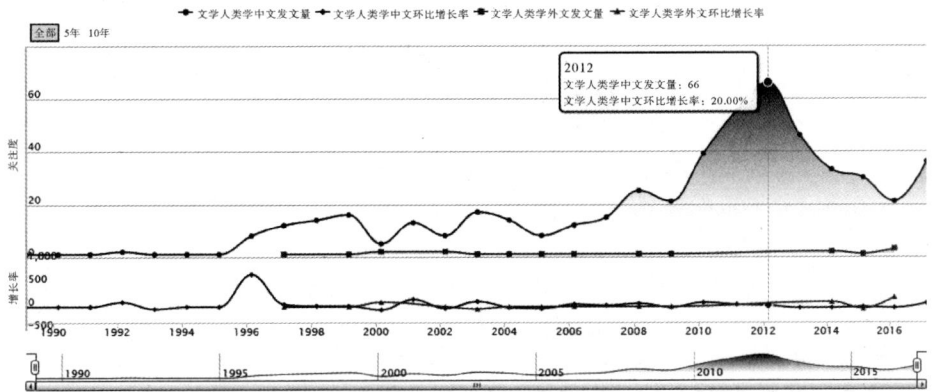

图1　在中国期刊网以"文学人类学"为篇名检索文献历年发表情况示意图

从图表可知,2012年以"文学人类学"为题的学术论文形成波峰,这与该学科的自觉理论建构密切相关。

以文学人类学新概念为篇名的搜索,解释了相关研究论文高产的原因。以"四重证据法"为篇名的搜索结果,图示如下:

---

① 叶舒宪:《从理论建构开始》,载《社会科学报》2018年3月1日第8版。

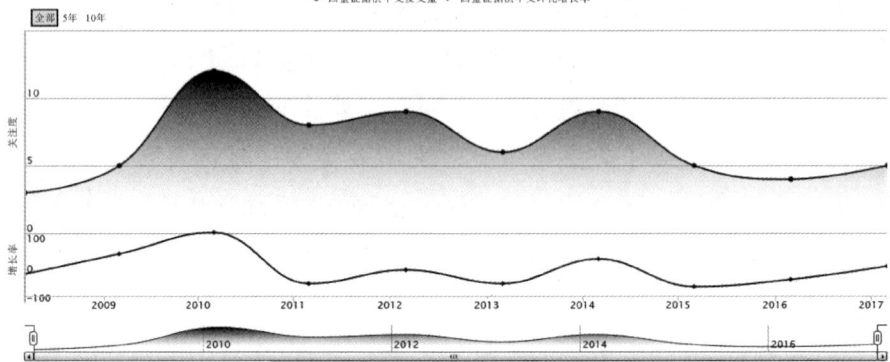

图2　在中国期刊网以"四重证据法"为篇名检索文献历年发表情况示意图

以"N级编码"为篇名的搜索结果,图示如下:

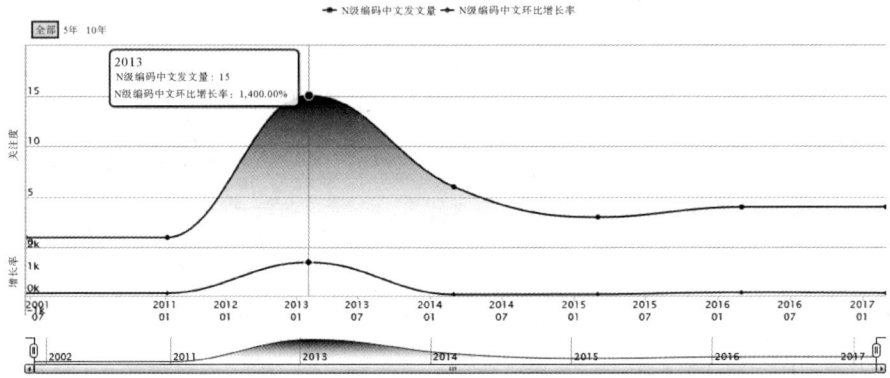

图3　在中国期刊网以"N级编码"为篇名检索文献历年发表情况示意图

以"大传统"为篇名的搜索结果,图示如下:

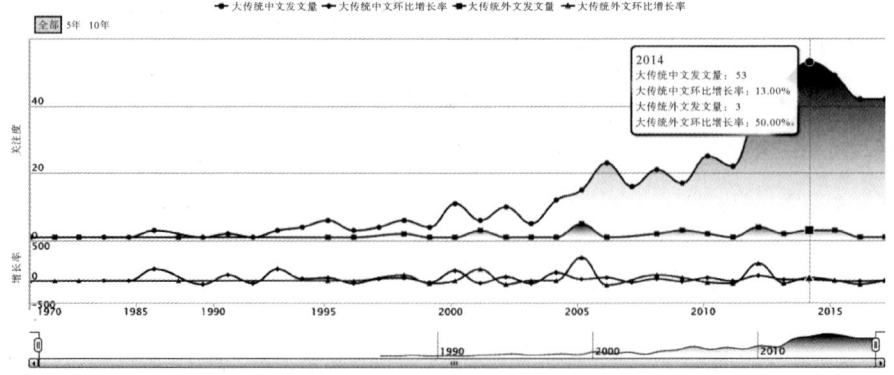

图4　在中国期刊网以"大传统"为篇名检索文献历年发表情况示意图

以"玉教"为篇名的搜索结果,图示如下:

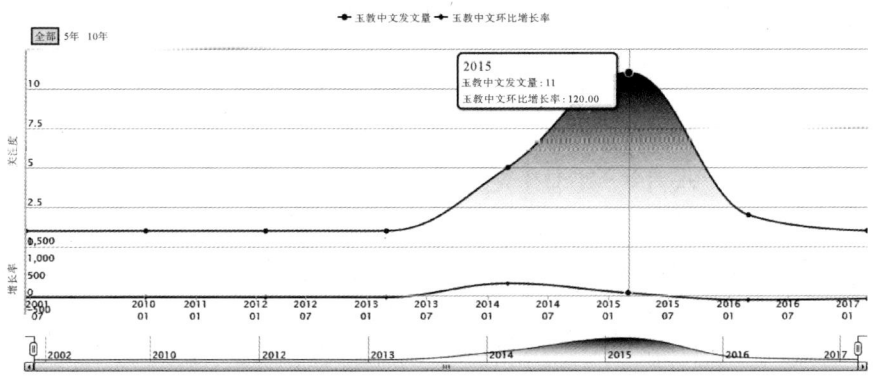

图5　在中国期刊网以"玉教"为篇名检索文献历年发表情况示意图

以上图示说明:

第一,随着新世纪文学人类学理论的自觉建构,相关研究呈现急速增长状态,文学人类学的影响力逐渐增强。

第二,以核心概念为篇名的搜索,显示了相关概念对研究的引领和范导作用。这些概念的首次提出与相关文献发表高峰期的出现,有一定的时间差:"四重证据法"的提出是在2006年,论文高发期在2010年;"N级编码"的提出是在2012年,论文高发期在2013年;"大传统"概念的提出是在2010年,论文高发期在2014年;"玉教说"的提出是在2014年,论文高发期在2015年。理论概念对于研究的直接促动作用显而易见,这也说明了文学人类学领军人物的理论影响力。需要说明的是,以篇名作搜索项所得的文献,未必与文学人类学主题相关,比如,以"玉教"搜索所得的文献中,有大量以"黛玉教诗"为研究主题的文献。

与其他几个概念不同,"大传统"概念是对雷德菲尔德相同术语的"翻新",叶舒宪扭转了大小的方向性,赋予大传统以新的意义。以图表所示,这一概念具有比其他的原创概念更久远的概念史,但在叶氏的创新使用之前,大小相对中的理论视野正好与文学人类学相反;另外,文学人类学中的大传统观念,也在这一概念史中引起了"更辙"和"偏离",这更说明了自觉的理论建构对于学科发展的重要作用。学术观念史在对传统概念的革新中呈现曲折和飘移。

第四章 大传统的思想意义（上）

在文学人类学的新近研究中，叶舒宪提出大传统的观念①，并引发了相关的研究热潮。这一观念的提出具有怎样的观念背景和方法论背景？大传统观念对文学人类学的后续深入研究具有怎样的方法论指导作用？这一观念能否拓展文学人类学的研究视野，并在人文学科的整体领域中产生积极的理论效应？本文尝试以上述追问为研究视角，对大传统观念做出初步的理论探讨。

第一节 大传统概念的思想谱系

叶舒宪提出的大传统和小传统概念，在概念谱系上讲，是对雷德菲尔德的同一对概念的能指－所指关系的逆转。雷氏在其《乡民社会与文化》中，将民间的、非体系的观念和思想称作小传统。② 与之相对，那些借经典著作和重要思想家得以保存和表述的文化被称作大传统。雷氏的"大小传统"分野，与中国传统文化中的士大夫文化和乡野文化的分野相对应；

---

① 叶舒宪：《中国文化的大传统与小传统》，载《传承》2012 年第 17 期。
② Robert Redfield：*Peasant Society and Culture：An Anthropological Approach to Civilization*, the University of Chicago Press, 1956.

在凸显"经史传统"的国学传统中,这一区分则表现为具有典型意识形态特点的官修史传与稗官野史的分道而行的"二元叙事"。在宽泛的意义上讲,大传统既是精英文化,往往同时也是官方文化。关于大传统的精英性和官方性的合一,马克思曾给出经典的解释:任何社会占统治地位的思想都是统治阶级的思想①,福柯(Michel Foucault,1926—1984)则在对文化表述深层逻辑的探讨中揭示了官方文化中"权力叙事"的压制性②;当代西方马克思主义者葛兰西的"文化霸权"理论③,并不如同其字面意义所示,要通过"文化"实施"霸权",而是要研究如何使得统治阶级的意志为被统治阶级自愿接受。这一概念中蕴含的政治哲学考量,使得我们可以将其看作雷氏大传统的政治哲学版的表述。在统治阶级赢得统治权的"阵地战"中,"有机知识分子"起着重要的作用。对"有机知识分子"中介作用的强调,使得文化霸权理论具有了融合统治阶级文化和大众文化的基本理论框架。

叶舒宪对雷德菲尔德概念的逆转,是从对雷氏大小传统特点的分析开始的。在叶氏看来,雷德菲尔德的大传统主要是以文字记录下来的文化,与之相反的小传统,则往往并没有文字的记录,而主要以口耳相传的形式世代保存。在开拓文学人类学研究视野的多重证据中,尤其是在对"第四重证据"的搜集整理中,叶氏逐渐意识到文字对于悠久文化的遮蔽作用。叶氏大传统观念的提出,除了对传统精英文化中文字的遮蔽作用的警醒,更重要的是,在文明探源的深远历史中,他逐渐在历史"深景"中探明了一个影响广泛、历时久远的玉时代。④ 叶舒宪以西王母神话所代表的中国"玉时代"与世界文明史范围内的"女神文明"相互对接,为大传统的阐释

---

① 马克思、恩格斯:《德意志意识形态》,中共中央马克思恩格斯列宁斯大林著作编译局译,人民出版社 1997 年版。
② 米歇尔·福柯:《规训与惩罚:监狱的诞生》,刘北成、杨远婴译,生活·读书·新知三联书店 2003 年版。
③ 安东尼奥·葛兰西:《论文学》,吕同六译,人民文学出版社,1983 年版;安东尼奥·葛兰西:《狱中札记》,曹雷雨等译,中国社会科学出版社 2000 年版。
④ 叶舒宪:《"玉器时代"的国际视野与文明起源研究——唯中国人爱玉说献疑》,载《民族艺术》2011 年第 2 期。

力拓展出更加广阔的世界文明史背景,同时也调动起多重证据相互照亮的力量。

中国先民礼玉、崇玉的悠久传统,只有在上古典籍中有依稀的记录,而在所谓思想观念理性化的轴心期以后,在精英文化中,玉器时代几成绝响,文化研究者、思想家开始了在文字中讨生活的"文心""雕龙"研究。对文字之遮蔽作用的揭发和对玉器时代的再次"开显",是叶氏逆转大小传统的秩序等级并力主大传统之原发性的两个相互关联的思想和观念契机。依据口传文学之原发性和玉崇拜之久远性,叶氏将那些并没有被文字记录下来的久远的文化演进历程中的口耳相传的文学传统,称为大传统。这一传统之"大"所彰显的重要性,源自其原发性和久远性。与这一大传统相对,后世以典籍记录下来的小传统,只是这一大传统的微弱回响和模糊记忆了。如果不借助于非文字的图像或出土文物,大传统只能保持在诗意的"大音希声"状态中。而囿于文字的现代人永远无望把住文明之源的脉动。在出土玉器中,远古崇玉传统的景象在叶氏视野中逐渐清晰起来,而究极探源的学术旨趣,也在他对非文字的大传统的揭蔽中得到升华。

叶氏的大传统和小传统,在表面所指与能指的易位互转之外,核心着力点在于,突出文字记录之前的久远文明史,并重新焕发出这一深远历史对当下文化建设与重构的阐发力,借助于对大传统的彰显,试图对当下的文化、思想和文学研究起到补偏救弊之功效。

大传统所凸现的无文字文化样态,如果仅仅存在于考古博物馆中,以文化残骸的形式供人凭吊,那么,对于这种文化的彰显,除了考古学的兴味之外,还能为当下的文化研究和文学研究提供怎样的借镜呢?如果叶氏想借助于口传文化的大传统仅仅是要将我们的视线牵向历史极深处,则在考古学的兴趣之外,当下文学研究和文化研究的任务显然是被耽搁了。如果叶氏投向历史深处的眼光只是一探究竟的知识性好奇,则在人文学的求真意志与阐释眼光之间的紧张关系,就毫无悬念地偏向前者了。大传统所具有的思想启迪意义只有在回应以上质疑时,才能充分体现出来。大传统的深远思想意义,需要在文化复原和重建的诸多相关领域中仔细探查。① 在此意义上可以说,N级编码理论是对大小传统之间相互阐释程序的系统化。

第二节 大众文化与精英文化的关系

在既往的文化史研究中,有一道"技术难题"一直困扰着理论家。这一问题,如果用雷德菲尔德的大小传统概念来表述就是,作为大传统的精英文化如何可能对民众的小传统产生现实影响?那些为文化精英所共享的精神、观念和思想如何可能对普通民众产生影响?这一问题困扰理论界的表征之一是,如果一位研究者不能在精英文化与大众文化之间的关系中做出机智而弹性的处理,其研究或者可能被指为坐而论道,凌空蹈虚(只限于论述精英文化的内在逻辑),或者因过分紧贴大众文化而被指限于枝节或偏离文化主题(限于经验材料,未能从民众思想经验中提炼出思想主题)。如果能够梳理出精英文化与大众文化之间的互动关系并对两者做出相互的阐发,则会达到思想与其现实根基的有机融合,使思想史研究更具有说服力。那些能够弹性处理以上"技术难题"的思想研究,往往能够凭借对思想世界的"全息透视"而获得透彻的阐释力。在叶氏文化大传统观念自觉之前,这方面的例子,我们可以举出黄仁宇所著的《万历十五年》②、余英时所著的《朱熹的历史世界——宋代士大夫政治文化的研究》③等。

余著对作为精英文化的朱熹思想的解读,没有脱离开这一思想的丰厚的现实社会背景。这种解读所具有的方法论意义,往往被笼统的"社会学方法"所掩盖。余著的方法论意义,只有放在传统文化研究的精英文化与

---

① 叶舒宪:《文化文本的N级编码论——从"大传统"到"小传统"的整体解读方略》,载《百色学院学报》2013年第1期。
② 黄仁宇:《万历十五年》,生活·读书·新知三联书店1997年版。
③ 余英时:《朱熹的历史世界——宋代士大夫政治文化的研究》,生活·读书·新知三联书店2004年版。

大众文化的二元对立僵局中才能得到客观评价。余著的名满天下主要在于其对于大小传统关系的弹性、有机化处理。

另外,美国的中国研究学者约瑟夫·列文森著《儒教中国及其现代命运》①,也在思想史的解读中,会通哲学思想、官僚制度、社会心理和理想人格等思想研究诸领域,形成对中国传统思想及其社会存在背景层展开全息透视的整体性思想史观。在历史研究领域中,布罗代尔所代表的"年鉴学派"则将历史的发展放在长时段中,试图勾勒出一幅贯穿不同思想层面的整体性历史。② 这些不同的理论探索,可以看作是沟通精英文化与大众文化,实现对这两者的贯穿性理解的积极尝试。

叶氏所揭示的大传统观念,对于处理思想史研究中的上述"技术难题",具有明显的启发意义。从大传统视野来看,既往思想史中的"技术难题"实际上是由于"观念屏障"所致,因而本质说来是一个"观念难题"。

传统上将精英文化作为大传统,而将乡民社会的文化视为小传统,大小对举中的价值评判一目了然。这一基本的二元格局决定了思想研究的思维空间。治思想史,如果能做到使这分裂的二元弥合无间则为佳境,而多数研究者往往因二元分裂备受诟病,或虽有弥合却不能融通。文化人类学的研究在更广阔的历史视野中看待大小传统的关系,但也并没有完全脱离二元分裂的格局,最多是默认这一分裂并试图尽力弥合。在人类学传播学派所设想的格局中,精英文化以某一点为圆心逐渐向外扩展,距离圆心越远,受精英文化的影响越微弱。

在文化人类学中,"传播学派"莱奥·弗罗贝纽斯(Leo Frobenius,1873—1938)提出的"文化圈"(culture circles)理论具有典型意义。这一理论承续了弗罗德里希·拉策尔(Friedrich Ratzel,1844—1904)的地理环境学说,并进一步将文化传播理论模型化了。同是德国人的弗里茨·格雷布

---

① 约瑟夫·列文森:《儒教中国及其现代命运》,郑大华、任菁译,广西师范大学出版社2009年版。
② 费尔南·布罗代尔:《地中海与菲利普二世时代的地中海世界》,唐家龙、吴模信、曾培耿等译,商务印书馆2004年版;费尔南·布罗代尔:《论历史》,刘北成、周立红译,北京大学出版社2008年版。

内尔(Fritz Graebner,1877—1934)对"文化圈"从理论到方法做了系统的论述。传播学派是在反对对文化进行高低等级划分的进化论学说中形成的,在英国传播学派史密斯和佩里的"极端传播论"中,文化传播的思想被极化为"泛埃及主义",即认为埃及是人类一切文明的唯一源头。

在时代巨变、文化易辙时,远离中心的文化社区则会因受变化的影响较小、较缓而较多地保存下传统文化的印记。人类学的传播学派所构想的这一精致模型,可以解释中国古代所谓"礼失求诸野"的探寻理路。然细究之,其理论前设依然是精英文化的主宰与优先性。可以说,这种产生于西方思想中的人类学方法,与基督教的神圣光源、普洛丁的"流溢说",甚至于柏拉图的"理式论"都有着内在的呼应。精英主义的前设观念并没有随着人类学对于原住民文化之特殊性的认可而彻底消散。而如果在精英—俗众的高低二元格局中进行思想和文化探源,俯就或屈就的文化姿态就必然会限制对于文化的更真切把握。

叶氏的大传统概念,而从思想观念和方法论看,有望彻底颠覆西方文化观念中隐含的精英主义取向,代之以"让文化实事"自己言说的"现象学式"文化研究新路径。可以说,让口传的前文字的文化传统享有原发性和初始性地位,有似于现象学在纠传统形而上学之偏时采取的"让事实说话"的思想取向。如果保存在文字中的精英文化并非无文字文化的启蒙者和救赎者,而是恰恰相反,它的源头还须回溯到口传非文字的文化中去探寻,那么,既往的思想研究中困扰着研究者的二极关系,就得到了崭新的阐释空间。这样,根本无须追问在那些无文字的文化中"习得"或"积淀"着多少精英文化的种子。相反,我们需要参照大传统,来看看在精英文化中,口传文化的哪一条光谱还没有被准确折射,哪一种言说还没有得到回响。史华兹对"古代中国的思想世界"进行探索而得出的一个观点是,民间文化并不仅仅是思想观念(它们体现于高层文化经典之中)的民间版本,文化经典也不必然是中国文化的精英版本。[①] 传统思想史研究中所面

---

① 本杰明·史华兹:《古代中国的思想世界》,程刚译,江苏人民出版社2004年版,第425页。

临的问题,使得一些有清醒方法论意识的思想家,不得不为其对于精英文化的偏重而做出自我辩解。史华兹坦承他在《古代中国的思想世界》一书中,一直将注意力放在"高层文化"典籍所反映的思维模式中,而不是放在绝大多数既不能阅读也不能书写的人们的意识生活方面。他为自己的这种偏重做出的辩解是,"人们缺乏那个时代的、能够直接见证民间文化的原始材料"。①

第三节 实证与阐释的关系

叶氏以口传文化的大传统和玉器崇拜的思想观念所展现的前文字历史时期图景,无疑是得到考古学的证实的。叶氏如果要竭力凸现这一历史事实的先在性和重要性,会不会在人文学的研究中单向度地偏向实证而置阐释性于不顾呢?极而言之,如果人文学萎缩、僵化为自然科学式实证求真,委身于考古学的一个实证性角落,甚至是在以自然科学式的实证精神进行深入探究的考古学界,单纯实证性的致思路也受到检讨,尤其是在追根溯源的系统性研究,比如"中华文明探源工程"中,阐释性也被看作是简单实证方法的有益补充。②

在中华文明探源研究中,多种学科的综合运用和通力合作,可以看作是人文阐释性与科学实证性紧密结合的绝佳范例。在由中国社会科学院考古研究所所长王巍主持、国内多所研究机构共同参与的"中华文明探源工程"中,人类学、民族学、语言学、历史学、考古学、建筑学、金属学、材料学、气象学、环境学、科技学、美学等多种学科协同合作,历史文献与考古资料相结合,人文、社会科学与自然科学相结合,宏观研究与微观研究相结合,中心性城邑遗址的勘察发掘与周围聚落群调查研究相结合,探讨社会

---

① 本杰明·史华兹:《古代中国的思想世界》,程钢译,江苏人民出版社2004年版,第425页。
② 陈淳:《文明与国家起源研究的理论问题》,载《东南文化》2002年第3期;王巍:《追寻中华文明的源头——就"中华文明探源工程"答河北学刊主编提问》,载《河北学刊》2008年第5期。

内部机制与来自社会外部的影响互动相结合,研究文明起源、形成和发展的过程与探讨其背景、原因、机制、特点相结合。①

人文学科自然会自行取消其作为精神科学的价值取向,屈从于事实,进而取消自身的合法性。概而言之,叶氏在对大传统的揭示中所表现出的鲜明实证精神,会不会招致对其文学人类学的人文学科资质的质疑呢?回答这一质询,需要从大传统的历史事实中求得辩词。非文字的口传文化的客观存在,既是一个坚硬的"事实",又是一个有待阐释的"实事"。作为"事实",它具有自然科学研究对象的客观性;而作为"实事",它却曾经并还将得到不同的阐释。对于无文字社会的不同态度,正表明了对这一"实事"进行不同阐释的必然性。在西方文化人类学克服文化中心主义和对原住民的偏见之前,无文字的文化曾被视作野蛮、蒙昧和落后的代表。文学人类学对于无文字文化的不同解释显示,即使是对于同一"实事",人文学者的阐释也会截然相反。将无文字文化视作精英文化之根,视作原发性文化,正是对传统文化视野中二元价值的倒转。这一倒转中所蕴含的人文性,只有在西方形而上学的思想宰制受到根本清算、后学的反思成为思想自觉、多元世界秩序成为可欲对象的当今世界,才有望得到本色表达。②在学科层面上领悟同一客观事实蕴含的不同解释"潜能",我们可以求助于海德格尔对于"实事"的厘定。在海德格尔的现象学中,"实事"是有待思的、可思的事实,是开展阐释的前提和酵素。在海德格尔看来③,"实事"的开放性和阐发潜能,使得任何在实证与阐释之间简单划界的做法都不再可行。口传文化大传统的"实事",作为人类文明的背景,向文化和思想的"发明者"发出召唤,也正是在这样的广阔深远背景中,作为思者和阐释者的人的能动性才有了切实的根基。文化精英主义在文化起源中遇到的"起源神话",也可一并得到更新的解读。

---

① 王巍:《追寻中华文明的源头——就"中华文明探源工程"答河北学刊主编提问》,载《河北学刊》2008 年第 5 期。
② 叶舒宪:《现代性危机与文化寻根》,山东教育出版社 2009 年版。
③ 马丁·海德格尔:《什么叫思想》,见《演讲与论文集》,孙周兴译,生活·读书·新知三联书店 2005 年版。

海德格尔现象学所彰显的存在论与阐释学的统一,或中国传统思想中"六经皆史"的观念①,正是实证与阐释相统一的不同版本的表述。中国思想史上不断解经的传统与西方哲学不断回溯思想源头进行阐发的冲动,充分显示了人文学科之"实事"的无尽感召力。中国传统学术中的"证经补史",可以看作阐释学向实证性探究的归拢,而以《左传》为依据阐发"春秋大义",则可以看作是在史实基础上对于经学"义理"的阐发。后世对中国文化进行的理论概括之一,就是称中国文化为"史官文化",这一概括或许对历史学的意识形态价值有过高的估价,但却说明了"史"在中国文化中的重要地位。② 深究中国史官的源头,不可忽视的事实是,史官是从负责沟通天人、同时观察并记录天象的祭司即"天官"发展而来的。《礼记·礼运》有"王前巫而后史"一说③,后世史官在意识形态建构中的核心地位早有根源,只是在后世世俗政治哲学中脱掉了其神秘性的来源。可以说,世俗性政治意识形态(政制)的根源及合法性证明均来自具有神人沟通能力的"巫史"。

日本学者白川静对"史"字的解释,恢复了在《说文解字》的"从又(手)持中"(又指史官所持的中立立场)这一解释之前的原始祭祀的场景:祭事的记录乃是"史"字的本义。三千年前的殷王朝,在庙宇中祭祀祖先之灵,属于所谓"内祭",内祭时举行的祭祀先王之仪式谓"史"。"史"的本义为先王之祭,但后来"史"又指从事祭祀的人士,亦指记录祭祀的人士。祭祀的记录也称"史",用来构成"历史"之语。④

叶氏借全新的大传统观念所指向的,正是在文字记录之前的以神秘仪式实现天人沟通,确证自身合法性的世俗政治的"前史"。这一"前史"经过儒家理性的规约和压制后,就成为正式的文化史之前可有可无的"序

---

① 章学诚:《文史通义》,罗炳良译注,中华书局2012年版,"六经皆史也。古人不著书。古人未尝离事而言理,六经皆先王之政典也。"
② 顾准:《希腊思想、基督教和中国的史官文化》,见《顾准文集》,贵州人民出版社1994年版,第233—252页。
③ 《十三经注疏本》(下),中华书局1980年版,影印版,第1425页。
④ 白川静:《常用字解》,苏冰译,九州出版社2010年版,第17、167页。

曲"了。李泽厚在中国美学史范围内把先秦思想概括为"理性精神"的做法具有典型意义。他说先秦思想"承前启后","一方面摆脱原始巫术宗教的种种观念传统,另一方面开始奠定汉民族的文化－心理结构"。① 这一说法中的启蒙理性精神,在当下已经受到检讨。葛兆光对"遥远的古代"的回望,具有明显的"反思现代性"意味。葛兆光提出这样的问题:"思想史是否应该放弃历史的追寻,就像当年的胡适,丢开唐、虞、夏、商,径自从《诗经》讲起,把'遥远的古代'用括号悬置起来?"②他的回答当然是否定的,在对以往作为思想"前史"的遥远古代的追溯中,葛氏恢复了其"思想性"。

在对无文字的大传统的思想"复原"工作中,实证与阐释之间的张力被极大地激发出来,这对人文学科朝向历史深处的推进提出极端严峻的考验。叶舒宪以对《山海经》的解读为例,阐明了从文学中探寻历史信息的重要性,展示多学科视野的四重证据法对于走出文本束缚,打通文史哲的界限,重建中国文化大传统的方法论意义。③

---

① 李泽厚:《美的历程》,文物出版社1989年版,第49页。
② 葛兆光:《中国思想史》(第一卷),复旦大学出版社2001年版,"引言:遥远的古代"。
③ 叶舒宪:《从文学中探寻历史信息——〈山海经〉与失落的文化大传统》,载《文艺理论研究》2012年第2期。

第五章　大传统的思想意义（下）

第一节　文化起源之谜

关于文化起源问题，唯物主义历史观给出的答案，往往是依据考古发现，紧贴先民的生存环境，从物质性存在的决定作用出发，引出文明发展的第一缕线索（大河流域充足的水源、季节性天气提供的节奏感等）。① 这种解答提供的求解框架无疑是历史主义的，但这种历史主义的解答却不能把握历史的细部。特别是，由于书写历史的限制，文字记录之前的漫长文化史完全淹没在迷雾中。因而，对于文化起源问题，只能提供一个大致的求解思路。唯物主义的解答，尤其是以恩格斯的"最终决定论"策略所表现的，实际上正是面对历史迷雾无可奈何的困境。唯心主义的解答，似乎有对历史细部的深入关切，但对于精英文化（或史华兹所谓的"高层文化"）依然不能做出准确的发生学解读。

史华兹在《中国古代思想的世界》一书的跋中，明确将自己的"中国思想世界"限于"高层文化"典籍所反映的思维模式，而不是放在绝大多数既

---

① 陈淳：《文明与早期国家探源：中外理论、方法与研究之比较》，上海书店出版社2007年版；赵周宽：《中华文明起源"玉教说"及其动力学分析》，载《思想战线》2014年第2期。

不能阅读也不能书写的人们的意识生活方面。他对这一明确选择的解释是,"人们缺乏那个时代的、能够直接见证民间文化的原始材料"。史华兹把通过"高层文化"来研究"中国思想世界"的可行性建立在这样一个"前设"之上,即,"可以肯定,高层文化古典本身也能够对于民间文化、或许应准确地称作共享文化(shared culture)的内容作出解释"。实际上,史华兹本人对这种"解释力"并不寄予很大期望,因为在他看来,"尽管中国的精英文化与民间文化可能都有共同的新石器时代的起源,但它们后来与民间文化发生了决定性的分离。此外,我还主张,在随后的历史之中,精英文化与民间文化并非同一种文化的两种版本,也不必然地呈现出平行并列的关系,它们之间的关系是两个既相互影响、但又相对分离的领域之间具有动态张力的互动关系。"看来,史华兹是站在"高层文化"的边缘眺望"民间文化"的。①

雅斯贝尔斯的"轴心说"表明,在不同文明的几乎同一时期,出现了精英主义文化的勃兴。但贝氏"轴心说"依然只是对于一个客观事实的汇报,其中表现更多的,是希腊式的"惊奇"。余英时以文明的突破来阐发精英主义的勃发,显示了中国式的问题意识。余氏所面对的问题,同样是文化起源的历史之谜。精英文化的起源之谜,是文化起源之谜的核心。余英时把士的阶层的兴起与文明的发生问题联系起来,对"士"在中国文化史上的地位的探讨既是对精英文化的个案分析,也是对中国文化整体的发生学阐明。② 这方面的新近研究,更有围绕"第二轴心时代"等反思性论题展开的探讨。

传统上在探究文化起源问题上的真正所问,并不是那些百姓日用之中的现实性观念如何形成的,而是那些得到经典表达的体系化精英文化,是在什么情况下结茧成型的。因而,本质上讲,文化起源问题本身就包含着文化精英主义的价值取向。叶氏将无文字的口传大传统作为精英文化的广阔背景,借助于四重证据而凸显出来,蕴含着对于精英主义文化取向的

---

① 本杰明·史华兹:《古代中国的思想世界》,程钢译,江苏人民出版社2004年版。
② 余英时:《士与中国文化》,上海人民出版社2003年版。

反拨。如果以大传统作为文化起源的现实性背景,则不仅古典的发生学解释,无论是"神授天书"还是缪斯之神的掌管,无论是"河出图,洛出书"①,还是"最后一位信使"的传信都已不敷用,甚至于各种现代版的文化发生学理论,也因强化人类的主体性而显得太过一厢情愿。以现代主体(人)作为文化源点的观念,是启蒙时代以来现代人的先天预设,这一主体性条件在笛卡儿和康德的思想中得到初步建构,黑格尔以对主体性的极端化处理宣告了主体的死亡。在黑格尔的主体性自行消解过程中,文化起源的"主体性方案",已经可以预见其破产的命运了。黑格尔要为达乎自觉的精英主义文化寻找客观性的逻辑线索,但客观性绝对精神的演进,却须借助于有强烈主体性之嫌的"自我意识"。② 黑格尔在主体性与反主体性问题上的纠结和暧昧,尤见其《精神现象学》中从"感性确定性"出发对"自我意识"发展历程的反思。这一反思的悖论性在于,自我意识最终的发展历程是要扬弃自身,融入世界精神的绝对真理中,但这一扬弃与反思,却又不得不借助于"自我意识"的逻辑。应该说,"自我意识"的悖谬性并非黑格尔单独面对的问题,而是一切意识哲学都必然要面对的问题,是意识哲学的"难言之隐"和"原罪",只是在黑格尔的体系中,这一问题被极端刺目而令人尴尬地激活了。

黑格尔体系的内在矛盾,以思辨的方式表现了精英主义文化起源理论的内在僵局。大传统观念能否避开这一僵局而为文化起源问题提供理论支援,取决于以下条件:第一,这一观念能否提供比以往更加广阔的现实和观念背景;第二,这一观念能否为文化与人的关系做出更具情境性的勾画。在笔者看来,大传统观念基本具有以上两种特质。口耳相传、不立文字的大传统比精英主义的文化观更加具有在文化整体中的融渗性和社会黏合性。在关注原住民生活实景而又不夸大个体之重要性方面,口传文学所具有的社会黏合作用,使得它更像是社会机体的维生机制,而非某一独特社

---

① 《易经·系辞上》:"河出图,洛出书,圣人则之。"
② 黑格尔:《精神现象学》,贺麟、王玖兴译,商务印书馆1996年版。

群的或个别知识精英的夸张性自我表现。① 在叶氏所描述的以口头吟唱医病疗伤②的案例中,文化与人类生存的有机关联得到真实演展。

第二节 文化与人类的关系

将文化视作"人工制成品",在迷狂般陶醉于巫术仪式中的先民看来,这种观点是现代人主体性魔怔的极端爆发。然而,以极富神秘主义的"神授天书"或柏拉图式的"回忆说"依然不能把握文化起源的核心关节。文化缘起之谜的进一步"迷思化"使得研究者在文化与人的关系问题上满足于俗见,裹足不前。人与文化的相互共属性以及这一共属性所揭示的人类生活的有机整体性,被借文字之功效而自伐其功的喋喋不休的现代人淡忘了。现代人囿于文字记载的历史,将这一记录工具——文字的重要性推至无以复加的高度。中国古代甚至有仓颉造字使得"天雨粟、鬼神泣"③的奇效。人类对于文字的极端崇拜所强化的,是对其在文字烛照的短暂历史时期内文明成就自足性的论证和辩护。叶氏以大传统所呈现的无文字的漫长历史时期,突破了文字的囿限,将文化起源的问题推至遥深的发生学情境中。要在这一情境中凸现人的能动性,已显得太过自不量力了。在大传统面前,不仅精英主义的文化起源观念显得太自以为是,我们甚至有必要从根本上为"文化中的人",即主体性原则严格设限。主体性的生成史,在西方文化中有清晰的脉络,而在启蒙时代以来,主体性原则尤其是作为一个思想动力学原则被毫不置疑地坚守着。然而,把口传文化中人与自然的和谐一致以及社会机体的高度自洽性,与现代性以来人类自造孽的一幕幕悲剧进行对比,我们就会幡然醒悟,文化并非外在器具一样的人工制成品,而是人类得以生存的精神性血肉。叶氏以口传大传统复现了无文字民族

---

① 余英时:《中国思想传统的现代诠释》,江苏人民出版社1998年版,第20页。另参见杜维明:《存有的连续性:中国人的自然观》,刘诺亚译,载《世界哲学》2004年第1期。
② 叶舒宪:《文学与治疗》,社会科学文献出版社1999年版。
③ 《淮南子·本经训》,陈广忠译注,中华书局2012年版,记载:"昔者仓颉作书而天雨粟,鬼夜哭。"

的文化景观,昭示出文化与人类的一种更为本源的关系,一种非现代性的关系。现代性的主体动力性文化观,被一种有机人文化观念所取代,不是人文化(humanitize),而是人文化(culturalize)。

"人文"与"天文"对举互益而不偏废的古典传统,在《易·贲·彖》有所表现:"刚柔交错,天文也。文明以止,人文也。观乎天文,以察时变;观乎人文,以化成天下。"天人不相胜,"天生"与"人成"相益,只是一种表述策略;荀子"制天命而用之"思想及刘禹锡的"天人交相胜"观念,当然更是后起的观念了。天人"未始有分",才是准确的表述。在对人的主动性的强调中,"人文"的凸显,才使得天人关系真正成为问题。对"人文"的强调本是没有文化差别的,但是,源于西方的"启蒙理性"却可以看作彰显人文性的"普世纲领"("人文主义")。与天人不分的古典观念相比,"人文性"主要指的是对"人"的凸显和对"天"的忽视,天人有机一体的关系被"人文化"的勃兴取代了。

"文化"一词在西语中的"园艺"本义,可以反身用于创制了文化的人。人其实也像植物花草一样,是被文化所培育的。

"人是文化动物"这一论断中所包含的两方面意蕴,都应得到强调。一方面,人必然具有其独特文化;另一方面,只有归属于特定文化,人才成其为人。人与文化并非空间性的相互归属,而是意义性的相互确认。大传统所呈现的非文字口传文化,使任何一个个体都可能得到自我表达;而文化又会以口传形式准确而全息地表达独特社群的集体性格。文化对任何个体而言具有"向来我属性"(海德格尔),在口传文化中,以"集体人格"(collective personal)(荣格)的形式为每一个个体所分享。叶氏在中国文化传统的视界内,将崇玉、礼玉的观念与传统作为华夏民族独特集体人格的一个表征。这种作为第四重证据的实物性表达,超越精英文化的书写限制与外在物质性、历史性差异,成为华夏民族思想观念的永恒标记。[①] 古玉藏家所深谙的"人藏玉"和"玉藏人"的关系,可以说是人与文化间双向

---

① 叶舒宪:《玉人像、玉柄形器与祖灵牌位——华夏祖神偶像源流的大传统新认识》,载《民族艺术》2013年第3期。

阐释关系的非文字性表述。

作为人之体己性胎记的文化，又是人类群体的保护神。叶氏揭示了在无文字的先民族群中"巫医　体"现象的文化学含义，那些在巫术仪式中具有通神本领的巫师，同时是救治疾病的神医。巫觋所具有的护佑众生的神奇本领，可以看作是文化疗病与社会整合功能的活态表现。① 叶氏所梳理与展现的文学疗救作用，可以认为是对于文化的保佑个体之作用的临床指认。2008 年汶川地震后，文学人类学研究者积极参与灾后的心理治疗，这一事件是文学治疗功效的体现，在更深的层面，则充分说明了文学和文化对于社会个体的体己性。②

这一功能在以"审美性"为鹄的的现代性文学理论和美学理论中被彻底遮蔽了，只有借助于前现代或反现代的艺术形式（比如甲壳虫乐队），这一基本功能性特质才有望得到彰显。但这种功能性特质又与现代学科所抽象出的"本质"截然不同。这些功能与特质正是文化自身，也是人之为人的根基。通过对"人与文化"问题的辐射与启发，大传统所具有的思想考古意义也将逐渐展露。

第三节　"思想考古"的新田野

"思想考古"这一时下知识界广泛使用的词汇，内在具有知识学和观念的张力。在福柯的知识考古学之后，从知识体系背后搜寻权力和意识形态的潜在规定性，已经成为知识人的自觉意识。但知识考古的视野很少超越文字典籍的范围。暗含精英主义预设的知识考古学，其所具有的颠覆作用，只在文字典籍记载的思想史中有效。知识批判的早先思想案例，卓有成效者有马克思的意识形态批判和尼采的"柏拉图主义"反思，福柯揭示

---

① 叶舒宪：《文学人类学教程》，中国社会科学出版社 2010 年版，第三编第七章"文学治疗"。
② 徐新建：《灾难与人文关怀——"汶川地震"的文学人类学纪实》，四川大学出版社 2009年版。

出在文字记录的体系化思想中的压制性力量①,弗洛伊德则指出这种压制力不仅限于典籍所载,而且直达人心。德里达和后现代主义者是把现代性规划作为总体性的压制性力量来揭露的。反思现代性的"后学"批判(后殖民主义、女性主义)所指向的靶心,正是现代性规划的人为性和强主体性。可以说,从马克思对思想压制性的揭示到一切"后学"对现代性的反动,这一条线索显示了西方知识精英对现代性实施疗救的努力。

"字里乾坤"中所进行的揭露和批判工作,在形而上学的"语音中心主义"批判和语言哲学的"对不可知者保持沉默"的悖论性处境中达到极致。这种借助语言来批判语言的悖论性处境,强烈预示了一个超越语言从而展开本质性批判的必要性。而开展这种批判性的初步工作,则是对前文字的口传文化进行情境性复原。叶氏对大传统的彰显,可以看作对这种必要性的回应。大传统观念的提出,激活了思想的原发境遇,使思想考古的内在知识学和观念性张力得到显露。思想考古的内在张力在于,既往的思想史研究中,"思想"仅仅以文字典籍为依据,"考古"云云仅限于精英主义的体系化思想,而考古新发现的材料则不断对思想史的成见提出挑战。

王懿荣(一说王襄)发现甲骨文后,王国维依据甲骨文进行的文史研究,可以看作中国学问中"让事实说话"的源头。叶氏在王国维"二重证据"基础上衍发的多重证据法,可以看作对思想考古工作的场域开拓。与之形成深层对比的是,当代西方思想中影响深远的现象学对于"思想实事"的溯源工作,则严格谨守思辨性理路。海德格尔也谈论"物",但与叶氏文学人类学方法中的"物的证据"截然不同。

因而,精英主义的思想考古,在面对无文字的深远大传统背景时,仅止于纸上谈兵,难免有缘木求鱼之嫌。囿于文学的精英主义的思想考古,有考古之名,无考古之实。没有思想大传统做支援的思想考古,只是无意识地标划出未来思想史溯源工作的基本任务,自身却无望完成这一任务,甚至于核心任务本身,还没有被认识到。"思想考古"概念的这一内蕴张力,在知识学上表现为现代性知识体系对于"知识"和"考古"两者的分疆划

---

① 米歇尔·福柯:《性经验史》,佘碧平译,上海人民出版社2005年版。

界。更深的观念悖论则是,前文字的历史是一片浓郁的迷雾,根本无望对其进行思想的研究,考古的任务所提供的实证性经验材料,与精英主义的思想体系互不相干。

文学人类学的大传统观念激活了惯常的"思想考古"概念中习焉不察的悖论性张力,并使这一悖论性张力成为继续前行的动力,在语言的边沿处开辟出了思想复原工作的广阔田野。叶氏在实证性的考古田野和精英主义的思想田野之间进行的贯通性工作,使得大传统既有对以往思想研究的继承,又能在传统研究的研究视力不及处开出新领域。大传统之"大",作为一个实证性事实,在于其前文字历史中的深远影响;而作为一个有待阐释的"实事",则在于这一观念融贯和统合诸多研究路径的功效。借助于四重证据的多角度透视,大传统中被文字遮蔽了的文化信息,才能与文字典籍一起全息化地展现。

叶舒宪的大传统概念,是立足文学人类学的观念革新和人文学科整体视野拓展而进行的一项积极的理论探索工作。大传统概念更新了传统的精英文化与乡民文化关系这一理论难题的求解思路,将这两者阐释为一个浑然不分的文化整体;大传统观念深化了人文学科阐释性与实证性的关系,并为文化研究与文学研究做出朝向历史深处的有效指引。借助于大传统观念,文学人类学自然地具有了思想考古的理论指向。文学人类学理论视野中提出的大传统概念,不再仅仅具有某一学科领域的启发意义,而且必将对人文学科整体具有深远的影响。

第六章　N级编码理论（上）

2012年11月14日，叶舒宪在给青年作家讲课时，借助对猫头鹰和蛙的分析，提出了"N级编码体系理论"。这一方法论体系具有文学作品分析的可操作性，同时也是对于文学人类学研究方法的更新和观念的深化。N级编码理论的方法论意义在于，它是突破表象主义深度模式，对文化表述语法进行更新的尝试。这一尝试除了具有方法论意义外，还是对人文学科自主性的再确立。在分析这一理论的方法论内涵和观念革新意义之前，有必要先对这一理论的内在思路做出基本勾画。

第一节　从神话-原型批评的方法论引介到N级编码的方法论新生

N级编码理论已是叶舒宪在文学人类学的方法论创新方面的第N次"主动出击"了，这种主动性的动力之源，无疑来自其对中外文化的广泛涉猎与砥砺方法论工具的自主意识。神话-原型批评理论，是叶舒宪主动吸纳文化学研究方法的初次尝试，20世纪80年代编选的《神话-原型批评》和《结构主义批评》，以同情性理解认可了这一方法在人文学研究中的切玉之功（参见其导论"神话-原型批评的理论与实践"）。围绕《诗经》《老子》《庄子》等进行的元典重释工作，是他运用前期磨砺的方法论工具，借鉴比较神话学的经典分析范例,在中国文化解读中进行的"以无厚入有间"的"解牛"实践①。世纪之交,叶氏以多重证据和多重叙事全息透视的方式,使得文化意义生成机制中密如蛛丝般的逻辑链条纤毫毕现,丝丝不乱。②猫头鹰、蛇、熊、蝉等,是文化意义生成网络中的神经元;经由这些神经元的相互沟通,文化意义生成机制中的活力被充分激发出来。在重现文化意义的过程中,图像等非文字叙事的静默而雄辩的说服力,凸显了前文字和非文字叙事大传统的本源性。在文化意义本与末、源与流的关系问题上,从一级编码到N级编码的问题自然被提了出来。

N级编码体系所关注的问题,与多重证据方法和大传统观念相一致,都是文化意义的生成流变问题。但与后两者之间的微妙区别在于,N级编码更关注当代人如何借助意义生成语法,主动创造意义,即把意义生成中的逻辑为我所用,积极实现文化的更新。这一关切与叶氏近年来对符号经济和文化产业的重视不无关系③,但在学理层面,体现更多的则是一种文化创新意识。从神话-原型批评理论的引介到N级编码的提出,叶氏的文学人类学研究发展脉络,体现出鲜明的阐释自主性。从"他山之石"的借鉴到"攻己之玉"的实践,从对"中国问题"的"沉潜"到对中国式方法论工具的磨砺,理论延展脉络斑斑可见。

在对N级编码体系的理论逻辑进行简单回顾后,本文重点关注的是这一理论自身的方法论革新意义。具体说来就是,N级编码以具有未完成"格式塔"色彩的N取代了对于编码层级的准确计数。需要追问,N的不

---

① 参见《庄子的文化解析》《诗经的文化阐释》《老子与神话》《中国神话哲学》等,陕西人民出版社2005年版。
② 参见叶舒宪:《熊图腾与东北亚史前神话》,载《北方论丛》2010年第6期;《鹰熊、鸮熊与天熊——鸟兽合体神话意象及其史前起源》,载《民族艺术》2010年第1期;《玄鸟原型的图像学探源——六论"四重证据法"的知识考古范式》,载《民族艺术》2009年第3期;《蛙人:再生母神的象征——青海柳湾"阴阳人"彩陶壶解读》,载《民族艺术》2008年第2期;《大禹的熊旗解谜》,载《民族艺术》2008年第1期;《蛙神八千年》,载《寻根》2008年第1期;《熊图腾:从神话到小说》,载《文化学刊》2008年第1期;《秦文化源流新探——熊图腾与中原通古斯人假说》,载《学术月刊》2007年第6期;等。
③ 相关研究参见叶舒宪主编:《文化与符号经济》,广东人民出版社2012年版。

定设定,只是一种理论建构策略,还是另有深意?为完整回答这一问题,首先还需回到叶氏关于 N 级编码体系的论说语境中去。

叶氏借用 J. K. 罗琳《哈利·波特》中的猫头鹰和莫言笔下的"蛙"(《蛙》)来阐发 N 级编码体系,但主要倚重的,还是"蛙"。叶氏重申了他提出的大小传统观念,并在大小传统基础上再迈出一步,分列出从大传统到小传统的不同层级,分别从 1 到 N 做出标示。以"蛙"为例分列出的编码分别为:

1 级编码:物与图像(兴隆洼文化石蟾蜍/良渚文化玉蛙神)
2 级编码:文字(汉字"蛙"与"娃"的同根同构)
3 级编码:古代经典(《越绝书》蛙怒)
N 级编码:后代创作(从《聊斋志异》蛙神,到莫言《蛙》)

从大小二元到 N 级分层的细化来看,这里似乎有对大小二元格局的松动。在大小二元中,只有文字之有无与时间之先后的原则性对应关系,对于研究者而言,观念革新的意义大于代码分析的实际操作意义。从二到 N 的分化,似乎显示了道家式"二生三"的分衍逻辑;但其真正的用意,需要与"二"之前的四重证据、五重叙事中的对比才能看明白。表面看来,从四、五经二再到 N 的约而复繁,有似于往而复返后重新出发的永恒回归母题的理论式展演。但这里需注意的是,回归二元母体后的再出发,所带来的新质究竟为何?

四重证据和五重叙事[①],是立足于文化溯源的,任务在于从下游回溯

---

① 关于四重证据和五重叙事的方法论意义,除了叶氏本人贴近文化史实的"四重证据法"六论等文之外,青年学者的论述主要有,杨骊:《重估大传统:四重证据法的方法论价值》,载《百色学院学报》2012 年第 4 期;张玉:《关于"四重证据法"之学术考察——从国学到文学人类学》,载《百色学院学报》2011 年第 1 期;代云红:《〈熊图腾〉:在四重语境中的新阐释》,载《百色学院学报》2010 年第 3 期;张丽红:《人类学对国学传统的开拓与创新——以叶舒宪先生文学研究的"四重证据法"为例》,载《吉林师范大学学报》(人文社会科学版)2010 年第 6 期;谭佳:《如何整体观和世界性——近现代人文学术转型中的证据法嬗变》,载《社会科学战线》2010 年第 6 期;等等。

至上游,从后果中找到根源。四与五的回溯式研究具有文化"考古"的意义;既可以看作对文化文本的沿波讨源,同时也有立足文化原初语境,对现代性进行因枝振叶式反思批判之效。可以说,在"四"和"五"中,文化批判的力量尚未转换为创新力。

与之不同,在 N 级编码体系中,研究者被赋予主动参与的权利,在从三级到 N 级的编码过程中,作家的积极作用得到认可,解码者即使依然带着追根溯源的研究目光,仍要研究编码中的技巧、策略和方法,以备文化创新之需。因而四、五—二—N 的理论发展中,衍生出的是文化阐释者的自主创造力。

第二节　N 的符号学解读

N 的"半确定"状态,以格式塔式的理论诱惑力,吁求我们对于编码理论内在潜能进行探究。文化表述的基本语法,可以在索绪尔的能指－所指关系中找到源头。能指－所指的二元格局为符号学的工具革新提供了基础。这一二元格局是以西方思想的深度模式为理论背景的。二元格局揭示了在文化表述中,表层叙事与深层内涵之间具有对应关系。在索绪尔的普通语言学中,能指与所指之间的关系是随意的,现实的一棵树与 tree 之间并没有内在关联,另外,通过能指的指向和呈现,所指有望得到全面而准确的传达。因此,虽然具有随意性,但能指与所指的关系是透明的。

索绪尔语言学中设想的透明关系很快被证明只是一个理论神话。不透明性的表现在在皆是。在文学研究中,英美新批评对文学语言中的含混、多义的发现证明了,文学家根本就没有指望语言这一能指清晰透明,反倒是要运用含混歧义等不确定性达到特殊的效果。① 在读者反映批评中,由于读者参与了文学意义的创造,对所指的清晰界定不再可能,文学接受

---

① 燕卜逊"意义含混";退特"张力";布鲁克斯对反讽做了最详备的解释,他把反讽定义为"语境对一个陈述语的明显的歪曲"。瑞恰兹把比喻分为两个部分——喻体与喻旨,前者是一种具体的形象,后者则是从形象中引申的抽象意义。一般来讲,比喻中的明喻是喻体对喻旨的直接说明,而隐喻则要求喻体与喻旨"远距离""异质"。

中的有意误读使得所指(文学意义)成为不可把捉的飘絮。① 如果说文学领域是一片知性无法触及的自由想象的自留地,那么在号称严谨的哲学中,思想家至少应该有相对清晰的二元结构工具吧,但实际情况依然不明朗。哲学在用语言这一能指探求最高确定性的所指(形而上学的最高设定:第一推动力、存在、上帝)失败后,将研究的目光投向能指自身,却发现在语言中蕴藏着无法描述的混沌。所谓20世纪哲学的语言学转向,实际上是西方睿智头脑在对超级所指无望把握后,一头栽进能指泥沼中的挣扎。维特根斯坦(Ludwig Wittgenstein,1889—1951),把语言的界限等同于世界的界限,完全缩进能指之中;奎因(Willard Van Orman Quine,1908—2000)等语言哲学家将语义真值作为关切点,将哲学命题表述为以正确的方式言说。对于维特根斯坦和奎因来说,在语言范围内依然是可以区分出能指和所指的:能指就是语言的表述,而所指则是语言的意义和真值。但这已经不再是朝向世界自身并把握世界的二元了。可以说,他们在语言范围内的再次二元化,是西方思想深度模式的重现,但也更深地暴露出二元模式的内在问题。

　　哲学的语言学转向表明,在语言能指和世界所指的二元关系中,繁复难解的中介环节冒出来了。这种中介环节首先在语言中滋生繁衍,将语言这一预想的透明的能指分裂开来。中介环节对于二元的裂解,倒没有证明二元格局完全失效,而是证明了,二元的设定本身只是提供了认识的框架,具有哲学认识论最基本的语法功能,在基本二元的中间,还有层层不可穿透的辩证中介的迷雾;在二元之间所蘖生出的中介环节,是深化而不是取消了二元语法;这种深化倒可以从另外一个角度视作对二元格局永久说服力的证明。经过哲学的语言学转向,思想家应该有充分的准备,来迎接在能指和所指之间的不断分形蘖生着的辩证中介环节,思想的任务更加繁难多样了。

　　语言哲学是从能指的分裂中暴露出中介环节的;与之相对,海德格尔

---

① 有读者认为,作品文本不存在某种"唯一正确的含义",没有唯一正确的阅读。对作品的一致意见、解说的一致性,只存在于特定条件的某些读者中。

（Martin Heidegger,1889—1976）现象学则是从对世界即"实事"的贴近中让二元中的辩证中介暴露出来的。海德格尔对语言的关切,与语言哲学的关切角度正好相反,他是在对形而上学的"超级所指"——"存在"的逼近中,在存在真理之"绽出"这一存在"实事"中让语言现身的(必须注意的是,海德格尔是在深入形而上学的存在问题后才涉及语言这一问题的。他用斯蒂芬·格奥尔格的诗"语言破裂处,无物可存在"所重点强调的,是存在的缺失)。

可以说,语言哲学中的语言在经典二元格局中应该划归能指领域,而海德格尔的语言则应归入所指(由于对这一区分的忽视,海德格尔被囫囵归入"语言哲学"之中)。在海德格尔这里,立足"存在"的最难解的问题是,存在之神秘是超出语言而不可言说的,但思想家又必须说出这种神秘。语言与存在的相互依赖和无言的对视,逼使思想家说些什么,让存在"存在起来"。可以说,由于海德格尔将语言与存在做了同一化处理,能指所指二元之间的理论势能被消解了很多。但在存在之神秘中,又分明有着二元势能的涌动。

语言哲学在语言能指中重新分裂出二元格局和海德格尔在存在"实事"中将存在与语言做同一化处理,这两种对能指的不同处理方式,暴露的是能指-所指二元中的复杂性。以图示方式,二元基本结构可以表述为(图6):

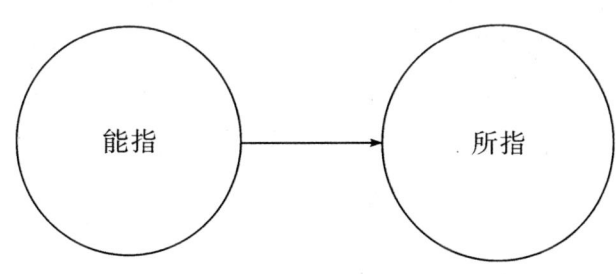

图6　二元基本结构

经由语言哲学和海德格尔的深化,二元可以更加细化为(图7):

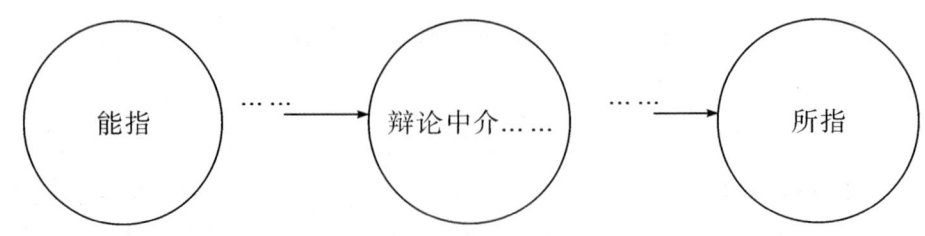

图 7 二元基本结构的细化

其中的辩证中介可以被视为能指的推衍,也可以看作所指的映像,思想家可以根据自身焦点的变化做出自己的解读。核心问题只在于,二元设定已不敷用,二元之间的第三者、第四者层出不穷。叶氏 N 级编码理论中对于 N 级的不定设定,就其方法论的借鉴和观念的根源而言,深层应和着这一符号学逻辑的精细化过程。N 级编码理论将文化文本向文学文本生成中的多层级复杂交织关系展现,就文学符号的创造而言,具有再再(……)编码的指导意义;而对于文化文本和文学文本的生成流变而言,则具有探赜索隐、钩深致远之效。

这里通过迂回进入西方思想深度模式来分析 N 级编码的理论意义,方法的有效性自然需要经过检验。在表象主义的深度模式和 N 级代码的编/解码操作实务之间,研究者的主动创造性截然不同。表象主义深度模式着力于对终极所指的步步逼近;而 N 级编码理论则旨在揭示出不断展开的中介性编码的隐蔽作用。N 的涵摄力和开放性,并非来自西方思想表象主义深度模式,而是叶氏在对中国当代文学家的文学编码这一目前可及的"终端编码"进行层层解码基础上释放出来的本土性力量。N 级编码拓宽了深度模式的领域(从意识哲学的思想关联狭窄领域到文化文本的广阔视野)提升了深度模式的思想内涵(不是在意识的深海里钩深探底,而是在文化符号的立体世界中实现多向勾连),为深度模式赋予行动力(使文化符号编/解码工作有法可循)。

如果 N 级编码理论可能实现对表象主义深度模式的更新,我们就有理由尝试一种超越西方符号学建制的编码符号学,将 N 的能动性再次激发。这项重新激活的工作,还需从对符号结构的分析出发。

第三节　编码符号学的尝试

由于当代语言哲学和海德格尔现象学等思想的激发,能指-所指二元结构中的中介因素被发掘出来。西方思想家面对中介因素的无奈(言与无言的纠结),如果借用 N 级编码的编/解码方略,有望得到缓解。道家的可道之道与不可道之道,也有望通过对不同层级编码的详解而实现互通。在中介至少具有理论上的透明性时,二元结构中的另一个结构性问题又会浮现出来。

2012 年 12 月 13 日下午,在中国社科院比较文学室,一批青年学者围绕大小传统和 N 级编码理论展开讨论。黄悦博士针对叶氏理论中"源代码"的预设提出疑问。在黄悦看来,叶氏在理论中已经预设了源代码[①],黄博士的观点是,源代码是不能预设的。由于物体与象征物意义建构的随意性,黄悦质疑寻找源代码的意义。叶氏的回答是,意义建构一开始也许随意,但一旦成为象征,会如语言符号一样约定俗成。因而如果能找到源代码,就能有效实施萧兵先生所谓的"破译"工作。黄博士的质疑和叶氏的回应所探讨问题的本质在于,那个从对世界自身的把握中第一次出现的编码,是否可能被我们掌握,由于第一次编码具有随意性,因而从这一编码"朝前"对于事物自身的解释、"朝后"对于后续编码的解释,其有效性都需做出衡量。如果换用能指-所指框架,这一问题可以做出如下描述:如果将事物自身抽象化理解为尚未得到解释的"物本身",由于解释的缺失,我们首先将这个"物本身"命名为 0,这个 0 就是纯粹的所指,或者叫终极所指,那么对 0 的第一次解释就是 0 + 1 级编码("源代码")。这个编码是在能指所指之间的复杂中介里最靠近所指本身的,但由于多重辩证中介的存在,这一编码自身的身份是模糊的:既靠近终极所指,又具有辩证中介的复杂特点。黄博士认为这一编码的随意性会影响它的解释力。

与黄博士的提问方向不同,唐蓉博士的疑问指向编码"终端"。她认

---

① 叶氏认为:阿姆斯特朗论述的从猎人神话到农人神话的精神演进史,看作是神话编码的"原型密码本"。参见叶舒宪:《神话学超越文字限制的跨学科范式》,载《陕西师范大学学报》(哲学社会科学版)2012 年第 4 期。

为在四级编码以后,包括自然、科技、通讯等在内的各种认知和可能被运用到编码中,这样编码体系就会有涵盖所有人类认知的野心,这样,N级编码就会出现序列上的问题,源代码对于N级编码,就不再是充分条件,而只是必要条件了,越往后越不能涵盖和派生。唐博士是立足于N级终端来审视整体编码中的程序合法性的,她的着眼点在于保证各级编码之间的逻辑连贯性和内在关联,防止因编码程序的驳杂导致各级编码之间意义离散。如果把唐博士作为终端码的编码者,可以说,她是对N-1级编码的程序合法性提出质疑的。统合黄博士和唐博士的疑问,可以用下图标示她们的关切点(图8):

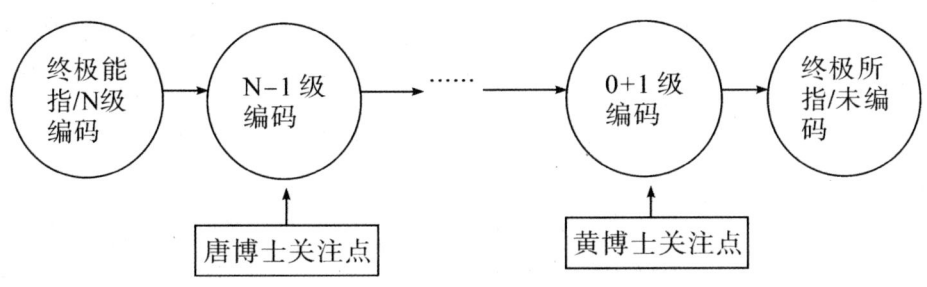

图8　讨论会关注点

唐博士和黄博士的各自关切,是站在辩证中介的两端,对更本质意义的绝对所指(0)和绝对能指(N)的追问。就追问绝对所指而言,一种抽象意义的"物本身"会在凝视中消失,消散融汇到辩证中介的多级代码中去;就追问绝对的能指,即在编码程序终端的N级编码而言,终端编码必然带有多级编码的信息。如果执着于从能指向所指的复原,或者用叶氏的理论说,执着于从N到1再到0的回溯,抑或相反,都会陷于一种单向决定的定式中,把编码与解码的工作割裂开来。叶氏本人在对文化工业和符号经济的关注中,正是希望通过解码工作为符号生产的参与者提供编码的指导。在N级编码体系的多级双向互动下,能指与所指框架的单向决定论被打破,取而代之的,是多级编码之间的活泼的相互阐释。多级之间的流动性关系见图9。

从莫言的《蛙》中,我们可以看到编码之间多级互释的紧密关系。编码程序并不严格依照从1到2,经3……到N的僵化路径。叶氏将物和图像定为1,莫言的创作无疑借鉴了2、3……的意义,但从他要表现的主题而言,应该说,真正引发出莫言之N的,并非直接来自N-1,甚至我们也不能肯定是否来自3,就《蛙》代后记中所表露的创作动机而言,1、2也并非直接的引发因素,莫言自述"怕极了青蛙",以及深感"他人有罪,我亦有罪",这样的剖白告诉我们,直接引发莫言《蛙》之创作的,是要实现自我心灵的忏悔,也替失去信仰的现代人忏悔。而对于现代人之渎神的醒悟,是与蛙所代表的生命力以及蛙神崇拜的神圣性相对照而反思得来的。所以,要在《蛙》这个N中寻找上级代码,似乎1、2、3都不能直接说明。另外,N的未定性,在蛙的编码体系中也为蛙和娃的相似叫声留下空间。初生娃的第一声啼哭和蛙的叫声的相似性,为神话思维提供了一条编码纽带。这样的神秘关联,会被现代科学和西方理性思维视为荒诞不经,但它却正是人之丰产和蛙的丰产之间的天然关联。

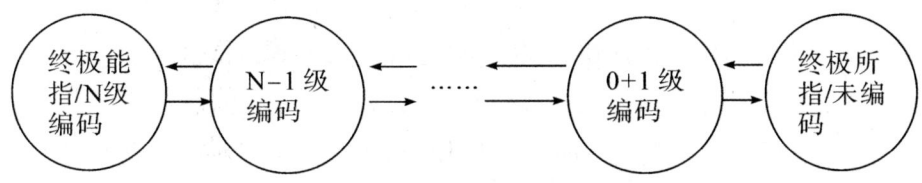

图9 多级编码之间的流动性关系

由于对所指-能指二元中的单向决定论做出深层的革新,N级编码理论指向一种崭新的意义建构模式。这种模式我们可以尝试性地用"编码符号学"来勉强命名。"编码符号学"这一概念似有叠床架屋之感,因为任何一种代码必然就是符号,具有符号的指向性。以"码"和"符号"并列的方式,编码符号学试图将N级编码中的"编"的主动性融入符号系统;而对"符号"的保留则旨在说明,各个代码之间可以互相涵摄,互相引发,甚至"互为符号"。编码符号学意味着在文化文本与文学文本的交互引发中,多级多维关系中的动力性得到体系性激发。

编码符号学只是一个尝试性命名,是对N级编码理论这一崭新方法论的概括。要对叶氏的N级编码理论的方法论意义做出准确评估,需要将眼光放得更宽,在人文科学方法论的整体视野中进行审视。这一审视至少应该涵括中西思想比较的基本课题。

第七章 N级编码理论（下）

第一节 迂回到欧洲：对表象主义的欧洲式反思

由意义深度模式支配着的西方思想发展史中，贯穿着一系列对立的二元。真理之路/意见之路、超感性/感性、上帝之城/世俗之城、主体/客体、理性/感性、可思之物/广延之物、物自体/现象界等，只是这些对立二元中的主要代表。二元格局建构的，是形而上学巴别塔，在黑格尔的庞大体系坍塌后，二元格局的僵化性开始得到清算。

实际上，远在黑格尔的体系得到清算之前，在形而上学的源头，亚里士多德已经对柏拉图的理式论提出正中命门式的批判。亚里士多德批驳理式论的一点是，把理式设想为与个别事物无关的不动者，就不能理解个别事物的运动。如果设定理式与个别事物的分离，必然导致"第三者"的逻辑悖论。亚里士多德的推论是，如果每一个个别事物和它的理式有一样的名字，那么它们之间必然有相似的地方。这样，为了说明它们的相似，我们又需要设定一个第三者，但这个第三者又会与前两者中的至少一个具有相似性，这样又需设定一个新的第三者，以至无穷。第三者悖论，在亚里士多德的批判中，只是一种理论推论，但却在20世纪以来的西方哲学中活生生应验了。第三者悖论是二元格局无可逃避的困境,随着这一格局的支配性的消失,西方思想展开深刻的自我批判。后现代主义主张取消深度,以游牧思想取代深度空间,这是对二元格局的极端反驳。

对深度模式的批判,我们先来看看吉尔·德勒兹和菲利克斯·加达里的立场和策略。在关于《反俄狄浦斯》的谈话中,加达里明确表态:能指毫无用处。"能指这一帝国主义,就像它与写作机器同时出现一样,纠缠着能指与所指之间独有而被迫的对立。"[①]他认为能指造成的这种对立是"专制的超编码的法则",能指具有"专制、恐怖、阉割的特征"。加达里立足后现代对能指弊端的指控,在讲求"中和"的国人看来,简直是狂躁病暴发,但这种症状在西方后现代思想家中具有典型性。他对这些所谓的"专制的超编码法则"的控诉,只有结合能指–所指的二元建构法则、形而上学的压制体系和由这两者导致的西方思想在最高价值坍塌后头撞南墙的僵局(尼采所谓"上帝死了"以后的虚无主义,后现代主义的价值失范)才能真正理解。

鉴于能指的"专制、恐怖、阉割的特征",西方思想家要从表象主义的意义生成方式中逃出来,只有砸破这个二元的"牢笼";更有甚者,将通过这一方式而生成的"意义""价值""真理"这些传统思想核心关切连同脏水一起泼掉。这正是后现代主义"怎么都行"的价值失序的深层逻辑。加达里将传统的文本生成方式,也称作"编码",但他是带着义愤和厌弃之情看待"编码"的,"超编码"之"超"所表达的强烈否定性感情清晰可见。与这种"超编码"不同,加达里和德勒兹尝试一种功能主义的"流":内容和表达的流,不需要能指。德勒兹声称,他们二人"在一本书里寻找的,是能让某种避开代码的事物通过的方式,是一些流,一些积极的、革命的逃脱线,一些与文化相对立的绝对译码的线"[②]。

德勒兹和加达里逃离表象主义的路线,是立足西方思想进行的自我弃

---

① 吉尔·德勒兹:《哲学与权力的谈判——德勒兹访谈录》,刘汉全译,商务印书馆2005年版,第24页。

② 吉尔·德勒兹:《哲学与权力的谈判——德勒兹访谈录》,刘汉全译,商务印书馆2005年版,第26页。

绝式思想革新。他们把矛头对准了"能指""编码"和"语言"("语言学没有任何本质性的东西。"①)。福柯则将批判指向编码中的"权力",在对精神病人、监狱、历史叙事的语法的分析中,福柯显示了,表象主义根本无望表达真实性历史,在权力与话语的同谋下,文化文本的叙事浸透着权力的因素,因而不是透明而是浑浊的。利奥塔尔更进一步,通过对"后现代"知识的分析,研究了各种叙事的不同透明性。② 应该说,以上思想家是在对西方表象主义的僵化中提出解读文本的不同路径的,是立足西方思想本体进行的方法突创。与此有别,汉学家于连(François Jullien)的迂回路线,则代表了另外一种尝试。在中国思想的"三无"(无存在概念、无上帝、无自由概念)中,于连看到的是有别于欧洲的一种思想方式。③ "三无"可以看作是"超验所指"的缺失。在所指缺失的条件下,中国人如何运思成为于连关注的焦点和解西方思想之弊的救药。于连的立足也是西方本位的,但他能把中国思维放在平等位置上看待,在他看来,中国思维不指向终极所指,故能开放出无穷的空间。"圣人无意"的真谛在于,没有优先的观念,不设定从能指到所指的固定路线。④ 智慧的开放性作为中国思想的启示,对表象主义的僵化决定论提供了"哲学的他者"借镜。于连借助向中国的迂回得以重新进入其希腊哲学的"故园",开辟出表象主义反思的新的可能性。中国式智慧提供的,可能就是救欧洲思想之弊的良方。

在中西(欧)思想对比的语境中,涂尔干、莫斯、葛兰言、葛瑞汉和郝大维、安乐哲师徒,都用"关联性思维"对中国思想做出本质定性,以区别于欧洲的线性思维。⑤ 仔细绎读会发现,这些思想家看待中国的眼光,经历

---

① 吉尔·德勒兹:《哲学与权利的谈判——德勒兹访谈录》,刘汉全译,商务印书馆2005年版,第32页。
② 让-弗朗索瓦·利奥塔尔:《后现代状态——关于知识的报告》,车槿山译,生活·读书·新知三联书店1997年版。
③ 弗朗索瓦·于连、狄艾里·马尔塞斯:《(经由中国)从外部反思欧洲——远西对话》,张放译,大象出版社2005年版。
④ 弗朗索瓦·于连:《圣人无意——或哲学的他者》,闫素伟译,商务印书馆2004年版。
⑤ 相关论述参见郝大维、安乐哲:《期望中国——中西哲学文化比较》,施中连等译,学林出版社2005年版。

了从列维-布留尔"原始思维"观念到平等对待中国的视点转换①,但他们却众口一词,以关联性作为中国思想的特性。何为关联性?我们可以从郝大维、安乐哲的阐释中看个分明。在《期望中国——中西哲学文化比较》中,他们借《淮南子》中的季节、方向、天干、五行、动物种类、音、数、味、臭、祀的对应关系,说明了这些物象间的关联性关系在中国人建构自我与世界过程中的思维纽带作用。关联性是西方思想家为解决自身思想问题取道中国而确认的一种特异思想路径。众多思想家众口一词,认准这一独特路径,如果不是盲从,则其中必然存在着西方思想家用以反观自省的高清借镜。

只有在经过借道欧洲的迂回后,我们才能将N级编码放在思想革新的层面上理解到位。

第二节　N级编码理论的方法论意义评估

于连借道中国的迂回,旨在反身自思;这里借道欧洲思想,却是要对叶氏N级编码的方法论意义进行现代思想最大范围内的扫描。本文不在中国当代学术语境的相对狭窄领域中进行评估,完全是由于叶氏广袤视野的牵引。因而绕道欧洲的一次思想巡礼,根本不是挟洋自重,而是在叶氏视野牵引下的必需的迂回。在二重证据和三重证据的意识明确后,叶氏的国学研究就已经超越了传统国学的胸襟,表明了其对于文化符号多元性的清醒认识。

N级编码对文化创新主动性的激发,已如前述。要对这种主动性的可能性、界限、方向与力度做出评价,需要对以下问题做出回答:第一,在西方思想家放弃"编码""符号"这些表象主义的残骸后,叶氏的坚守说明了什么?第二,N级编码在面对中国素材和西方素材时,其有效性分别如何?

---

① 叶氏认为,于连《迂回与进入》中对列维-斯特劳斯的批评,"把自列维-布留尔以来关于中国人原始思维的神话彻底消解。这是对西方人文科学中欧洲中心主义的思维定式和白人优越的种族主义偏见的激进颠覆。"参见叶舒宪:《在中国发现诗学——读〈迂回与进入〉》,见乐黛云等主编:《跨文化对话14》,上海文化出版社2004年版,第190页。

第三，N级编码对表象主义的救偏补弊作用究竟如何？我们能否借助N级编码，走出一条文化表述的健康之路？第四，西方思想家当救命稻草一般看待的关联思维，在N级编码中如何发挥功效？

加达里因能指的专制性而抛弃编码，福柯对文化表述中话语的透明真切性彻底失望，利奥塔尔以对表述工具的批判作为批判的工具。他们的批判矛头，指向表象主义中的僵化能指：能指自足化并对所指形成宰制，符号比它所指代的事物本身更具威力。能指的霸权是深度模式中最深层基质之霸权的对应。源点对于事物的重要性，从泰勒斯寻找始基，就已经开始了其绝对的霸权，直到康德为未来形而上学奠基，遵照的都是这种深度模式的逻辑。打破这一模式的尝试有：斯宾诺莎主义；尼采试图以赫拉克利特的"流"（"一切皆流"）同时化解开僵化的符号和理性的始基；阿尔都塞以"过度决定"对恩格斯经济最终决定论的修正；李约瑟的过程哲学；德里达以"异延"(difference)、"踪迹"、"播撒"(dissemination)将能指放逐到无限展开的辩证中介中去；当代语言哲学对因果关系的深刻反思等；韦尔施尝试一种不同于深度模式的"横向理性"[①]，使垂直的、单向决定的理性方式受到全面清算。单向因果链条中的僵化代码和神秘"第一因"不再具有规范力，编码也被否弃了。

叶氏的编码理论中，如果依然有着深度模式之符号的僵化性，则N级编码就依然是对某种粗糙简单的因果决定论的坚守。但我们在叶氏的编码理论中，看到的是各个编码之间多向互动、秘响旁通的天然关联。正是这一点，使得N级编码具有了基本方法论革新的意义。在多级编码之间，西方学者所津津乐道的类比思维打破了编码之间的单向决定，比如乳房（a）和苹果（b）之间的同一性[②]，并非"因为a，所以b"的单向因果，而是两者在形状上的相似性，使得它们神秘地统一起来。同样的例子，比如，事物的抽象特征"重"与人的行为准则"稳重"之间的同一关系[③]，道的回环往复

[①] 沃尔夫冈·韦尔施：《我们的后现代的现代》，洪天富译，商务印书馆2004年版，第十一章"横向理性"。
[②] 叶舒宪：《老子与神话》，陕西人民出版社2005年版，第33页。
[③] 叶舒宪：《老子与神话》，陕西人民出版社2005年版，第34页。

运动、卮的浑圆无际、自然造化的变动不居、天体旋转、陶钧往复转动、石圆圈祭坛①。

这些不同的代码,可以按照叶氏的梳理,分别归入从1到N的不同编码层,但对于N级编码理论而言,重要的并不是在各个编码之间的细致归类和分层,而是这些不同编码之间的神秘关联。如果把当下文化文本再创造中的编码模糊定位为N级,可以说,直接引发第N级编码的,可以是从1到N-1级中的任何一级;换句话也可以说,从1到N-1级中的任何一级,都可等于N-1。还是以莫言《蛙》这个就近文本为例,围绕"蛙",叶氏归纳的N级编码已如前述。如果将莫言《蛙》视为N,则引发这一编码过程的,可以是物和图像,可以是文字,也可以是古代经典,在这些编码之外,还有蛙和娃的蛙蛙蛙—哇哇哇以及蛙的多产和人的多产的对应关系。这些所有的N-1,都会成为N的直接诱因。敏锐的编码者能够把所有这些N-1唤醒、聚集到笔下,再编成一个具有过去全部编码之基因的N。如果说类比思维在阐释神话哲学时,具有"月映万川"的阐释力,那么在编码中,洞悉编码之规则者则可以借助于这种思维而"参差荇菜,左右采之",自由而多样化地创造出永恒而新鲜的N。

从1到N,编码并不呈现严格次第关系,能够激发N之创作的,是贯穿于整个编码系列的内在文化基因,而非某一邻近级的编码。N级编码在保持文化基因完整性的同时,也为自主创新者留下广阔的空间。从1到N-1之间,激发N之创作、跃入N创作者眼帘的,可以是任何一级编码。这样,多级编码之间并非线性的前后勾连,而是网状的多向互通(莫言《蛙》中的多级编码相互引发),在自主的文本创造者面前,一张漂浮的代码之网诱发着一次次的N的创新。在深度模式中的永远挖不透的表象之墙,为一种灵动的代码之网取代。这张代码之网中的任何一个节点,都会成为敏锐的文化表述者实施再再(……)编码的灵感之源和意义之源。在学术自述《我的"石头记"》中,叶氏强调四重证据之间的间性问题,这一"间性

---

① 叶舒宪:《庄子的文化解析》,陕西人民出版社2005年版,第二章"卮言与天钧——《庄子》的回旋结构"等。

问题",如果放在 N 级编码理论中,则可以看作是不同层级编码之间的相互应和问题。①

在人类文化表述史中,当文字编码经过意识形态、权力、资本等棱镜折射后,其本源意义的离散似乎是不可避免的。但在与图像和物的叙事、神话、民俗等编码的互证互释中,文化本义有望得到本真的呈现。这正说明了叶氏所确认的四重证据和五重叙事所具有的阐释学功效。在对"玉器时代"的历史学勘定中,叶氏让"玉"这一物质自身所负载的多重编码信息实现对勘与互训。玉德、玉质、玉音、玉意,在使人成圣的玉教传统中,相互交织为一个复杂多维的表述系统,在这一复杂的系统中,蕴含着中国古文明意义生成的秘密。②

编码中的随意性和不自觉化是不可避免的,但这并不能妨碍在文化表述—再表述的历史长河中基本意义的基因式持存。以叶氏对猫头鹰形象的多级编码解读可以看出,基于对猫头鹰形象的跨文化和贯穿多级编码的基本意义的确认,在对出土玉器的器形辨认中,甚至可以"以意逆志"般收到奇效。③

人类学家带着好奇心在"原始"人类中发现了类比思维,西方的哲学家也摸索着按图索骥找到了中国思想的宝库。但中国思想显然不是"原始"的思维方式的代名词,也不是福柯提出、于连肯认的"异质邦"(l'hétérotopie)(《词与物》Les Mots et les choses)。就保护文化整体的全息性方面,中国文化不该简简单单作为西方学者寻找灵感的"文化他者",它的价值应该从自身、从人文学科的独特价值角度得到肯认。在中国文化表述中,类比性方式在各种不同的思想体系中得到广泛运用,《易》的天地人感通,简易、变易、不易歧义共生,儒家的君子比德于玉,养气、修身、立言一体多修,在在皆是文化全息基因的展现。

---

① 叶舒宪:《我的"石头记"》,载《民族艺术》2012 年第 3 期。
② 叶舒宪:《中国圣人神话原型新考——兼论作为国教的玉宗教》,载《武汉大学学报》(人文科学版)2010 年第 3 期。
③ 叶舒宪:《红山文化"勾云形玉器"为"鸮形玉器"说——玄鸟原型的图像学探源续编》,载《民族艺术》2009 年第 4 期。

西方学者对于表象主义意义模式的反思、人类学家对于"原始"思维的探寻、汉学家借以了解中国文化的基本思维逻辑等,在当代中西对话语境中实现了会通。在这种会通语境中,N级编码理论可以视作对所谓"类比思维"的技术性描述。任何一级都具有的开放性,使得文化阐释与意义生成具有多样的可能性。在叶氏早期对于中国文化典籍的解读中,这种全景式文化阐释和多样化意义生成模式已经得到了基本的演示。①

叶氏立足中国思想和人类学素材而逐层深入提出的N级编码理论,在中国思想的"故园"找到了可供操演的广阔领地,但这一理论的方法论意义,却绝对不应限于中国素材。如果能够将这种理论在更多的文化文本和文学文本之中付诸实践,就能够更大程度唤醒文化与人文的自我创新力量。这种力量在培根"知识就是力量"的豪言壮语之后,已经被现代科技的喧嚣声淹没了。在叶氏对猫头鹰编码的跨文化研究中,多种文化在同一种编码中得到辐辏式的互释。② 叶氏编码理论在人文学科中的范式革新意义和操演示范作用,有待更加深入的思考和更加广泛的实践。

第三节　新的再现模式

N级编码理论以编码之网挑战表象之墙,就方法论而言,是对现代理性思维的"他者"——关联思维的关注。在中西比较哲学语境中反思因果思维与关联思维之区别,郝大维、安乐哲的论述可谓集先贤之见。在《期望中国——中西哲学文化比较》中,二人梳理了这一问题的问题式,将葛兰言《中国人的思维》视作关联思维(类比思维)概念的现代源头,并对列维-斯特劳斯、卡西勒、李约瑟、张东荪、费耶阿本德、葛瑞汉等人的相关论述做出评价。③ 关联思维的思想实质,超越于方法论之上,具有人文学科

---

① 参见《庄子的文化解析》中对剖判葫芦意象的阐释。
② 叶舒宪:《鹰熊、鸮熊与天熊——鸟兽合体神话意象及其史前起源》,载《民族艺术》2010年第1期。
③ 郝大维、安乐哲:《期望中国——中西哲学文化比较》,施中连等译,学林出版社2005年版,第二章"文化的偶然性"。

的本体/本源意义。深入研究这一问题,无疑是对人文学科自主性的再确认。其价值堪比维柯对笛卡尔体系的挑战和借此挑战建立"新科学"的尝试。N级编码理论以理解与阐释的相互助益,本色而坚实地贴近了人文学科的思想"实事",N级编码理论所具有的人文学科本体意义,尚待进一步深入探讨。就叶氏本人的相关操演实例来看,研究文学人类学的方法更新与观念变革之间的紧密关联,应是N级编码理论的题中之意。

以编码理论重新审视叶氏早年的经典解读,一种有别于"破译""解码"的新的维度呈现。我们可以合理地将叶氏的经典重释也看作是他本人的N级编码。但我们的"看作",本身又是一次解码的过程。在我们深入N级编码理论,并使得其内在的理论层次呈现时,编码与解码、理解与阐释的复杂关系,在我们和叶氏的文本之间极具张力地展开。青年学者王蓓在关于N级编码理论的讨论中提到,此论题有循环论证的嫌疑,即把前提又当作结论。因为,一级编码是经过解码产生的,而且是一种主观阐释,但事实上,又把它作为派生的其他结论的既定前提。这一质疑恰恰从反面说明了,在叶氏的理论建构中,理解与阐释的张力自身,把这一理论自身的内在生命力和人文学科的内在生命力摆在了明处。

理解与阐释、解码与编码之间的张力,是人文学科的动力之源。阐释的人为性和编码的独创性,使得人文学者能够一次次将湮没无闻的源代码唤醒,使之成为文化创造的发动机。叶氏本人的文化重释,既是对这种动力的激发,也是对其回应。经过叶氏的解读,《庄子》《诗经》《老子》等文本作为文化代码"謋然已解,如土委地"。这一操演的有效性,将在更多文化和更广泛的论域中得到印证。

通过编解码的意义生产和再生产模式,历史性人类个体与意义的播散和流衍形成共振与共生。每一次意义编解码的参与者都体验到身处历史之中的使命感。编码理论提供了构建崭新再现理论的可能。这种新的再现模式最终导致的,是每一个体(作为编码中额和解码者)参与其中的新的历史观。文学意义的传播、文学表达方式的革新,都处在这种人人参与的历史之中了。

第八章 中华文明起源"玉教说"(上)

在 2013 年 5 月于陕西师范大学召开的文学人类学前沿问题国际研讨会上,叶舒宪着眼中华文明起源问题提出的"玉教统一中国说"引发热议。[①] 从文学人类学的视角介入中华文明探源这一世纪之问,是文学人类学跨学科性阐释力的再次证明。就文明探源问题自身的问题性而言,"玉教说"的理论创新何在?这一观点在中华文明探源研究的系统性追问中价值如何?意义何在?本章尝试以文明探源问题为核心关切,沿着叶氏文学人类学的路径,阐发"玉教说"的内在逻辑,对以上问题做出探讨。

---

① 叶氏以早期玉器作为"物的叙事"之一种来探究文学与文化,是其"多重证据法"的自然延伸;但随着其文学人类学研究从文学文本朝向文化文本的视野拓展,早期玉器也从作为文学人类学多重证据之一的"物证"转变为文明起源的物质性标志,这使得"玉"成为在文明起源的物质性标志方面堪与青铜器抗衡的新选项,从而使得其文学人类学的逻辑推进与文明探源问题深层勾连起来。叶氏将玉器时代所对应的大传统作为青铜器时代所代表的小传统的本源,这首先在时间上确定了玉相对于青铜器的先在性。在《我的"石头记"》(载《民族艺术》2012 年第 3 期)、《中国玉器起源的神话学分析——以兴隆洼文化玉玦为例》(载《民族艺术》2012 年第 3 期)、《班瑞:尧舜时代的神话历史》(载《民族艺术》2012 年第 1 期)、《中华文明探源的神话学研究——叶舒宪教授访谈录》(载《民族艺术》2012 年第 1 期,接受廖明君访谈)等文中,叶氏明确将早期玉器研究置于文明探源语境中,在《我的"石头记"》中,叶氏还在文明起源意义上归纳出早期玉器中蕴含的五种神话基因,梳理出玉神神话大传统的编年史体系。在此基础上,叶氏大胆提出玉文化先统一中国说(载《民族艺术》2012 年第 4 期)。

第一节 "玉教说"的观念前提:"神话"和"历史"的蜕变

从叶氏几十年的文学人类学探索研究来看,"玉教说"的提出并非孤峰特起,这一理论创见在文学人类学的发展中有其思想根脉。就方法论来说,为"玉教说"做出理论铺垫的,是叶氏对"神话"和"历史"概念的革新以及"神话历史"观念的熔铸。在20世纪80年代,叶氏以工具革新的自觉意识,在文学研究领域中引介了神话-原型批评一派,并在其对中华文化元典的重释中自觉运用了这一方法。神话-原型批评方法在文学研究中的引介和操演,对于"神话"观念的革新,算是破了个题。神话-原型批评可以说是确定了文学人类学后续发展的跨文化、跨学科的DNA。在对《老子》《诗经》和《庄子》等的重释中,叶氏的工作重点,一方面是揭示"文学"中的"思想性",另一方面则是对哲学观念的文学化表述做出解析。两个工作双向一体,共同借助于对"神话意象"的解码而展开。以"神话意象"为核心进行的"文学"和"哲学"双向勾连与互释工作,在《英雄与太阳》和《中国神话哲学》中被推向跨文化的更广阔视域中。《老子》《庄子》《诗经》的重释聚焦于中国元典,文本是具体的;而《英雄与太阳》和《中国神话哲学》则是借助"神话意象"主动开拓论域、创造论题,显示了理论创新的魄力。①

神话与历史的关联,与创生神话这一在所有民族的神话中都存在并且占据重要地位的特殊神话类型有关。创生神话讲述的是"世界之初"和"人之初"的故事,在初始探索中,蕴含着对历史性源点的追寻。叶氏以对熊图腾的系统探索作为释放神话中历史性因素的突破口。上古神话中与熊图腾相关的多重证据(帝王名号、图像叙事、民俗传说等)显示了神话对历史的保存和揭示作用。② 这样,神话的历史面向清晰呈现了。对神话与哲学思想、历史性探索的深层关联的阐发,使得叶氏成功摆脱了对神话的

---

① 参见叶舒宪:《英雄与太阳》《老子与神话》《庄子的文化解析》《诗经的文化阐释》,陕西人民出版社2005年版。
② 叶舒宪:《熊图腾:中华祖先神话探源》,陕西师范大学出版总社2018年版。

狭窄定位,自觉地将神话视作现代学科分类中文史哲等人文学科的共祖和原型。神话破茧而出,其作为文明源头一体性叙述的地位被确定了下来。

叶氏对"历史"的观念革新,既源于"神话意象"历史阐释功能的引发,也与中国现代历史学上的一段插曲有关,另外也受到新历史主义等西方后现代历史观的启发。神话意象的历史阐释功能已如上述,而所谓中国现代历史学上的插曲,则是20世纪初疑古派对上古历史真实性的质疑。顾颉刚以"层累说"将上古传说中所记载的历史全部视为荒唐之言,认为这些都是后世权力叙事的结果。疑古派对神话中历史意义的否定,与中国现代史学中的科学历史观有关,其对历史书写中权力叙事的憬悟,具有合理性。但由于没有认识到神话叙事中真假互见的辩证法,疑古派彻底否定了神话的历史叙事功能。叶氏借助熊图腾所展示的历史与理性间的关系款曲,撬开了神话叙事的辩证法的秘门。神话并不完全是历史的真实叙述,认识到这一点并不难,难的是拨开神话叙事的虚幻形式,探求历史真实性的骊珠,或者借助神话搜索到接近历史真实的引线。叶氏对"神话"和"历史"间深层互指关系的发现和自觉运用,是对神话叙述辩证法的揭示。这一揭示也可看作是中国历史学观念从信古到疑古,再从疑古到释古的一个认识三段论的完成。①

如果说神话中的"文学性"和"哲学性"的内在关联是通过神话意象而实现的,那么,对神话中的历史真实性的复现,则是借助于"神话历史"的观念而完成的。叶氏"神话历史"概念的提出,虽有西方神话学研究的理论支援,但就这一观念的实践操演来看,却可以说是紧贴中国材料的自我熔铸。由于神话所具有的型构中国文明的"原型"特征和一体多面性,叶氏更以"神话中国"概念对中华文明的自我表述特征做出概括。

借助于对神话多重阐释效能的激活和对历史与神话间深层关联的洞悉,叶氏"神话历史"观念得以成形。这一观念为叶氏深度介入中华文明

---

① 在《从文学中探寻历史信息——〈山海经〉与失落的文化大传统》(载《文艺理论研究》2012年第2期)一文中,叶舒宪以《山海经》神话故事中蕴含的历史性信息为例,阐明了神话与历史沟通的可能性。

探源工作提供了方法论依据。

第二节　中华文明探源研究神话学模式的基本特点

叶氏的"神化意象"观念,为文学的发生缘起做出跨文化、穿越历史的解释。这种解释风格,正是神话-原型批评的特色所在。神话与历史、哲学间的内在关联被揭示出来,神话学研究便被引向思想的源点和历史的源点。在思想源点的探索方面,叶氏以神话意象作为老庄哲学的固有表述方式,对道、卮言、天钧等哲学概念的形而下原型的道器一体化分析,具有思想比较的视域和观念考古的旨趣。① 而对于中华文明源点的探索,正是延续一百多年的中华文明探源研究的核心问题。叶氏的神话学研究能够深度介入中华文明探源工作中去,得益于"神话历史"观对"神话"和"历史"两个概念的关联性刷新。

叶氏倡导的文明探源神话学模式具有鲜明特色和独特路径。在对其独特性进行分析之前,我们可以先看看这一模式与传统模式的铆合之处。

随着考古发现的增多,文明探源工作面临将中华大地上的可证实的尽可能多的文明形态在时间线上贯穿起来的任务。文明探源原本是要探测到文明的第一个确切时间点,但大量的考古发现却给出了一个可以在时间上先后排序、连贯起来的发展链条。文明起源的渐进性成为学者的共识。寻找确切的第一时间的工作,不再是文明探源的唯一追求。与这一工作并行不悖的课题是要探索:中华文明的漫长渐进形成史,是以什么为推动力的? 文明起源的动力问题,日渐成为一项重要的理论课题。学者们提出的"绿洲理论"(庞佩利)、"两次革命说"(柴尔德)、资源不平等配置、人口压力理论(哈纳)、"宗教动力说"(厄尔)②等均成为探测文明形成动力的思路。而神话模式所提供的通神观念,则是寻找文明起源的观念性动力的积

---

① 叶舒宪:《庄子的文化解析》,陕西人民出版社2005年版,第二、三、四、五章。
② 陈淳:《资源、神权与文明的兴衰》,载《东南文化》2000年第5期。参见陈淳:《文明与早期国家探源:中外理论、方法与研究之比较》,上海书店出版社2007年版。

极尝试。玉教说所提供的玉神观动力模型,与其他的动力学具有两点相通之处:第一,引动文明发生的,是一种物质性(玉石矿)的动因,这一观点具有唯物史观的基本特性;立足神圣玉礼器的文明发生学研究,也与叶氏所主张的"华夏资源依赖论"密切相关。① 第二,在物质资源的社会配置中,隐含着观念与精神的社会配置。

在这两个共通点之上,玉教说异乎其他动力说的优长之处显而易见。玉教说不是将社会物质资源和精神资源分隔开来,而是精神物质融贯一体,共同构成文明起源的动力。这里已经不能在马克思主义物质精神二分结构中分析两者的关系了。在玉教说中,对物质资源的争夺与对精神象征资本的争夺是一体性的。玉教说融汇物质性与精神性的特点,源自神话思维的整一融合性。叶氏指出,在文明源头的历史极点上,人类必然经历了人神平等、圣俗未分的时代。可见,玉教说不仅将我们带到文明形成的历史性源头,而且还完整呈现了这一源点处的物质精神一体化风貌。

精神性因素的融入,不仅丰富了文明起源研究的内容,而且使得这一探源工作本身具有了精神考古的意义。借探源工作而试图达到的提振民族自信心和文明自豪感的理论诉求有了着落。②

第三节 玉的"精神分析"

为了对玉教说中所蕴含的中华文明精神考古有深入的把握,我们首先需要对玉教说的理论结构做出分析。而这一分析的基础性工作则是:对玉教神话的核心——宝玉进行思想和观念的解析。这个解析是对叶氏玉教说的内在逻辑结构的梳理和归纳。

作为自然矿物的玉材玉料,其优于其他矿物质的特点,可以归纳为两点:一是形成条件的极端严苛性和由之而来的稀有性;一是在硬度、色泽、

---

① 叶舒宪:《玉石之路与华夏文明的资源依赖——石峁玉器新发现的历史重建意义》,载《上海交通大学学报》(哲学社会科学版)2013年第6期。

② 王巍:《追寻中华文明的源头——就"中华文明探源工程"答河北学刊主编提问》,载《河北学刊》2008年第5期。

触感等物理性质方面的特异性。在中华文明小传统范围内来看,《诗经》中"言念君子,温其如玉"的描述,"君子无故玉不去身"的观念,以"切磋琢磨"的攻玉技艺喻君子之修身,以及"玉德说"等,均与这些物理性质有关。但按照叶氏的解释,"玉德"等中国文化中对于玉的尊崇,只是大传统"玉神观"的回响。玉在书写文化小传统中得到尊崇的原因,需要在远到五千年之上的玉神话中去寻找。玉神话正是中华民族神话观独特性所在,而玉神话所展示的神话思维景观,为中华文明探源工作提供了全息化立体性场景。

叶氏的玉的"精神分析"是以比较宗教学中对于神秘法宝的研究为切入视角的。在西方文明中作为"显圣物"的黄金和青金石,与中华文明中的玉,共同作为早期文明中神圣观念的象征而享有至高地位。在神话世界所构成的大传统语境中,最早的"玉神观"展现出来。叶氏分析了黄帝播种玉荣等六个玉石神话案例,这六个案例"从传说中的华夏共祖黄帝,一直贯穿到夏商周三代圣王谱系中"。① 其间两千年的时间,正是大传统向小传统过渡的时期,叶氏的分析方法,是"依照大传统知识解读汉字小传统记录"。② 其中也免不了用小传统来印证和说明大传统的本源性作用。

叶氏提供的六个案例,无一不表现了玉在神人沟通方面的特异功效和神圣性。具体看来,《山海经》所载黄帝播种玉荣的故事,显示了天地鬼神享用玉石可增其神力,而人间君子佩玉则可祛邪避害、抵御不祥③;《尚书》和《史记》中大禹凭一件玉器而王天下的故事,显示了玉在俗界享有的尊贵地位④;夏启右手持玉环、身上佩玉璜升天的神话说明,玉璜玉佩皆为沟通天人的神圣媒介物⑤;《逸周书》中所载商的末代帝王纣携美玉自焚的神

---

① 叶舒宪:《金枝玉叶——比较神话学的中国视角》,复旦大学出版社2012年版,第23页。
② 叶舒宪:《金枝玉叶——比较神话学的中国视角》,复旦大学出版社2012年版,第13页。
③ 叶舒宪:《金枝玉叶——比较神话学的中国视角》,复旦大学出版社2012年版,第14页。
④ 叶舒宪:《金枝玉叶——比较神话学的中国视角》,复旦大学出版社2012年版,第16—17页。
⑤ 叶舒宪:《金枝玉叶——比较神话学的中国视角》,复旦大学出版社2012年版,第19—22页。

话,则提示了玉石可冶炼的神话观念①;姜太公得玉璜和周公以玉礼器与祖先对话沟通,则提示了玉所携带的神话信息②;穆天子访黄帝之宫获玉枝玉叶的故事,提示出或许黄帝之宫正是以玉祭神之宫③。在对上述神话故事的解读中,叶氏以大小传统双向照亮的方式进行的玉神观重释,立体展现了玉石神话的多个面向。

在借助于比较宗教学家布罗塞斯和麦克斯·缪勒的观点进行解释时,叶氏不仅证实了"玉"和"神"的神话学关联,指出以玉为神的大传统玉神观对小传统中的"玉德说"的潜在支配性,更重要的是,他提示了从神话故事中寻找玉神观动力即"神力"的思考路径。④

寻找"玉神观"中的神力之源,我们才算真正拉开了玉的精神分析的序幕。缪勒提示人们寻找先于物而存在的神力观念,那么玉中的"神力"究竟源于何方呢?"神力"异乎世俗之力,与牛顿力学、尼采权力意志、弗洛伊德力比多等都不同,神力既不遵循牛顿经典力学的作用力和反作用力平衡法则,也不遵循亚里士多德动力因的因果逻辑。神力的核心特征在于不死性和神秘性。对穆天子得到玉英玉叶之地的描写,大致解释了玉神神力不死性的秘密。

周穆王是从哪里得到最宝贵的所谓玉荣玉叶的呢?《山海经》:

> 曰:"春山之泽,清水出泉,温和无风,飞鸟百兽之所饮食,先王所谓县圃。"天子于是得玉荣枝斯之英。⑤

这里的核心信息是,玉英玉荣玉树皆产于水中。水中出产的特点与和田玉籽料出自河流的事实有着"形式相似性"。古人应该正是从这一事实

---

① 叶舒宪:《金枝玉叶——比较神话学的中国视角》,复旦大学出版社2012年版,第20—21页。
② 叶舒宪:《金枝玉叶——比较神话学的中国视角》,复旦大学出版社2012年版,第20—21页。
③ 叶舒宪:《金枝玉叶——比较神话学的中国视角》,复旦大学出版社2012年版,第22页。
④ 叶舒宪:《金枝玉叶——比较神话学的中国视角》,复旦大学出版社2012年版,第25页。
⑤ 《山海经·穆天子传》,张耘点校,岳麓书社2006年版,第211页。

出发,为玉英的来源设定神话语境的。水中出产的关键之点在于,同样产于水中的农作物可以养育生灵,并在一岁一枯荣、春风吹又生的自身生命绵绵永续中保障了人类的永存。玉英与农作物在"生于水中"的共通性上,实现了弗雷泽所谓的"相似律"的效应,从而成为永恒生命的象征。这里的神话思维逻辑可以表示为:水中所生的农作物,具有随季节变化而更新却永不死亡的生命力;农作物的永生保证了人类群体的永生;农作物来自水中,其永生性也必然来自水中;水中出产的另外一种稀有矿物质玉,自然也具有不竭的生命力。玉自水中出的记录,还可见于《山海经·西山经》记录騩山:"无草木,多玉。淒水出焉,西流注于海,其中多采石、黄金,多丹粟。"数历之山:"楚水出焉,而南流注于渭,其中多白珠。"龙首之山:"苕水出焉,东南流注于泾水,其中多美玉。"①另外,禹得玉珪的地方,《后汉书》中点明他"游于东海"。关于水与生命的关联,比较宗教学的泰斗级学者伊利亚德在《神圣的存在》中以整章篇幅②在世界范围内360度全幅扫描了相关神话故事,证明了水与生命起源和生命永恒的关联性。在紧接着的一章中,则以同样的方法对神石的永生观念做出分析。值得注意的是,石头可使女人丰产、石头生石头以及石头和植物结为夫妻等故事都直接与生命的起源和生命永续有关。③ 伊利亚德分别分析了水的意象与神石意象的永生性象征意义,但是在中华文明的玉石神话中,这两个意象却通过"玉生于水"的原型叙事被连接起来。看来,要对玉神神力之源做出解释,还需要在伊利亚德分述的两个意象之间搭建"相似律"的桥梁。

将神力之源归于水,这是在大传统内对中华文明观念动力源的探索。而以水为根源的思想观念,在中华文明的小传统内也得到充分体现。老子以水喻道(《道德经》第8、43、61、66、78等章)、孔子的川上之叹("逝者如

---

① 陈成译注:《山海经译注:图文本》(上),上海古籍出版社2008年版,第41、43、45页。
② 米尔恰·伊利亚德:《神圣的存在——比较宗教的范型》,晏可佳、姚蓓琴译,广西师范大学出版社2008年版,第5章。
③ 米尔恰·伊利亚德:《神圣的存在——比较宗教的范型》,晏可佳、姚蓓琴译,广西师范大学出版社2008年版。

斯")、孟子以水喻仁①、荀子以水喻民②等,皆是显证。另外,郭店楚简中的《太一生水》篇,更是明确将水置于宇宙本体地位。③ 在文字记录的小传统范围内论述水的思想本源性,中外学者多有论列。美国当代汉学家艾兰在中国思想史的探源工作中确认了水与植物的思想本源地位,认为水与植物为许多中国原生哲学概念提供了本喻。④

水喻的寓意在本源性和永生性两个相关意义上得到相互印证:水是生命永远不变的源头;生命的世代永续来自水在天地之间循环往复的永不止息。加拿大文学批评家诺斯罗普·弗莱(Northrop Frye)在西方文学发展的循环理论中,把文学意象的循环与水的循环进行了类比,使得文学意象的本源性和水循环的绵延永续形成观念性并置。这样,推动文学发展的内在动力,也得益于水喻。水柔弱处下,却能化育万物,推大化流行巨轮于寂寥之际。⑤ 水与循环、复生的观念连接,就其现实缘起来说,源于古人对于水在天地之间循环这一现象的朴素认识。⑥ 与弗莱的水的"精神分析"形成呼应,中国人素来相信"黄河之水天上来",而"天汉""天水"观念则将

---

① 《孟子·告子上》告子曰:"性犹湍水也,决诸东方则东流,决诸西方则西流。人性之无分于善不善也,犹水之无分于东西也。"孟子曰:"水信无分于东西,无分于上下乎? 人性之善也,犹水之就下也。人无有不善,水无有不下。今夫水,搏而跃之,可使过颡;激而行之,可使在山。是岂水之性哉? 其势则然也。人之可使为不善,其性亦犹是也。"《孟子·告子下》:"禹之治水,水之道也。是故禹以四海为壑,今吾子以邻国为壑。水逆行,谓之洚水。洚水者,洪水也,仁人之所恶也。"
② 《荀子·君道》:"君者仪也,民者景也,仪正而景正。君者槃也,民者水也,槃圆而水圆。"
③ 郭店楚简《太一生水》:"大(太)一生水。水反楠(辅)大一,是以成天。天反楠(辅)大一,是以成地。"
④ 艾兰:《水之道与德之端——中国早期哲学思想的本喻》,张海晏译,商务印书馆2010年版,第23页。
⑤ 《老子》二十五章:"有物混成,先天地生。寂兮寥兮,独立而不改,周行而不殆,可以为天地母。吾不知其名,字之曰道,强为之名曰大。大曰逝,逝曰远,远曰反。"
⑥ 对水与"道"、水与"永恒循环"的意义关联,以及这一关联的现实背景的分析,可参见叶舒宪:《老子与神话》,陕西人民出版社2005年版,第86—93页,及《庄子的文化解析》,陕西人民出版社2005年版,第522页。其引弗莱《批评的解剖》中的水的分析为:"水的象征性循环:由雨水到泉水,由泉水到溪流与江河,再由江河到海水,海水蒸发又化为雨水。如此往复不已。"

水的意义与天的意义相连,更加彰显水的生命永恒象征意义。

玉的精神分析探到"水源",玉神观作为文明起源观念源点的地位便被确定下来了。由于玉具有沟通天人的功效及使人永生的神秘特性,这种自然矿物在一体化的神话思维中一举氤氲升腾为一种精神资源。所谓黄帝食玉膏、播种玉荣①和夏启于璇台以玉大飨诸侯②,甚至"天地鬼神,是食是飨"的"神圣叙述"③,正好是对玉的永生性神力的宣扬;而玉的医疗保健功能、君子无故玉不去身的说法以及"玉养人"之说,则是这种神圣叙述的"世俗版"重述。

玉石与永生性观念的另外一条链接线索,是青玉与天空色彩的一致性。叶氏以比较宗教学的方法,在苏美尔青金石、印度如意树、希伯来人的伊甸园宝玉、佛教金刚树与中华文明玉石之间进行比较研究,提示出这些不同民族信奉的宝石与天空湛蓝色彩的一致性,或许是玉石神力观念之源。这些不同宝石的色彩未必皆是深青色,但深青色宝石因与天空色彩的一致而具有沟通天人的功效和永生性的象征意义这一点,却在不同民族的宝石崇拜中得到证实。在叶氏看来,华夏古礼用玉璧礼天,即看中玉璧之苍青色与天色相似。④ 这一判断是叶氏用比较方法得出的⑤,叶氏意识到,青玉的色泽与青金石的深青色还是有明显的差异。因而作为旁证和进一步的论述,叶氏继续以色彩最接近青金石的琉璃的尊贵地位来证明色彩类比的确切性。人造的琉璃的名称得来,或许正是青金石的拉丁语专名的音译。而后世以琉璃为模仿对象造出的另外两种"琉璃"(即琉璃色釉料和玻璃)也在色彩上接近天然矿物青金石。

玉神观中的永生性观念,是神话思维对永恒生命之追求的华夏版表

---

① 叶舒宪:《金枝玉叶——比较神话学的中国视角》,复旦大学出版社2012年版,第22页。
② 叶舒宪:《金枝玉叶——比较神话学的中国视角》,复旦大学出版社2012年版,第19页。
③ 叶舒宪:《金枝玉叶——比较神话学的中国视角》,复旦大学出版社2012年版,第22页。
④ 叶舒宪:《金枝玉叶——比较神话学的中国视角》,复旦大学出版社2012年版,第200页。
⑤ 叶舒宪:《金枝玉叶——比较神话学的中国视角》,复旦大学出版社2012年版,第179页:"从青金石在苏美尔神话中的隐喻用法看,这种玉色的深蓝色泽,原来被古苏美尔人联想为夜空的颜色,引申则为整个天空之本色。天界为神灵世界,天之本色也就由此获得超乎寻常的神圣价值。"

述。玉石与水的关联是对永恒生命源头的探索;而色彩类比,则将永恒生命的最高体现确定在上天,这从"玉皇大帝""琼楼玉宇"等神话想象中得到印证。实际上,在对英雄神话、太阳神话、熊图腾等神话想象的思想考古中①,叶氏所关注的观念中心,无一不是永恒生命的神话表述问题。

水源联想和色彩联想,为玉石的神圣性提供了神话思维逻辑。"天水"观念和女娲以"五色石"补天②、玉为"天地和合"之精华等神圣叙事,更是将水源意义和色彩意义连接为一个整体象征单元,强化了玉的神圣性。玉神观作为华夏文明发生的一体化动力,将文明源头的物质性和精神性因素融为一体。对玉石自然矿藏的追求和对"以玉祭神"特权的垄断,催生了早期华夏文明的幼苗。早期文明形态中的"玉器时代",并非叶氏首倡,但"玉教说"却以对玉的神圣性的阐发而充实了"玉器时代"的精神追求和思想内涵。在"玉教说"中,玉作为融汇精神性与物质性的一体化资源,像神圣的金苹果一样,悬在不同势力集团头顶,引动文明的萌生。

第四节 "玉教说"的动力学分析

凭借神话与历史既对立又互训的"神话历史"观,"玉教说"为中华文明探源研究提供了一个值得深思的文明发生动力机制理论。在沟通天人、融汇精神与物质、整体呈现文明源点全息性发生景观方面,玉教说具有其他动力机制学说无以比肩的理论优势。玉的精神分析只是对玉教说动力源头的"测定"。而在型构文明方面,玉神观如何发挥其神奇的功效?物质性引动力和精神性引动力如何起效?在玉教说所提供的文明源头,分别有哪些不同的"应力"相互作用?这一系列问题构成了玉教动力学分析的基本内容。

对玉教说的动力学分析是对可使人长生不死的神秘能量之流向的分

---

① "熊"和"能"的互通等参见叶舒宪:《熊图腾——中国祖先神话探源》,上海锦绣文章出版社2007年版。
② 《淮南子·览冥篇》:"往古之时,四极废,九州裂,天不兼覆,地不周载,火爁焱而不灭,水浩洋而不息;猛兽食颛民,鸷鸟攫老弱。于是女娲炼五色石以补苍天,断鳌足以立四极,杀黑龙以济冀州,积芦灰以止淫水。苍天补,四极正;淫水涸,冀州平;狡虫死,颛民生。"

析。这一点构成了玉教动力学与贪欲等世俗性驱动力的区别。牵动文明源头人类神经的正是这种力量的不可测性和神秘感。贪欲说在人类文明源头过早区分了圣与俗,突出了世俗性贪欲的重要驱动力,却与文明源头的圣俗一体化精神氛围失之交臂。神力的显示,表现在为了玉石而进行的长距离的征战中,也表现在以玉祭神的萨满巫师恍惚出神状态中;表现在为了玉料的获取而进行的社会全方位动员中,也表现在作为古代尖端技术的令人叹为观止的攻玉工艺中。下面分几个方面,尝试对玉教说中的文明动力复杂系统做一分析。

(一) 物质资料的争夺与意识形态掌控权的争夺

叶氏在比较宗教学的广阔视野中展现了不同文明在萌生期对于各种稀缺资源的争夺。但仅仅由于物质资源的稀缺性并不足以产生争夺,在物质性资源的争夺背后,隐藏着观念上的认同,即:争夺双方共同认可这些宝石所具有的无限神力,因而物质性的争夺是与精神性观念的传播相伴随的。随着玉神观的跨文化认同的形成,对这种自然矿物质的艰难跋涉的追寻和群落间争夺,便演变成为对社会控制力和意识形态掌控权的争夺。叶氏指出:

> 玉石神话铸就的意识形态,包括以玉为神、以玉为天体象征、以玉为生命永生的象征等概念要素,以玉祭祀神明和祖灵的巫教仪式行为;崇玉礼玉的传说故事;由玉石引申出的人格理想(玉德说)和教育学习范式(切磋琢磨);以佩玉为尚的社会规则(君子必佩玉);围绕玉石的终极价值而形成的语言习俗——以玉(或者玉器)为名为号(从玉女、颛顼,到琼瑶、唐圭璋等);以玉为偏旁的大量汉字生产,以玉石神话为核心价值的各种成语、俗语等。以上方方面面通过文化传播和互动的作用,不仅建构成中原王权国家的生活现实,而且也成为中原以外诸多方国和族群的认同标的……[①]

---

① 叶舒宪:《金枝玉叶——比较神话学的中国视角》,复旦大学出版社2012年版,第29页。

从玉神观对华夏社会生活的多方面影响来看,玉教说并不突出借由武力征伐而形成社会机体的过程(这一过程自然存在),而更多是在对玉神观念的大范围接受和认同的基础上实现民族精神融合的过程。玉教说所勾勒出的华夏文明渐进式形成过程,既有政治共同体即早期国家的物理性整合,更具有意识形态等精神观念的螯合过程。玉神观念作为一种精神性的"螯合物",具有更高的稳定性,从萨满巫术的以玉祭天到2008年北京奥运会的金镶玉徽宝奖牌,无不是玉神观的体现。

由玉神观所催生的意识形态黏合剂,跨越大传统和小传统,融汇精神性和物质性,成为中华文明形成的一体化动力。玉教说提供了华夏文明初始点更加立体化的图景。

(二)区域文明间的争夺和文明单位内部社会阶层间的争夺

区域文明间的争夺,因物质性精神性的一体化,而成为文明形成期的"整体性战争",在文明形成图景中成为一股导向复杂化的力量。① 这股复杂化的力量引起的,不是单一文明的萌芽,而是世界范围内不同文明幼苗的相互引发。与文明间的引发作用相类似,在单一文明内部,不同群体间玉神观念的共享,导致了社会内不同群体对于宝玉和玉神观的争夺。社会内部的争夺导致了阶级的形成和独占"以玉礼天"特权的最高统治阶层的形成。《国语·楚语下》载:

> 昭王问于观射父,曰:"《周书》所谓重、黎寔使天地不通者,何也? 若无然,民将能登天乎?"
>
> 对曰:"非此之谓也。……及少皞之衰也,九黎乱德,民神杂糅,不可方物。夫人作享,家为巫史,无有要质。……颛顼受之,乃命南正重司天以属神,命火正黎司地以属民,……是谓绝地天通。"②

---

① 在中华文明探源工作中,学者们对社会复杂化的作用多有论述;与文明形成中的"复杂化"形成有趣对应的是,物理学家证明了世界是由整齐向杂乱、由单一向复杂发展的。
② 《国语译注》,邬国义、胡果文、李晓路撰,上海古籍出版社1994年版,第529页。

颛顼"绝地天通"的神话叙事,形象地描写了人神沟通的权力被最高统治者独占的过程。对独占之前的"民神杂糅""家为巫史"人人皆可与神沟通的景象,张光直在更大的范围内以"亚美萨满崇拜"做出描述。而中华文明源头以玉礼神的现象,正可在这种跨文化语境中得到贯通性解释。萨满巫师长,就属于攫取宝玉、独占通天特权的竞争获胜阶层的代表。这一阶层以"赢者通吃"的方式,从社会机体这一富含内聚力的政治实体中,全方位占有了资源和多种能量。借助于国家这一政治实体,最高统治者将玉神观中不可测的能量玩于股掌之上。这一能量的神秘性,在小传统中也有所反映,比如"国之神器不可示人"的说法。这种神秘能量在前现代社会中于圣人(佛陀、穆圣、孔圣人、耶稣等)的"克里斯玛"(charisma)人格力量上表现出来;原住民信仰中的具有神力的"马纳"(mana)①神秘能量,在现代社会中,从马克斯·韦伯所谓的领袖人格魅力中"侧漏"出来。

由玉神观所引起的社会分层和最高统治阶层的巩固化,使得社会机体由一个多重力量的复杂聚合体,发展成为一个既有相对稳定性,又有内在张力的自组织结构。社会阶层之间的多向内应力,在社会结构内部固化下来,但也隐含着随时喷发的可能,如同地球内部蕴含着无穷能量。

(三)横向力和纵向力

区域文明间的宝石之争与意识形态之争,形成平行文明单元之间对于

---

① 叶舒宪:《金枝玉叶——比较神话学的中国视角》,复旦大学出版社2012年版,第222页。叶舒宪指出,李约瑟独具慧眼地将中国人的"德"与初民社会的"马纳"概念对接,他却忽视了儒家自己的一种知识链接,那就是德与玉的链接。将李约瑟的链接沿着叶氏的阐释路径可以做更进一步延伸,即德、玉、马纳,这三者形成了力的贯通与循环。

神力的争夺。① 在国家这种等级化的政治共同体形成之前,同一地域内的不同族群之间以玉神观为精神同心,形成相对自足但又相互竞争的意识形态共同体。同一文明内部不同族群之间的竞争,也可以看作是平行单元之间对于神力的争夺。而纵向竞争所形成的纵向力,一方面表现为在国家形成过程中,不同族群对于最高统治权的竞争;而另一方面则更加本质地表现为通过攫取最高政治权而控制最高的通神本领,并在意识形态上占据最高地位。玉神观引动的平行单元之间的资源竞争和权力竞争,是对于神力的物质载体的争夺。在文明探源工作中,许多学者将研究的目光集中于物质性标志的思路,但随着研究的深入,越来越多的研究者认识到研究物质背后的精神性因素的重要性。玉神观视野下的文明探源工作,则将精神动因和物质动因一体呈现。

精神的特质在于运动。精神性的争夺,表现为对于超越者的不懈追求,因而纵向力所最终指向的,是对引发文明起源的最高精神力的追求。玉的通神功能,成为纵向力的指针,将人类从"原始思维"的不可思议神力观中,引诱进文明的门槛。这样,文明发展不满的轮子,不仅限于桑巴特在资本主义精神探源分析中所指出的那样,是世俗世界贪欲的表现。这种不满和向上的冲力,在文明的源头,就已经有了其根源。在世俗物欲的争夺中,还有对精神性资源的贪欲。

区域文明间的横向竞争力与对精神性超越追求竞争力的文明起源意义,在《西玉东输与华夏文明的形成》一文中被和盘托出。"西玉东输的文化史意义不同于当代的西气东输,就在于和田玉给华夏传统带来的不只是

---

① 苏秉琦提出的"区系类型"理论,为平行文明单元之间的力的争夺提供了思想框架(苏秉琦:《关于考古学文化的区系类型问题》,载《文物》1981年第5期)。张光直先生认为,夏商周三代都城之屡次迁徙,与追逐铜矿与锡矿这种主要政治资本密切相关。由这两种矿物熔铸而成的青铜器在三代政治斗争中居有中心地位。"对三代王室而言,青铜器不是在宫廷中的奢侈品、点缀品,而是政治权力斗争上的必要手段。没有青铜器,三代的朝廷就打不到天下;没有铜锡矿,三代的朝廷就没有青铜器。"(张光直:《中国青铜时代》,生活·读书·新知三联书店2013年版,第60页)。叶舒宪在新近的玉石研究中所重点关注的"丝绸之路"与"玉石之路"的关系问题,以及"玉石之路"黄河段的"路线图"研究,正是对玉石动力横向力的具体刻画工作。

物质,而且是精神动力,即国家主流的核心价值观念。"①叶氏明确指出,"华夏神话之根的主线是玉石神话及由此而形成的玉教信仰。从神话学视野看东亚地区的玉器起源,可以发现每一种主要的玉器形式(如玉玦、玉璜)的发生,背后都有一种相应的神话观念在驱动。考察出土玉器的年代及地域分布,可以大致勾勒出玉教神话信仰传播的路线图"。通过勾勒路线图而呈现文明动力流向,正是叶氏描述玉文化传播的两个主要方向性运动的理论指向。"从大传统的视野看,在距今8000年到4000年之间,玉文化传播的主要方向性运动可以简单归纳为两个:北玉南传和东玉西传"②。

玉教说中所蕴含的文明起源动力,是多元多向多极的。以上三个层次的动力解析,只是为了叙述的方便而做的分述。对中华文明探源这一复杂工程,只有调动起玉教说中的多重应力,才能全息化呈现文明源头的整体景观。玉教说对文明起源复杂动力结构的呈现,散落在叶氏围绕宝玉而进行的多角度、多方面的著述中。与玉教说的动力学分析相应,在文明探源工作的新近进展中,对动力性的强调,已成为学界关注的热点。玉教说的动力学分析路径,为文明探源工作的深化提供了方法论的支持。

在中华文明传播史,尤其是中华文明与西亚、欧洲文明的交流史中,德国地理学家费迪南·冯·李希霍芬提出的"丝绸之路"概念③,成为学者们进行多民族文化交流研究的观念平台。丝绸之路作为一个"集束概念",在艺术史、宗教思想史、交通史、经贸史、制度史、科技史、地理学、地缘政治学等文明研究的不同论域中,都具有深层线索作用。各文明单元的广泛勾连④,使得围绕丝绸之路而进行的文明史研究和文化传播研究,自然具有了苏秉琦所谓的"区—系—类型"之间的多向"引动力"。⑤

---

① 叶舒宪:《西玉东输与华夏文明的形成》,载《光明日报》2013年7月25日。
② 叶舒宪:《西玉东输与华夏文明的形成》,载《光明日报》2013年7月25日。
③ 此概念最早见于其1877年出版的《中国——我的旅行成果》(*China, Ergebnisse Eigener Reisen*)一书中。
④ 关于"丝绸之路"的数量,主导性的观点是"陆上三道,海上三道"。
⑤ 与北方"丝绸之路"之文化贯通功能相同的,在中国南方,则是"茶马古道"。与"丝绸之路"并不限于传输丝绸一样,"茶马古道"也并不限于茶马的流通。

丝绸之路是以公元前139年张骞从长安出使西域为起点的。如果对照叶舒宪的大小传统观念，可以说，丝绸之路研究所呈现的，是在文字小传统范围内的文化交流图景，是在各个文明单元已经走过萌芽期之后进行的既相互依赖又各自自足的文明交流，这与"玉石之路"所勾画的各个文明单元幼苗的相互引发图景形成了小、大传统间有趣的对照。因而，对玉教说所提供的文明起源动力模式进行效度评估，完全可以以丝绸之路的文明发展动力学的"小传统版本"作为"对照组"，在极富启发性的两相对比中，深化文明动力学的研究。如果依时间顺序将"玉石之路"置于文明动力学的源点，可以说，丝绸之路的动力模式，正处在这一动力学的"延长线"上。

第九章 中华文明起源"玉教说"(下)

中华文明探源研究,从20世纪20年代中国学界回应安特生的中华文明"外来说"而催生的中国考古学①,经过20世纪80年代的文明探源研究的问题意识和方法论自觉②,到世纪之交多学科协作互动的系统性"中华文明探源工程"全面展开,已走过风雨百年③。百年探源工作,贯穿其中的

---

① 1920年安特生在河南和甘肃进行考古发掘后,从对彩画陶器的分析入手,提出中华文明"西来说"。中国考古学的产生正是为了回应安特生的外来说,提振民族信心。参见张光直:《论"中国文明的起源"》,载《文物》2004年第1期。
② 这个时期的代表性研究,有夏鼐的城市、文字、青铜冶炼"文明三要素说",苏秉琦提出的"区系类型学说",苏秉琦、严文明提出的"中国文化的多元一体"和苏秉琦的"满天星斗说"等主要理论成果。本阶段在大规模考古发现基础上进行的积极性理论创见特色鲜明。
③ 对中国几代学人在"中国文明起源"问题上的接力式探索,朱乃诚的《中国文明起源研究的历程》(载《史林》2004年第1期)一文总结了从1928年到2000年间三阶段的研究特色和成果。2000年以后的研究,则在中华文明探源工程项目执行专家组秘书处常怀颖根据录音整理的《"中国文明起源与形成学术研讨会"综述》(载《东南文化》2012年第3期)中以会议纪要形式分主题做出总结。"中华文明探源工程"是继国家"九五"重点科技攻关项目——"夏商周断代工程"之后,又一项由国家支持的多学科结合、研究中国历史与古代文化的重大科研项目。该项目首先进行了为期三年(2001—2003年)的预研究。在预研究的基础上,2004年夏季,国家"十五"重点科技攻关项目"中华文明探源工程"(第一阶段,2004—2005年)正式启动。探源工程第二阶段从2006年年初到2008年年底,在第一阶段的基础上,研究的空间范围扩大到黄河上中下游、长江中下游及辽河流域,研究的时间扩展到公元前3500年至公元前1500年。探源工程第三阶段工作为期7年,从2009年持续至2015年。在考古发现长期积累和研究方法积极创新基础上,"中华文明探源工程"已经扩展成为一个多样方法协作互动、多学科联合攻坚的系统性工程,自然科学、社会科学与人文科学均参与其中。

是两条发展主线:一是问题定位的逐渐明晰和研究方法论的自觉更新,一是在学术研究基础上民族意识的不断觉醒。

中华文明探源,在研究源头就负载着民族意识的精神观念重任,而在方法论革新方面,从反驳中华文明外来说的被动回应到世纪之交探源工程中多学科丝竹同奏的整合性方法突创,几辈学人在学术研究赓续薪传中的方法革新意识历历可见。民族意识观念线索和方法论线索在文明探源研究中扭结在一起,成为这门独特的中国学问的醒目标志。这一标志的重要启示意义在于,实证探究方法和观念阐释学并非水火不容,而是有可能在知识观念大融合的学术研究背景和民族意识勃兴的精神观念背景中实现深度融合,并完成两者的回环互证。

在这双重融合背景中,我们有必要思考的是,一门具体而深奥的研究何以竟能玉成阐释学和实证研究回环互指的完璧,并使基层社会意识与专门性学术研究相容无间?在复兴"中华梦"的当代主流社会意识中,中华文明探源研究的社会观念黏合性与穿透力度如何?对这些问题的解答,可能会直达问题所问,即中华文明的根本特质,并将文明自身的生成动力呈现。

在新世纪文明探源工程的合奏中,叶舒宪以"玉教说"所提供的文明动力学有望对以上问题做出深层回应。玉教说不仅是切入以上问题的观念和方法"案例",同时也是这一问题自身的深层"自我意识"。叶氏不仅确认了中华文明的源头早于"青铜时代"的"玉器时代"的历史性意义,并且以"玉教说"规划出了以玉为核心来勾勒文明产生动力学的方法论模型。在叶氏看来,对玉石和玉神观的共享与竞逐,催生了中华大地上早期文明幼苗的萌生,并最终促成了中华文明的形成。① 作为玉神观之观念背景的,是在书写小传统形成之前的口传大传统的漫长历史②;在这一漫长

---

① 叶舒宪:《玉文化先统一中国说:石峁玉器新发现及其文明史意义》,载《民族艺术》2013年第4期。
② 叶舒宪:"从玉石戈到青铜戈的演变过程对于揭示华夏戈文化的源流及其文明发生意义具有重要的价值,戈的来源紧密伴随着中原国家的形成,还直接关系到中国玉文化大传统与青铜文化小传统的衔接与转折过程。"参见叶舒宪:《戈文化的源流与华夏文明发生》,载《民族艺术》2013年第1期。

历史中,占据意识形态支配地位的,是人神相通的久远神话观念。因而,出土古玉已经超越了文物简单的"物的证据"的意义,而是促使人类进入文明门槛的精神象征物。① 因而,从"玉神观"所代表的大传统出发,就可以对小传统做出因枝振叶的阐释。②

玉教说何以能够深切中华文明主脉?玉教说所提供的动力学模型能否转换为革新社会意识的力量,并为"中华梦"的高扬提供不竭动力?这些问题不仅关乎学理探究的谨严性,更是中华民族在当下焕发生生不已之力的深层关切所在。③ 要对玉教说的文明动力学做出基本评估,首先需要在文明起源的研究论域中对其方法论特征做出分析。

第一节 "玉教说"的方法论试析

玉教说不仅开启了中华文明探源问题的新视野,为这一多学科交汇的系统工程增添了人文阐释的和精神考古的维度,而且为跨越大小传统的诸多理论课题提供了崭新的探索理路。玉教说作为当代文学人类学的最新理论,包含了前期探索的丰富成果。因而,对它的理论效应的解析,也必须与前期研究尤其要与前面提出的几个概念相互对照,互为阐释。下面选取几个有关中华文明和文化的重要论题,以之为案例,展现玉教说的方法论意义。

(一)中华文明探源的整合性视野

在中华文明探源这一立体性课题中,对整合性视野的要求④,可以说

---

① 叶舒宪:《玉人像、玉柄形器与祖灵牌位——华夏祖神偶像源流的大传统新认识》,载《民族艺术》2013年第3期。
② 叶舒宪:《怎样从大传统重解小传统——玉石之路、祖灵牌位和车马升天意象》,载《思想战线》2013年第5期。
③ "中国文化道路特殊性研究的关键难题是,如何通过华夏历史经验去找出驱动一个文明形成的核心动力要素(包括物质与精神的相互作用)。"参见叶舒宪:《丝绸之路还是玉石之路——河西走廊与华夏文明传统的重构》,载《探索与争鸣》2013年第7期。
④ 谭佳认为文明探源工程中始终只能将"神话"理解为故事性材料来验证"历史",既缺乏神话研究的整体参与,更缺乏神话学、历史学和考古学的整合视野。参见谭佳:《回归大传统:中国文明起源特性与神话学整合》,载《百色学院学报》2012年第4期。谭佳所指出的这一研究范式方面的缺陷,有望在"玉教说"中得到补正。

是将研究引向深入的必然趋势。整合不仅意味着在实证性考古学中整合各相关自然科学方法,而且意味着对于实证性自然科学、社会科学和阐释性人文科学等不同学科观念和方法的融合。"玉教说"对文明探源工作的深度介入,同时具有实证性品质①、社会科学分析法(对玉石之路的社会学视角分析)和人文学科阐释性(玉神观的"精神考古")。

在对中华文明特质研究中,学者们普遍指出礼制的重要性。礼制作为华夏先民"精神文明建设"的一部分,在出土的陶、玉和青铜礼器中得到了"物"的证明,但其精神向度的发生学研究,则必须借助对中华文明观念史的阐释引向深入。玉教说将礼制的发生溯源至"以玉礼天"的玉神观中,可以说是提供了一条深度掘进的线索。但玉神观的真正理论效应,只有在更大范围的世界文明发生图景中,在更具溶渗性的观念考古中,才能得到充分的激发。张光直在彼得·佛斯特"亚美巫教"理论的基础上,提出"亚美巫教底层"学说,并建立了玛雅-中国连续体理论。他认为佛斯特关于亚美巫术体系的重建工作不应只限于中南美洲文明中,还应扩展至旧大陆的东部,尤其是古代中国。因为古代中国和中南美洲文明在宗教、艺术等方面有很多相似之处,都可归为萨满式文明。② 张光直的"亚美巫教底层"学说,为"以玉礼天"的玉神观提供了更大的观念性空间。萨满巫教的观念发生学意义,在叶氏的玉神观中得到回响(恍惚出神),从"以玉礼天"到"视玉为神"(玉皇、玉帝)的观念发展逻辑,正可以在亚美巫教的观念推衍中得到揭示。

(二)"玉教说"所勾画的中华文明连续性图景

从"以玉礼天"的文明历史背景到北京奥运会金镶玉徽宝③、从神圣玉礼器到玉器的玩物化和工艺化转向、从儒家伦理中的玉德说到以玉盈利的玉石"财富经"、从洪荒时代深埋地底的矿物质到文明时代的最高价值象

---

① 比如对玉器时代不同器形的考证,12种玉石神话,分别对应不同器形。参见叶舒宪:《我的"石头记"》,载《民族艺术》2012年第3期。
② 参见李宏伟:《张光直对中华文明起源研究的得与失》,载《河北学刊》2003年第5期。
③ 对北京奥运会金镶玉徽宝的介绍和阐释,除了叶舒宪的论述外,也可参见邢金善:《玉与奥运:北京奥运会用玉考论》,载《南方文物》2008年第2期。

征物、从玉石自在的内敛温润品质①到人类为了争夺它而进行的刀光剑影的杀伐……玉以其多变的身姿,款步轻移于中华文明建筑群的宫室楼阁间,为我们提供了了解中华文明一体性和连续性的绝佳视角。在中华文明探源工作中,学者普遍认可中华文明的连续性特征。所谓的连续性,有两个相关联的意义:一是指中华文明从古到今不曾中断的连续性,这是令许多西方学者着迷的中华文脉的连续性;二是指在中华文明系统内部信仰—仪式—政治—经济的社会结构连续性。杜维明用"存有的连续性"概念对后者做出描述。②他进而借用"存有的连续性"这一核心概念,来探索中国人思维的独特性。他在对"气"概念的思考中提出问题:"在什么意义上,从最缺乏智质之物如石头,到最富灵性的化身如上天都是由'气'组成的?"如果换用叶氏的概念,就是:文字记录的小传统中的概念,是以怎样的久远的大传统为观念源头的?杜维明所列举的"石头"和"上天",与玉教说中的玉石原料和玉神观具有直接的对应关系。可见,玉教说在沟通大小传统、对中华文明进行全息性精神考古方面,具有极大的理论潜能。中国哲学思想的连续性、有机整体观和生长性,这些为中西哲学比较的研究者所密集探讨的问题,还有进一步深化的空间。在大小传统内在观念的互训中开展哲学思想的比较,大有可为。

在小传统范围内,古代士人所谓的"道统"的连续性问题,几乎是攸关文化命脉的根本问题,韩愈为辟佛而建构起来的"尧舜汤文武周孔"万世一系道统,是中国文化"命根子"意识的典型表现。近代遭遇强势西方,因"三千年未有之大变局"而引发的"保种图存"和文化反思,也是出于"士"的"保命"意识。对道统连续性的维护,是传统文人最深层的"文化无意识"。屈原投江、司马迁"通古今之变"、宋末崖山之败、崇祯皇帝煤山之绝、清军入关、王国维投湖、五四时打倒"孔家店"、华夷之辨等事件和问

---

① 东周之后的儒家推崇的"君子温润如玉"的人格修养理想,老子在《道德经》中标榜的"圣人被褐怀玉"的内敛精神。参见叶舒宪:《西玉东输与华夏文明的形成》,载《光明日报》2013年7月25日。
② 杜维明、刘诺亚:《存有的连续性:中国人的自然观》,载《世界哲学》2004年第1期;杜维明:《试谈中国哲学中的三个基调》,载《中国哲学史研究》1981年第1期。

题,都在"道统"续绝问题上引发辩难。依照玉教说,崇玉观念比文体兴废、文运沉浮和王朝更替更具有连绵性。崇玉观念的连绵把"存有连续性""文明连续性""文脉连续性"和"道统连续性"的问题,转换为观念的万世一系连绵不绝。

连续性问题,不仅是出于对史的贯穿性理解,更是具有文明主体性确认意义的存在论课题。西方哲学在主体确定问题上提出的"忒休斯之船"悖论,与此问题相关。

(三)大小传统的互训

文明起源的玉教说,不仅实证性地确定了不同文明时代玉器的典型形态,还将中华文明最本质的独特性揭示出来(玉与祭礼)。随着中国考古发现的全面展开,更多的文明遗迹以"点画"方式描绘出中华文明历史"深景"中的璀璨星空。与苏秉琦"满天星斗说"所刻画的中华文明起源点上的历史横截面图景不同,张光直则以"连续性"对中华文明的历史发展特征做出概括。张光直还凭借"连续性"特征将中华文明的起源确定为文明起源的典型样态,与之相反的欧洲文明起源断裂式"突创",则被视为非典型的样态。这是以反弹琵琶的方式对马克思所谓的"亚细亚生产方式"学说的回应。张氏在中华文明起源问题上体现的胆识,需要借助对中华文明最内在本质的揭示,得到本质性论证。

玉神观的一体多面性、中国传统文化中礼制的核心地位、中华文明起源与发展的连续性、中华文明信仰-仪式的统一性和整体性,这些均是从不同角度对中华文明的本质刻画。通过对这些特性的认识,中华文明的立体化丰富内涵在大小传统的互相揭示和照亮中掩映互现。如果说连续性是中华文明起源发展的外在特点,那么,从玉神观到玉德观的变迁正是贯穿大小传统的观念线索,而从"礼天"神话观到礼制的政制化转换则表明了,大小传统中具有相当一致的意识形态规训机制。

牟复礼(F. W. Mote)在中西比较哲学的语境中指出,先秦诸子中没有出现创世神话,而这一点构成了中国哲学最突出的特征。牟氏的论断需要放在中西文明比较与中西思想的比较语境中详加考察。① 如果以西方启蒙运动以来逐渐清晰的理性为滤镜来审视中西方宇宙论中的起源学说,可以说,中华文明的发源动力,没有以西方式的明确的"位格化"(the GOD)方式做出表述,也没有以纯然物质性"与料"(泰勒斯,Thales:水)做出标示。②

以确切实指的位格"神"或物质性"与料"标识原动力,在中国思想文化探源中不占主流,但老庄以"混沌"对文明源点所做的模糊性定位,《太一生水》以不居常所、不滞常形的水对源点所做的动态性描述,臻于体系化的中国哲学宋代理学诸家对"气"的动态化特征刻画,均显示出了迥异于西方创世观的"化生观"。化生观的动态化、机缘性、氤氲性,均可从华夏文明大传统的连续性中寻得基因。徐苹芳、严文明、张光直等在《中国文明的形成》一书中对于连续性的概括是:

> 中国文明是在一个整体性的宇宙形成论的框架里创造出来的,具有连续性。因此,中国文明的起源和发展并没有造成人与自然的关系上根本性的变化。就意识形态上说,中国古代文明是在同一个框架之内继续发展下来的,其发展过程并没有破坏原有意识形态框架。③

就人与自然的关系问题来说,以"天人合一"与"天人对立"的对立进

---

① 先秦诸子没有正面"解决""创世问题"。《庄子·齐物论》以西方学者"喜闻乐见"的思辨语言对这一问题的中国思想语境做出解释:"古之人,其知有所至矣。恶乎至?有以为未始有物者,至矣,尽矣,不可以加矣。其次以为有物矣,而未始有封也。其次以为有封焉,而未始有是非也。是非之彰也,道之所以亏也。道之所以亏,爱之所以成。"为了保持"道"的不"亏",葆有"道"周流六虚的动态机能,思想家放弃了将某一确定的"定在"标立在源头。
② 可以把泰勒斯的"水"与中国阴阳五行中的"水"做一个有趣的比较,金、木、水、火、土,首先并不实指五种物质,而是阴阳消长相推的万物化生动态过程中的五种阴阳力量关系,用五种物质性材料来表示,只是为了易简之便。张景岳在《类经图翼》中说"五行即阴阳之质,阴阳即五行之气,气非质不立,质非气不行,行也者,所以行阴阳之气也",五行是阴阳二气交互作用的各种不同状态,阴阳才是五行变化的原动力。
③ 徐苹芳、严文明、张光直等:《中国文明的形成》,新世界出版社2004年版,第339页。

行的中西哲学基本特质比较,是在小传统范围内的不刊之论。这一比较的视角也可以与大传统范围内"创世神话"的有无之别相对应。

叶氏"玉教说"所可能引起的大小传统双向互释的方法论效应,是引导我们走出"补史""证史"方法迷津的探杖。但这一探杖的效度,需要在解释学的方法论自查自检机制中得到确认。如果深陷大小传统之间的循环论证中,玉教说也将耗尽其方法论"动能",成为新的书写教条,"以指指月"的无止境过程,最终蜕化为一种对于"指"(指头)的迷恋,而忘却了兴味盎然的"指月"过程。杜绝这一极端可能性的方法在于,以玉教说的动态化理论特质为引导,在对考古发掘材料更细致分析的基础上,以更加富有人文阐释性的方法,深入到更本源的文明起源"情境"中去,把文明源头的更加复杂化、全息化的生成场景展现。也许只有在这种逐层深入的研究中,玉教说对玉的动力性的阐释,才能够使得玉相对于青铜器的优先性,不仅仅在历史时间的偶然性外在时序中得到证明,而且得到真正合乎中华文明本质的证明。

第二节 "玉教说"的观念效应试析:以中国梦为背景的阐释

玉教说是在文学人类学的场域开拓中着眼中华文明探源研究而提出的一个值得深入研究的文明起源动力学方案。这一学说不仅对文明探源研究具有方法论的启迪意义,而且有望对当下的"中国梦"研究产生深远的影响。

在习近平总书记提出"中国梦"理念后,在意识形态建设领域和学术界,关于"中国梦"的讨论与研究迅即成为热点。学者们注意到"中国梦"之"梦想性"的久远历史背景,并将中国梦与百年中国在世界民族之林中挺身而出的自觉、自立和自强过程联系起来。[①] 这一艰苦卓绝的过程以

---

① 学者们能注意到,追求"中国梦"不仅具有鲜明的时代背景,而且是百年中国近代史的发展总纲。参见覃敏良、官秀成:《"中国梦":中国近现代史纲要之纲》,载《钦州学院学报》2013年第6期。

1840年这一带血的时间点为象征性源头,以从资产阶级革命经无产阶级革命和社会主义建设的曲折历程为制度性任务,以当代中国对被褫夺已久的发声资格的全方位(经济、政治、文化)重新赢取为高潮。"中国梦"与中华文明探源研究在民族意识这一观念背景中具有内在"同质性"。① 这种"同质性"在孙中山等中国革命先行者那里同样可以得到明证。②

在对制度发展予以关注的同时,学者也注意到实现"中国梦"对于价值理想的迫切需求。③ 从制度到价值理想的深化,是对中国梦中的文化之根的呵护与培育。在文明溯源和精神考古的思想背景中,追求"中国梦"的时代主潮深深扎根于中华文明的主脉,有望获得无尽的生长动力。④ 文明发展的不竭动力,表现为中华文脉的连绵永续。既往的文明研究和文化研究,多以《大学》"苟日新,日日新,又日新"和《诗》"周虽旧邦,其命维新"作为中华文明连绵永续、不断创新的观念动力。这一动力结构,如果

---

① 以欧洲中心主义的一元现代性观念来看,"反应—刺激"模式足以解释非欧民族的近代史。对这种解释模式的反驳与批判,看似仅仅是一个研究方法和观念问题,但要彻底否定这一模式,却需要切切实实的社会现实层面的根本性变革,即,只有当非欧民族在社会现实层面发展出足以抗衡欧洲标准的现代性范型后,观念的革新和研究方法的革新才有可能。在这一意义上,马克思的观点没有过时。
② 拉古别里在1894年所著的《中国古文明西来说》中提出的中华民族从巴比伦迁来的理论主张,得到章太炎、孙中山等的赞同,刘师培和蒋智由还将此说作为振奋人心、增加中华民族自尊心和自豪感的学说大力倡扬。参见史式:《关于中华文明起源问题之管见》,载《浙江社会科学》1994年第5期。在这里,中华民族的自尊心和自豪感,并没有对应于中华文明的"本土说"。如果中华文明并非自生的,而是外来的,似乎民族自信心就无从依附了。值得玩味的是这些学者对于民族自豪感的论证逻辑:正是因为我们的文明源头并不在本土,更加显示了我们文明艰难跋涉的顽强生命力。
③ 张雪梅注意到了保证价值理想与制度发展相匹配的必要性,并原则性提出实现这一平衡的策略和路径:"必须坚持用实事求是的阶段性价值目标引领社会发展和制度变革;必须坚持制度成长与理想共识相匹配来消除理想与体制的裂痕;必须立足政治关系和谐基础做好制度顶层设计,搭建理想实现的制度平台。"参见张雪梅:《中国梦的精神实质与实现路径——兼论中国特色社会主义发展的制度文化逻辑》,载《社会主义研究》2013年第4期。
④ "中国梦的实现,需要精神文化的支撑。"参见吴溢华:《中国梦需要文化建设的支撑》,载《今日中国论坛》2013年13期。"生态文明建设是实现中国梦的有效抓手。"参见吴雪蕊、王殿华:《"中国梦"背景下生态文明建设路径研究》,载《延边党校学报》2013年第4期。

从文学人类学角度审视,则需要到更加久远的文明源点即大传统中去寻求本源。神力隐退的时代中,文明发展的不竭动力成为无源之水,但借助于玉神观,中华文明的动力源得到了本源性阐释。

玉教说以玉神观作为催生中华文明幼苗的"第一动力",但在文明变革与日新的世俗性政治文化发展历程中,这一神力能延伸多久?要维系中华民族文脉不断并最终促成从"梦"到"现实"的转换,久远的神力是否足够强劲而充沛?在玉教说所揭示的神力源点和实现中华民族世纪复兴所需的现实性动力之间,一个无比宽阔的观念鸿沟亟待填平。

古今动力性的殊异自然是一个需要阐释的观念难题,但比观念难题更为紧迫的,是对当下梦想之动力源的准确勘定。有学者将当下这一任务看作是要为社会生产力"接地气"①,并且恰切地将贴近社会底层却不沦为物质性原欲的放纵②、凸显个体价值却不脱离社会机体③的生命力的维护作为实现梦想的具体路径。

在对中国梦的深入研究中,关于中西方文化与文明比较的深层理论问题逐渐浮现了出来。这一意识形态话语在结茧成形中逐渐探入到中西思想比较的理论深层④,并将一个隐而不显的问题推进到意识前台。那就是,如果依然遵循单向发展的历史理性逻辑,并且将经济发展指数作为衡量先进性的唯一指标,西方国家在现代化途中为极力扩张经济总量而付出道德与环境代价这一弯路,我们是否还要认认真真走一遍呢?

在汲取西方现代化代价之教训而又不失梦想愿景的处境中,基于"道

---

① 李涛:《"中国梦"的真正形塑:转向"底层"关怀的思想逻辑与理论表达》,载《人文杂志》2013 年第 9 期。
② "以'绿色''生态'纠人类中心主义之偏",参见方世南:《生态梦:中国梦的坚实基石》,载《学习论坛》2013 年第 6 期。
③ 朱继东:《"中国梦"和"美国梦"的差异在哪里?》,载《党建》2013 年第 2 期。
④ "调整(个体与整体间的)天秤的平衡是当前实现'中国梦'的重点也是难点,保持天秤平衡是'中国梦'区别于'美国梦'的优势所在。"参见傅艳蕾:《个体与整体之辩:"中国梦"的当代哲学意蕴》,载《社会主义研究》2013 年第 4 期。"中国梦不仅是中国文化精神、哲学基础和理想色彩的集中展现,也是中国思想、中国精神、中国智慧的高度凝练的形象化展现,具有多元汇一的丰富内涵和鲜明的实践特征。"参见金元浦:《"中国梦"的文化源流与时代内涵》,载《人民论坛·学术前沿》2013 年第 7 期。

路自信、理论自信和制度自信"的"文化自信"或"文明自信"真正提上了日程。"绿色发展观"是对中国文化"天人合一"观念的切实回应和现代性转换,而在小传统领域中被作为中西思想比较中的教条的"天人合一"观(相比于西方的"主客对立"),如果借助大传统历史观的再次透视,会将我们引向何方呢?

前述杜维明等断定的中华文明连续性特质,以及张光直以"亚美巫教底层"所勾画出的中华文明在"阴阳割昏晓"的凌晨时刻的神秘信仰观,是否可以打破囿于小传统的中国文化"天人合一"教条,而直接将我们带到文明源点,从那里汲取无尽的前行动力呢?

从历史视线之"没点"的大传统玉神观念中汲取前行动力,这一任务在理论上极端复杂,但现实的操作却可以是平实而简易的。以神话观为背景的大众文化创意,如电影中的神话元素、网游中的神话情境,均是对于远古神力的现实改造和符号性再生产。这方面的"神力转换"工作①,西方大众传媒已经进行了多年的积极探索和有效实践。② 当代中国已经注意到文化产业的经济引擎作用,但对神话观念进行"神力转换",尚待进一步深入。③

实现久远神话观念与当代文化意识的对接和互释,并非一种想象性、观念性(ideological)的虚构;相反,这是一项切实而本质的文化命脉赓续工

---

① 网游编程者赋予游戏中角色以神奇能力,可以看作是他们本人试图将久远神力转换为现实生产力的愿望的网络版投射。编程者的现实性生产力(利润)与游戏中角色的虚拟性神奇能耐,可以看作是弗洛伊德升华理论与资本增值欲望在 E 托邦的奇异结合。
② 比较神话学大师坎贝尔对西方流行文化产生的春风化雨的影响力,在披头士乐队、猫王、迈克尔·杰克逊、卢卡斯、斯皮尔伯格、罗琳、乔布斯等流行文化星座上折射出熠熠光辉。参见约瑟夫·坎贝尔:《指引生命的神话:永续生存的力量》,张洪友、李瑶、祖晓伟译,浙江人民出版社 2013 年版。沃格勒以英雄神化模式为叙事模式,整理出了近乎当代编剧"生存指南"的著作。参见沃格勒:《作家之旅:源自神话的写作要义》,王翀译,电子工业出版社 2011 年版。这是对"神话叙事"实现神力转换的一次积极尝试。据作者介绍,这一转换工作在影视编剧产生了热烈反响。
③ 可以作为对比的是《达·芬奇密码》《哈利·波特》《阿凡达》《黑客帝国》《功夫熊猫》《大长今》等影视作品对文化观念的符号再造工作以及借此而实现的产业革新。参见叶舒宪主编:《文化与符号经济》,广东人民出版社 2012 年版。

程。如果"玉神观"可以视作中华文明观念源点的"第一推动力",那么,在文化意识渐趋明朗的当下,对"中国梦"的观念自觉,则是着眼未来,接续和阐扬文明"神力"的可行之路。

玉教说以神秘的玉石作为引动文明源头的综合性动力。在早期文明对玉石的竞逐中,既有物质力的引动,也有对精神力即以玉通神超能力的竞逐;既有不同文明单元之间的力的争夺,也有同一文明内部由于通神力的独断而实现的社会分层;既有社会组织之间横向力的贯通,也有社会阶级竞争意识形态控制权的力的角逐。以动力学视角介入中华文明探源工程,构成了玉教说的鲜明特色,也为文明起源研究探出新路。

在文明源点的发生动力学和当下文化革新的时代要求之间建立理论和观念的桥梁,考验着每一个深入思考中华文明何去何从问题的严肃思考者。在文化烙印的民族身份认同意义愈加强烈的"地球村"新纪元,葆有并呵护文明动力甚至具有文化战略意义。如果源自神力观的文明发生动力学能够经岁月磨洗而不坠,并参与到中国梦这一当下具体的文明革新任务中去,则玉教说不仅具有学术探索的意义,且深层应和着国人追逐中国梦、开辟文化新生面的精神脉动。

迥异于追求天人合一的中国传统思想,西方思想研究如果也要在其源头探寻一种神力之源,按照比较神话学者坎贝尔的看法,自然也应该探寻到久远的神话思维中去。需要在坎贝尔所设定的一体性文明源头分叉处追问的是,何以西方欧罗巴的思想样式最终导向了天人对立的思想模型?荀子"制天命而用之"(《天论》)的设想,在中国思想的小传统中最终没有占据主流;而在西方思想的源头处,其主导地位则毋庸置疑。这一思想立足点正与西方哲学主客二分的发生学阐释问题榫卯相接。

第二编 实践篇

文学人类学对文学表述的发生、文学意义的生成、原型编码的变异、神话观念在文学文本和文化文本中经世累代的嬗递等关乎文学价值的基本问题做出历史性阐释。文学人类学的理论效应是多方面的。

作为文学"元理论"的文学人类学,通过对禳灾、通天、追求丰产和永生、创世神话的仪式性重演等论题的多方探源,提供了具有观念史意义的文学发生学原理。由于其论涉主题的久远性,这种发生学远远溢出传统文学理论的"历史尺度",因而可以看作传统文学理论"发生学的发生学"。用叶氏的理论语言来说就是,没有大传统的根源探析,文字小传统中的文学发生学是没有说服力的。

作为变异学的文学人类学,通过对 N 级编码、神话观念和原型的跨世代重现、玉神观念的历久不坠等理论课题的研究,把文类、文体的世代更替问题转换为原型观念的置换变形研究。形式、结构、表达方式、媒介等的历史性演替,遮盖不住渊源久远的观念的万世一系。在文学形式的变异和置换中,浮现出持存不息的文学观念。神话和仪式中的原型观念,替代了"文学性"的讨论。这种文学性为现代文学理论学科中的"文学性"提供了"深度模式",但"文学性"不再被局限于"美的艺术"范围之中了。

作为文学生产理论的文学人类学,把符号、编码、观念、故事结构等作为文学生产中的"生产资料"和"剩余价值"载体,并在世界文学交换市场中实现"精神通货"和"物质通货"的双向汇流。文学生产领域的全球化,包括物质资料的全球化、资本的全球化、观念的全球化和符号的全球化,最终导向意义和价值的全球流通。神圣的和世俗的、死的和活的、物质的和精神的、可睹的和可思的……无不融入全球"意义生产"的熔炉中。

作为"话语实践-行动"理论的文学人类学,既吸收了亚里士多德的实践-行动观念,又洞悉了话语实践中资本、权力等因素的沁入,并考虑到历史时间对话语表达的冲刷。话语实践理论对社会存在的历史性描述,克服了经济基础单一决定论的武断,把意识观念、经济基础、社会结构和历史变迁等因素的多元决定关系展现。作为话语实践,文学对社会存在的蚀刻使得这种实践本身也具有社会存在论意义。

在对传统文学研究范式的革新中,文学人类学成为一种有力的召唤。召唤参与者和研习者开拓出更广阔的论域。本篇尝试聚焦思想观念变迁史中的几个思想片段,展现这些传统论题得以被重新打开的理论空间。

第十章 "格物说"的大传统探源

"物"与"言"(词)相对,但文学人类学对"物的叙事"解析,挑出了"物"的世界中绵延不断的"思想线",揭示了"物"在话语实践中的能动性。马克思主义强调了生产工具在经济活动中的重要性,因此对推动工具更新换代的新科技以及作为科技之根基的科学知识予以足够的重视。文学人类学把"物"引入话语实践之中的重要意义,与此相类。文学人类学对"物"的关注,唤醒了金石学、器物史、工具史、服饰、建筑等"物性"文化的思想意义。这种唤醒的方式,与海德格尔立足存在论对"物"的唤醒形成中西思想的呼应。①

源于《大学》的"格物说",由于宋儒的集中论述成为后世儒家重点探讨的一个问题,借助中国当代文学人类学的观念和方法,这里尝试复原格物说的天神崇拜背景,探究"格"的神话学意义以及神话观念对儒家格物观的深层影响,并初步还原儒家思辨性论题得以产生的"生活世界"。格物说的深入阐释,不仅可以对"大学之道"的本义做出更本源的阐释,而且可以深化对后世儒家工夫论的理解。

本乎《大学》的"格物致知",经宋儒阐发,成为关乎儒家思想命门的结

---

① 海德格尔:《演讲与论文集》(《第二部·物》),孙周兴译,生活·读书·新知三联书店2005年版。

穴。对"格物"的不同理解,在何种程度上成为导引后世儒学流向的引渠,这从宋儒"尊德性"与"道问学"的修身成圣进路之歧见中即可看出。格物之说的歧解,依明末刘宗周之说,"古今聚讼有七十二家"之多。刘氏之后,迄于今日,新见歧解更是层出不穷。从格物说在儒学思想史中的"分水闸"地位和歧解的不断涌现来看,深入探究"格物"本源,或许是回溯儒学本源("原"儒)的一条必经之路。

第一节　传统哲学的"格物"歧见与读解困境

思想史上,对"格物致知"的不同解读,聚焦于"格物";而围绕"格物"的歧解,更聚焦于"格"(为分析方便,这里先借用现象学的方法,把"物"用括弧括起来,暂不追究"物"所指为何)。在动宾结构"格物"中,动词"格"由"古之欲明明德者"发出,朝向"物"。儒者解"格"字,表现出"主动趋向"与"被动推脱"的不同的态度。训"格"为"来"(郑玄、李翱、孔颖达)、"穷"①、"即"②,表明了对于"物"的积极趋向;训"格"为"捍"③、"去(去除)"④、"搏斗"⑤(颜元)则表明了对"物"的拒斥。

儒者面对"物"的两种不同态度,还不能直接视作是理学"即物穷理"与心学"致吾心之良知"⑥的对立,心学之祖陆象山同样主张以"至"训"格"⑦。"格物"对于理学和心学,都有"由用以达体"的过程,都认为"物"中有超越自然科学的"物"上之"理"。他们都不否认以"格物"为入手处。

---

① 程颐:格物即是穷理。参见《遗书》(卷二十五)。
② 朱熹:"所谓致知在格物者,言欲致吾之知,在即物而穷其理也。"
③ 司马光:格犹捍也,御也,能捍御外物,然后能知至道矣。参见《格物致知论》。
④ 杨简:"格有去义,格去其物耳。"参见《慈湖遗书》(卷十)。张载:"格,去也,格去物则心始虚明,见物可尽。"
⑤ 颜元将"格"当作"手格猛兽"之"格","手格杀之"之"格","乃犯手捶打搓弄之义"。参见《习斋记余》(卷六)。
⑥ 王阳明:《传习录中·答顾东桥书》。
⑦ 《陆象山集·格矫斋说》:"格,至也,与穷字、究字同义,皆研磨考索,以求其至耳。"

区别在于：理学穷物致知，是以穷"物"之"理"为"致知"的必要步骤①；心学不否认从"格物"入手的必要性，但目标则指向虚灵不昧的"本心"之立。② 理学致力于对渐修过程的严格执守，心学则瞩目于"本心"的永不自失。从心学、理学间的这一"程序性"区别来看，"格者"面向"物"的不同态度，显示出微妙而精微的"心""理"学不同倾向。若倾向心体之本，则外物虽有所补，但未及究竟，因而可以采取"去""捍"和"搏斗"的姿态以拒斥之；若以"物"为必须门径，则"即"之、"穷"之、"尽"之是必不可少的明德程序。

执守心体，"去"物、"捍"物，似乎受到道家"虚心"思想的影响。③ 因此，以心体之灵明发用"由内及外"，从格物致知、正心诚意而达修齐治平的成圣思路，或有"反智识主义"的嫌疑。④ 但如果立足原儒之"性""仁"本位，反观理学严格的"格致"程序，后者会不会又有"知识主义"之弊？⑤ 甚至"别子为宗"呢？⑥

不同姿态"格"的深层分野和辩难，可通过对"物""知"关系的歧解进行分析。朱熹认为古本《大学》"有错""有漏"，因作《补大学格物传》，他对于"格物""致知"的二元论和阶段论，堪称理学格物观的典型。《补大学格物传》曰：

> 所谓致知在格物者，言欲致吾之知，在即物而穷其理也。盖

---

① "格物者，格，尽也，须是穷尽事物之理，若是穷得三两分，便未是格物。须是穷尽得十分，方是格物。"参见《朱子语类》（卷十五），中华书局1986年版。
② "宇宙内事乃己分内事，己分内事乃宇宙内事……宇宙便是吾心，吾心即是宇宙。"参见《陆九渊集》（卷三十六），中华书局1980年版。
③ 张载："虚心则能格物，格物则能致知……格，去也，格去物则心始虚明……格物，外物也。外其物则心无蔽，无蔽则虚静，虚静故思虑精明而知至也。"
④ 曹树明：《修养工夫论视域下的张载"格物"说》，载《深圳大学学报》（人文社会科学版）2013年版第3期。
⑤ 熊十力认为，朱熹对"知"与"物"的诠释，偏离儒家德性主义的理论原则，由此导致的知性主义倾向，使得他未能真正见体。参见《熊十力全集》（第三卷），湖北教育出版社2001年版，第666—667页。
⑥ 牟宗三：《心体与性体》，上海古籍出版社1999年版。

人心之灵莫不有知,而天下之物莫不有理,惟于理凡天下之物,莫不因其已知之理而益穷之,以求至乎其极。至于用力之久,而一旦豁然贯通焉,则众物之表里精粗无不到,而吾心之全体大用无不明矣。此谓格物,此谓知之至也。①

朱子补传立足"物"与"知"的二元立场。但"人心之灵"和"天下之物"的对立性预设,殊为心学所斥;因而贯通二者的工作,于心体而言,便显得画蛇添足了,这正是牟宗三指斥朱子"别子为宗"的原因所在。与朱子二元设定不同的是,陆九渊虽也以"格物"为"入手处",但"格物"的前提则是"万物皆备于我"。因而,"格物"并非外在、先在于"致知","格物"即"格心","格心"即"致知"。以象山之见:

良知[即本心]之端,形于爱敬,扩而充之,圣哲之所以为圣哲也。……所谓格物致知者,格此物,致此知也,故能明明德于天下。《易》之穷理,穷此理也,故能尽性至命。《孟子》之尽心,尽此心也,故能知性知天。②

这里没有心物的外在对立,而是心涵摄万物,物无非心中之物。心摄万物以及由之而来的修身"易简"工夫,虽有儒学渊源③,但考虑到佛教思想在唐宋以后与中国固有思想的深度融合,则象山心学与佛教真如心的深层呼应,值得注意。④ 象山心学开启的"格心"任务,使得"格物"工夫转向了"心"。不仅外物是"物",人心、人身也是"物",乃至于天地间无一不是可"格"之物。叶适因言,"形于天地之间者,物也"⑤。朱子"物中穷理"的

---

① 《大学章句》,见《四书章句集注》,中华书局1983年版,第6—7页。
② 《陆象山全集》(卷十九),中国书店1992年版,第152页。
③ 《孟子·尽心上》:"万物皆备于我矣。反身而诚,乐莫大焉;强恕而行,求仁莫近焉。"
④ 参见张祥龙:《拒秦兴汉和应对佛教的儒家哲学:从董仲舒到陆象山》,广西师范大学出版社2012年版,第338—346页;赖永海:《佛性·本性·良知——陆王心学与佛学》,http://www.liaotuo.org/fjrw/jsrw/lyh/64130.html。
⑤ 《水心别集》(卷五)"进卷·诗",中华书局1983年版,第699页。

格致任务,被心学转换为于心中、身中休贴性理;而由于"理不外物","身""心""事""理""物"最终相通无碍、圆融一体;儒家德性主义的原旨通过"物"的扩展而充塞于天地之间,同时又"反身而诚",在儒者身上朗现、澄明。这样,以"正"训"格"的《书经》本义在王阳明这里彰显出来。王阳明说:

> 格者,正也,正其不正以归于正之谓也。正其不正者,去恶之谓也。归于正者,为善之谓也。夫是之谓格。《书》言'格于上下','格于文祖','格其非心',格物之格实兼其义也。①

以"正"训"格",并将"格物"收摄于"正心",是从心学路径向原儒道德本体的复归。这样,从"正心诚意"到"格物致知"之间,由朱子借《补大学格物传》打开的阐释链条,又被内卷于"正""诚"之中了。"正其不正""以归于正"中的"正",依《说文》,"从一从止,得其所是"。"止",正是《大学》中反复出现的核心词。② 而"三纲领"之后紧接着的"知止而后有定"中的"止",更是在文脉险峻处强调式凸显出一个重要的思想坐标:"止于至善"。而在后世儒家中,同样有以"至"训"格"者。动词性的"至"(到、来)与形容词性的"至善",提示出《大学》中的一个反复言说却一直没有被说透的思想中心。儒者凸显出"格致"工夫的重要性,却一直不能切中《大学》中隐而不彰的思想渊薮吗?在传世文献典籍的范围内,正心诚意与格物致知间的循环往复只能以这种"思想空转"的方式被一遍遍重复,而不能得到切实的解读。心学受到攻击,正在于其道德心性不得"定""止"而凌空蹈虚。

将"格物"与西方近代以来的科学相对接,这种"反向格义"③错失了

---

① 《王阳明全集》(卷二十六)。
② 《大学》以《诗》"缗蛮黄鸟,止于丘隅"为兴,谈"止"之为人君,止于仁;为人臣,止于敬;为人子,止于孝;为人父,止于慈;与国人交,止于信。
③ 关于"反向格义",参见刘笑敢:《反向格义与中国哲学方法论反思》,载《哲学研究》2006年第4期。

"格物说"的思想语境;而借心学的正心、诚意工夫,从虚灵不昧之本心由内及外推向修齐治平,却终不免飘零不"定";而弥合"物理"与"心理"的尝试,却因中介的脆弱,难免神秘之嫌。

第二节 "格"的字源考察和词义衍变

对"格物"之义的深入读解,可借助对"格"字本义的理解。"格"金文(见图10)中兼会意与形声。《说文·木部》释"格""木长貌。从木,各声"。本义为树枝交错相抵触的样子。

金文　　小篆　　楷体

图10 "格"的字源演变

北周庾信《小园赋》"草树混淆,枝格相交"即用此本义。由"树枝交错抵触"的本义,"格"引申为抽象化的"交错"和普遍化的"格斗"。《史记·律书》:"角者,言万物皆有枝格如角也。"是把本义普遍化到"万物"。《荀子·议兵》:"格者不舍。"《周书·武称》:"穷寇不格。"《后汉书·刘盆子传》:"皆可格杀。"《史记·荆燕世家》:"定国使谒者以他法劫捕格杀。"《后汉书·钟离意传》:"乃解衣就(接受)格。"《玉台新咏·饮马长城窟行》:"男儿宁当格斗死,何能怫郁筑长城。"以上诸例中,"格"都是"格斗""格杀"之义。《史记·孙子吴起列传》附"孙膑传":"形格势禁,则自为解耳。"其中"格"是抽象化的"阻止"之义。由动词词义的抽象化,再到动词词义的名词化,"格"具有了将交错的事物区隔开来的"格子"之义。唐贞观间释玄应所撰《众经音义》:"格,櫡架也。"《梦溪笔谈·活板》:"窗格上有火燃处。"皆为"格子"。杜甫《潼关吏》:"连云列战格,飞鸟不能逾。"则把天际云涌之势比作"格"(栅栏)。从这种可视的"格子"再抽象,"格"又具有了"标准""范式""规则""度量""法令""条例""制度"等规范性意义。而规范意义的动词化,是儒家以"正""止"训"格"所本。《孟子·离娄上》中的"惟大人为能格君心之非。"其"格非"之语,正是"正"义。由此规范性意义引申,"合"不"合"规范法则、以及与规范"合"的程度区分,就有了"合格""格调"等价值区分性意义。

"格"义由具体可感的树枝之相交,到抽象普遍化的万物(包括人与人之间)相交,从描述性意义到动词化再到价值规范化,词义的"衍"和"变"遵循着"万物感通"的神话思维原则。弗雷泽在《金枝》中做出经典阐释的"触染律"和"相似律"神话思维原则①,我们在对"格"义"衍""变"的梳理中不期而遇。这是中国语言中活现着的神话思维的证据。由于宋儒的聚焦式关注,"格物"成为儒家成圣程序中的"命门"所在。后世儒者围绕"格物"形成的聚讼纷纭,在语义疏解的技术性分歧之外,更关乎成圣程序甚至于对《大学》"明明德"实质的不同理解。对"格物"之语义的阐释,海德格尔的"存在"语源分析或可提供有益启示。

在《形而上学导论》中,海德格尔对"存在"做出语法学和语源学的探究。通过语法学的研究,他认为,"在"这个词,源自希腊人所理解的充满本质性冲突的φυσις(自然)。② φυσις是指卓然自立或"停留在自身中展开"。赫拉克利特著作残篇53所说的"战争是万物(在场者)之父,也是万物之父",被海德格尔阐释为形而上学的核心词"在"的意义本源。那种"原始的斗争"(对海德格尔来说,"原始",意味着思想上的本源性)被后世思想家固定化为"自身亮相者",并以ειδος(爱多斯)或ιδεα(型)给予抽象命名。自立于此者"把自身亮于像外观所显的事物中"③。名词性的"在"(即形而上学的核心词"存在")把希腊人所理解的"自然"之卓然自立定型化了,本乎φυσις(自然)的"原始斗争"被模糊了。通过语源学的考查,海德格尔认为"在"这个词有三个语源:第一,最古老的本来的词干是es,梵文是asus,意为"生活,生者,由其自身来立于自身中又走又停者:本

---

① 参见 J. G. 弗雷泽:《金枝》,徐育新、汪培基、张泽石译,新世界出版社2006年版。
② 海德格尔:《形而上学导论》,熊伟、王庆节译,商务印书馆1996年版,第61页。
③ 海德格尔:《形而上学导论》,熊伟、王庆节译,商务印书馆1996年版,第60页。

真常住者"。第二,印度日耳曼语的词干 bhu,bheu,意为"起来、起作用,由其自身来站立并停留"。第三,格词干在"sein"这个日耳曼动词的变形范围中出现,这个词干构成日耳曼语 wesan、wohnen(居)、verweilen(停)、sich aufhaiten(留),以及德语中的 gewesen(在过了)、was(什么)、war(曾在)、es west,wesen(存在)、wesend(存在着)等。① 由这些词干,可以明显看出确定意义是:生、升起、停留。综合对"在"的语法学和语源学的探究,形而上学核心关键词中的思想意义就呈现了:动态的"在起来"的过程、本源性的斗争,被形而上学的"概念木乃伊"定死了。

海德格尔对"存在"的词源研究,揭示西方形而上学思想的"前史"。西方形而上学的发展史,在他看来是着眼"存在者"而遗忘"存在"的历史,所以这种研究,也可以看作是对思想"内史"和"秘史"的探寻。与之形成对应的是,作为儒家工夫论的结穴,"格物"中也隐含着儒家明德成圣、修齐治平的秘密。"存在"与"格"的语义变迁规律具有类似性,这可简单归纳为:第一,动词性与名词性的互转。第二,对某种规则法度的遵循以及以规则法度为参照对具体对象的衡度,如前所示,"格"具有"量度"之意,但以什么为量度标准呢?这里还不能确定,对于"(存)在"而言,海德格尔所复原的希腊背景中,衡量的标准就是"自然正义"②。第三,冲突与"原始的斗争",构成两者共同的思想框架。第四,积极抗御对象和"泰然任之"这两种姿态之间的微妙平衡,成为关乎思想可能性的不宣之秘。③

恰如在海德格尔的存在分析中,我们感受到一种幽冥之境,随着对"格物"深入剖析,一种超出素常"物""理"探究的灵性空间也逐渐展现。阳明格物困境④提示出,在二程朱子要求的把物格到十分以穷尽"物""理"

---

① 海德格尔:《形而上学导论》,熊伟、王庆节译,商务印书馆1996年版,第71—72页。
② 海德格尔思想中的"自然正义"背景,国内学者没有给予足够的重视,这是一个不容忽视的缺憾。不仅在"存在"溯源中,古希腊的"自然正义"时时闪现,在"此在"之在世的分析中,以及天地神人四重奏思想中,我们同样可以看到"自然正义"的法度意义。
③ 海德格尔后期对"存在"之"天命""泰然任之"的态度,何种程度上受到《道德经》的影响,不应只作为一个文献性问题来研究,而是关乎中西思想可沟通性的秘密。
④ 王阳明与钱友穷格竹子,致劳思成疾。参见《王阳明全集》(卷三),上海古籍出版社1992年版,第120页。

的程序①之外之下,似乎隐藏着一个"格"的"密道"。考虑到格致工夫的精微性,以自然科学来理解格物,就会错失深层思想性内涵。②

从《说文》的"木长貌"本义,到普遍化的"万物皆有枝格如角",不变的是物物"相格"之义。枝条相交错与万物相交错,绝非此物支配彼物的一主一次关系,甚至相交错者也不必限于两物,如同现代知识论中必须设定的主客体那样。在"格"字本义的情境性画面中,枝叶葳蕤,负势竞上,万物之交,也呈现鸢飞鱼跃的无限生机。以冷静旁观的认识主体,而欲穷万物之理,正如同以定型化的在者去把握无穷涌现着的"(存)在"本身。人也是万物之一,本色的格物方法,是我亦格物,物亦格我。③海德格尔在"(存)在"语源中探究出的原始的斗争,是西方形而上学萌芽以来就蕴含于西方思想中的冲决力。与西方思想不同的是,在中国思想结构中,万物互感、物我互"格"则成为基本的思想构型力。从《诗》中"兴"的大量运用,到后世学者对"引譬连类"④思维的凸现、古代诗歌中对骈偶的"集体无意识"式使用、"意境说"的"意与境谐"等,无一不是万物通感思维的体现。"物我相格"的万物感通思维,对于《大学》"八条目"的往复关系,可以图示如下(见图11):

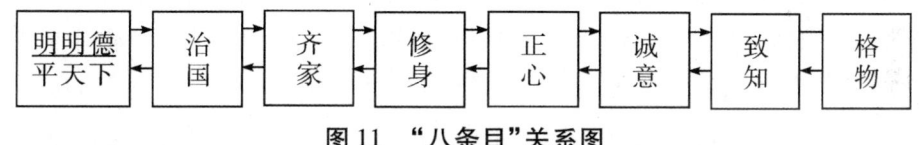

图11 "八条目"关系图

---

① 有人问程颐:"格物须物物格之,还只格一物而万理皆知?"答曰:"怎得便会该通?若只格一物便通众理,虽颜子亦不敢如此道。须是今日格一件,明日又格一件,积习既多,然后脱然自有贯通处。"参见《河南程氏遗书》(卷十八),中华书局1981年版,第188页。
② 明儒方以智的"质测之学",正立足于自然科学式"格物说"。《物理小识·自序》中说:"物有其故,实考究之,大而元会,小而草木蠹蠕,类其性情,征其好恶,推其常变,是曰质测。"医界金元四大家之朱丹溪,明代之张介宾、李时珍等皆以医道为格物之学,所格者自然是医理药性,西学东渐以来,不少学者直接将自然科学称为"格致学"。严复认为,程朱的"即物穷理"与西方的自然科学是相同的。
③ 同样可做比较的是,对"此在"(人)与"存在"的关系,海德格尔也理解为是不容分割的。海德格尔:《面向存在问题》,见《路标》,孙周兴译,商务印书馆2004年版,第479页。
④ 程树德撰:《论语集释》,程俊英、蒋见元点校,中华书局1990年版,卷35"《诗》可以兴"之"集解"。

上箭头指向必要条件,下箭头指向必然结果,从"明明德于天下"出发,经过往复而回到"平天下"的充分必要闭合回环链条,因为"致知在格物"的直接等同而出现论说缺环。朱子《补大学格物传》,其意正在要补全缺环。朱子瞩目于"致知"与"格物"间逻辑沟渠的疏浚,而心学则主要关注"心"中之理与"性"中之理的涵泳。中晚明的阳明心学中,聂双江、王宗沐、王艮和刘蕺山等,将"格物"完全收束到自我意识领域。新儒家中的主"心性"者,将"非由外铄,我自有之"的灵明不虚之心,与康德先验的道德律令相比附。[①] 朱子对逻辑链条的过度关注和心学对于本心的道德式强调,看似迥异,却都错失了《大学》"以修身为本"的中心,还有,他们都忽视了使"八条目"得以贯通而往复勾连、圆融无碍的观念背景。

物我相"格"、万物为一的观念背景,构成释解"八条目"的前提。《大学》:"所谓诚其意者,勿自欺也。"我既为可诚意者,亦可为意诚者,"诚于中"而"形于外",虽独处亦似有"格者"在侧,能不慎乎?"所谓修身在正其心者,身有所忿懥,则不得其正,有所恐惧,则不得其正,有所好乐,则不得其正,有所忧患,则不得其正。心不在焉,视而不见,听而不闻,食而不知其味。此谓修身在正其心。"这是心身相格。"齐其家在修其身者","治国必先齐其家者",也不以逻辑性的因果关系来贯穿,而是以类推思维连缀起来的。如果整个"八条目"之间的回环链条都不是以因果逻辑串起来的,那还需要刻意疏通"致知"与"格物"吗?如果细究,则其他各条目之间看似"无缝"的连接,都是经不起因果逻辑推敲的。以类相推[②]、物我互格

---

① 这方面的典型代表是牟宗三:《心体与性体》,上海古籍出版社 1999 年版。
② 尹晓宁:《格物致知新解:"以类相推"的方法论———兼论朱熹格物论的缺失》,载《浙江学刊》2014 年第 6 期。他在对朱熹格物论的分析中,提出理解"八条目"关系的"横向的认知体系"。诚如尹氏所言,"以类相推"的思维在先秦典籍中普遍存在,尤以六经之首《易》最集中、典型。由于"思想史"和"哲学史"的人为区分,治哲学史的学者竟然对如此显著的特征视若无睹,而西方汉学家几乎无人不论及此特征,却被视为是不严谨的哲学研究。

的思维方式,无疑是深藏于《大学》论说逻辑中的"基本语法"。①

第三节 "格物说"的神话观念背景

"以类相推"思维,因在阴阳五行学说、谶纬等中的突出体现,似乎只是中国思想发展史中特定阶段的思维模式。唐宋之后,中国思想的"哲理性""思辨性"与佛教思想的深入影响有很大关系。唐代新儒家开始,为应对佛教,思想家有意识地以固有思想资源"格"佛理之"义"。佛教甚深微妙法、般若中观智以及"一心开二门"都刺激并提升了新儒家的思辨性。②"以类相推"的"简陋"思想工具,逐渐削减了其阐释力。但"以类相推"思维(或曰"类比思维""感通思维""关联性思维"),不仅仅具有"思想史"的价值,也不仅仅是西方汉学家寻找欧洲思想的"他者"才确定的一种把握中国古代思想的"概念把手",而是一种关乎中国思想的"存在论特性"。为"思想考古"之故而非历史性考证之故,我们有必要探寻其更深远的观念本源。在这一深层思想探源工作中,格物说能否提供一个样本和案例呢?

《礼记·乐记》:"人生而静,天之性也;感于物而动,性之欲也。物至知知,然后好恶形焉。好恶无节于内,知诱于外,不能反躬,天理灭矣。夫物之感人无穷,而人之好恶无节,则是物至而人化物也。人化物也者,灭天理而穷人欲者也。"人感于物而动的"物感"观念,在直至先秦典籍中一再重复,几乎可以视为是佛教思想冲击中国固有思想之前中国文化表述中的

---

① 饶宗颐以"本经证本经"的方法,在《礼记》之《乐记》和《大学》间互参酌,提出以"格物"为治礼、乐的共同途径。"是言格物而礼、乐赅其中矣,夫化物斯能和,别物斯能序。和,故百物不失予而合爱;序,故百物皆纳轨而合敬。爱自中出,敬由外作,如是则物罔不格矣。"故"举《大学》之道,无非开物成务之事;格而能开,则立人成物,无所不济。必以《易》义配《大学》,然后可以参天地、赞化育也"。"是格物之义,非斤斤着力于一事一物之际,而必有合于宇宙真理之原则性……"参见饶宗颐:《固庵文录》,辽宁教育出版社2000年版,第105、106、107页。
② 佛教思想与儒家思想的深度融合。参见张祥龙:《拒秦兴汉和应对佛教的儒家哲学》,广西师范大学出版社2012年版,第六讲"佛教入华德哲理途径"。

共识。在这种物感思维笼罩之下,《大学》"格物"之"物",不同于西方哲学中所说的客观事物①,认知主体本身及其主观意识以及伦理秩序等也可能成为反思对象,也是"物"。《大学》所谓家、国、天下以及身、心、意等,均不出"物"之范围。严立三认为:"物"者对己之称,凡一己之外皆是也。"格"字……辗转引申总以感通通达为正训。"致"者,极也……所谓"知"者……盖即应物起感之感耳。是故通彼之谓"格物",极感之谓"致知"。通彼者通彼之情,极感者尽吾之意。即感即通,即通即极;情通意洽,若无间然,是谓之格物以致其知也。②

把"格物"之"物",推而及于包括家国天下乃至人身在内的万物,把"致知"也收摄于"格物"之内,整个《大学》的结构便清晰朗现了。虽然有"八条目"的铺陈敷衍,但大学之道"三纲领"施行于"自天子以至于庶人",且"壹是皆以修身为本"。而修身中最精微神妙之处,就在于对物我一体(我亦一体,物亦一体,此亦一体,彼亦一体)的感通,以及对"外推"与"内摄"相得无碍的体证。清徐灏《说文解字注笺》"木"部:"格,训为至,而感格之义生焉。"由此可见,格物致知之"格",亦有"感通"之义。这种双向的相通无碍不仅使得儒者敢于在一己之身上"天命自任",且能于森罗万象中体悟天理。"格物"与"絜矩"的关系,道出了"以类感通"的秘密。《诗》云:"他人有心,予忖度之。"(《孟子·梁惠王上》)王心斋就曾以絜矩说格字。③ 清儒焦循更强调了絜矩之道对于《大学》义理的重要性:

> 格物者何?絜矩也。格之言来也,物者对乎己之称也。《易传》云:"遂知来物",物何以来?以"知来"也。来何以知?神也。何为神?"寂然不动,感而遂通"也。何为通?反乎己以求之也。

---

① "格物"不能简单等同于西方自然科学的原因,并不完全在研究对象上,因为,普泛化的自然科学,也包括对于人本身的研究(生理学),主要的区别在人与万物相接的方式上。物我互感,在经典自然科学中是需要彻底清除的;当代量子力学倒是发现了观察者与观察对象之间的影响作用,但即使是这种相互影响作用,也被再次对象化了。
② 转引自赵法生:《先秦认识论视域中的格物问题》,载《社会科学论坛》2012年第12期。
③ 赵泽厚:《大学研究》,台湾中华书局1972年版,第243页。

> "己所不欲,勿施于人",则足以格人之所恶,"己欲立而立人,己欲达而达人",则足以格人之所好。①

那么,悬于物我之间,广布森罗万象之中的神秘纽带究竟何在呢?感通思维的"神秘主义"色彩,真的需要被科学除其"魅"吗?平常自然之物如果能够与"天视自我民视,天听自我民听"的"民"相沟通,其中就必然隐含着某种神秘的力量。在人类学语境和比较宗教学中,这种在自然万物中隐藏神秘力量的观念,被称作"万物有灵论"。在中国格物说的感通思维背后,万物灵力从何而来呢?

万物之灵力,在早期中国典籍中集中体现于"德"中,这是因为"德能致物"。《尚书》《国语》中,有大量的文字涉及以德为能的天命观。《尚书·君陈》:"黍稷非馨,明德惟馨"。《尚书·酒诰》:"弗惟德馨香,祀登闻于天",表明德具有一种特别的香气,可以上达于天帝,成为天降命的依据。《国语·周语中》曰:"叔父其懋昭明德,物将自至。"裘锡圭先生在总结了先秦典籍中有关"德能致物"的各种说法后,指出上古时期的致物说和《大学》格物概念存在历史联系。② 上古天命说,突出"德"的重要性,周人论证其"革"殷商之"命"的合法性,频繁诉诸"天德",类似表述遍布《尚书》中。在《尚书》《国语》中得到明确表达的天命观,正是"格物"说的思想源头。有德者可得天命,得天命者可实现与万物之感通。这是《大学》"格物"之根源,"敬天格物"概括了从天神崇拜到格物观之间的内在关联。《大学》"八条目"所规划的修身成圣的方案,是对"古之欲明明德"天命观的转化。

余英时论述中国经"轴心突破"(axial breakthrough)而成就礼乐文化的思想逻辑时③,指出了"敬天格物"到"格物致知"间转变的思想逻辑。在"敬天格物"的宗教天神崇拜背景中,能够得到上天庇佑的,是奉天时、施

---

① 焦循:《焦循诗文集》(上),刘建臻点校,广陵书社2009年版,第162页。
② 裘锡圭:《说"格物"——以先秦认识论的发展过程为背景》,见王元化主编:《学术集林》(卷1),上海远东出版社1994年版,第123页。
③ 余英时:《论天人之际——中国古代思想起源试探》,中华书局2014年版。

仁德的王。他们或者借助巫师之助，或者自己躬身力行，在祭天仪式中与天神沟通。与之对应的是，在《大学》的成圣方案中，儒者以身为体，在躬行絜矩之道中与物相接。所以，"致知在格物"对于浸润于敬天—格物—通神—知天命观念中的古本《大学》作者来说，根本无逻辑之阙。在这种祭天通神背景中，格物之"格"的神话学语境浮现出来。

叶舒宪在与天沟通的神话语境中，揭示了"格"的"来""至"与"上升"两个看似方向相反的义项：

> "格"这个字中潜含着"上升"的意义，同时兼有"来"、"至"的意义。表面看上去有些自相矛盾，不好理解，将这些不同的语义发生放置在巫师进行人神沟通的仪式背景中，理解就方便起来，萨满巫师的通神表演主要体现为上下升降。如果凡俗的下界是出发点，天神上界是目的地，那么来和至的运动方向即是上升。反之，如果上界是出发点，下界是目的地，那么来和至的方向则为下降。换言之，巫者的信息传输要上达神灵，而鬼神祖灵的旨意却要下达人间。①

他认为，"格"表示祭仪中神王或巫王与天神沟通的超常能力，通过对"格"的神话学解析，《尔雅·释诂》中的"鹭、假、格、陟、跻、登、升"这一组表示登高上升意义词语的宗教神话语境便清晰呈现了。"格"在《书》"格于上下""格于皇天""格于上帝"等例中表示与神界的沟通，而在"王格大室""王格庙""王格穆庙""（王）格图室""王格大师宫"等表述中，所格（至、到）的地方，无一不是举行降神礼仪所必需的神圣空间。②

对于"格"之宗教神话背景的深度探究，构成叶氏"哲学考古"细致工作的一部分。以神话观念为背景对中国哲学进行思想考古的方法，叶氏同

---

① 叶舒宪：《文学人类学教程》，中国社会科学出版社2010年版，第190页。
② "王格……"诸句，参见中国社会科学院考古研究所编：《殷周金文集成》（第二册），中华书局2006年版，第1487、1450、1505、1515、1495页，以及解释；参见叶舒宪：《文学人类学教程》，中国社会科学出版社2010年版，第186页。

样用在对"天人合一"这一中国哲学命题的研究中。① "天人合一"观念的最初语境,与"格"的沟通天人祭仪完全是相通的。由于思辨理性遮蔽了神话学背景,对"天人合一""格物致知"等思想命题的辩难,往往止于字面训释,而难穷极观念本源。

　　叶氏的思想考古工作,源于其自觉的方法更新。在文学人类学的新近研究中,叶氏以更新了的大小传统观念为思想观念变迁研究提供了利器。他把文字记录的典籍称作小传统,与之相比,以非文字形式(图像、物的叙事、仪式、口传与民俗等)保存下来的观念与思想,称为大传统。后者构成前者的原型,前者只是后者的微弱回声和模糊且经常是变形的记忆。② 口传记忆以及出土文物、图像等大传统中,人、人们最初相信人人皆有通天、知天命本领的观念,这一点可以通过颛顼命重黎"绝地天通"③的记录反向证明;当神话观念不再具有支配性时,通天命的本领便显得神乎其神了;而在心学化的工夫论中,儒者重新恢复了每一个体感知天命、通神知化的能力。孔子所谓"吾非生而知之者"的喟叹,就是认为自己已经不再具有巫师那样的通神能力了,但这种能力被心学后学意外地重新获得。这种神秘能力的"隐而复现"逻辑,可用下图(图12)示例说明。

　　由于在"绝地天通"之后神力不可测,立足小传统的儒家,面对"物",在"格"的方法与策略上,便有了"积极穷尽"(朱子等)与小心"去"(张载、颜元等)、"捍"(司马光)的区别。当我们不能确知其通天神话的观念背景时,只能借助于康德式的"道德直观""先天律令"来"反向格义"了。这种

---

① 叶舒宪:《从玉教神话看"天人合一"——中国思想史的大传统原型》,载《民族艺术》2015年第1期。
② 叶舒宪关于大传统的研究文献,最近的参见《玉教神话与华夏核心价值——从玉器时代大传统到青铜时代小传统》,载《社会科学家》2014年第12期;《为什么说"玉文化先统一中国"——从大传统看华夏文明发生》,载《百色学院学报》2014年第1期。
③ 《国语·楚语下》载,昭王问于观射夫曰:"《周书》所谓重、黎实使天地不通者,何也?若无然,民将能登天乎?"对曰:"非此之谓也。……及少皞之衰也,九黎乱德,民神杂糅,不可方物,夫人作享,家为巫史,无有要质。……颛顼受之,乃命南正重司天以属神,命火正黎司地以属民,……是谓绝地天通。"对帝王垄断通神能力的逻辑分析,亦参见《中华文明起源"玉教说"及其动力学分析》,载《思想战线》2014年第2期。

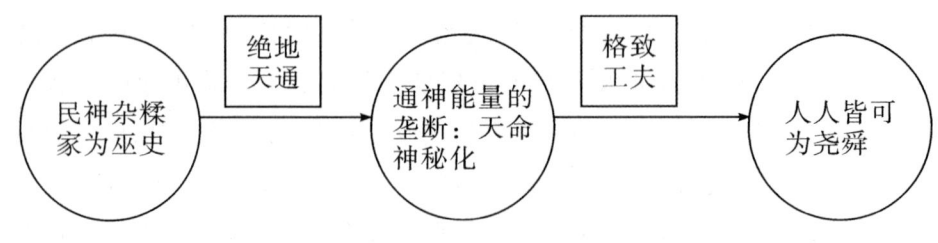

图 12 "神力"隐显图

反向格义之失察,正与以现代自然科学来理解"格物"的误读相表里。两者都是以西学的视角审视中国思想的,两种视角都与《大学》"格物"说"格格不入",却又互成镜像。两者都错失了圣者背后的巫的传统。"圣者"与"巫"的天然联系,后世封建帝王的"罪己诏"中似乎也有隐约表现。帝王承担天灾之责,是因为相信自己之御天下与天命直接相关,而圣人君子以天下为己任的道德自觉,正是巫王天运自任的直接延伸。

君子"格物",如果能"格去"一己之私,而"穷尽"天之理,则自然会使天命自"至",性理无间,实现神而不测、以己度人的"絜矩之道"。儒者对"格物"之"格"的多方引发,在神话通天的语境中,实际上可以得到相互的印证。

第四节 "格物说"的大小传统互释

海德格尔对"存在"的"语源分析"和"语法分析",揭示出思想发生学中的动力问题。这一问题对于"格物说"的启示在于,"格"的过程,或许正是传统儒者在纷纭万象中诱发思想的动力程序。对此程序的深入理解以及其与"存在"动力学的对比研究,有望开启中西思想发生学研究的秘境。"格物说"的发生学研究,如果要"体贴"中国思想的发生、发展脉搏,以中国材料最能说明清楚,这也是大传统在揭示格物之谜中的重要意义所在。

立足小传统的儒家,未能窥到"格物说"的神话学背景;①而当代学科分界所导致的视野局限性,也阻止了当代学者贯通大小传统,立体性复原

---

① 前引王阳明"格者,正也,正其不正以归于正之谓也"中,其所列举的《书》言'格于上下','格于文祖'"中的神话学语境,被"正也"的意义所覆盖。

"格物"之思想逻辑的尝试。叶舒宪提示大传统的背景性意义开拓大传统视野,并对传统思想命题进行刷新式解读的努力,已经超出简单的方法论革新,而自然具有革新观念和深化思想的作用。叶氏之深化思想,由于其大传统的开拓作用,扩而及于考古学的领域,尤其是他将古人崇玉的玉神观置于"以玉礼天"的神话学背景中,使得"天人合一"观具有了无可辩驳的"物的证据"。文明期玉礼器中的巫者、神人、通天图像等,是大传统中的天人合一观的直观活现。《玉成中国——玉石之路与玉兵文化探源》①,是叶氏以神话学视角深度进入"中华文明探源工程"的最新成果。在《图说中华文明发生史》中,叶氏明确进行了大小传统的衔接与互释工作。比如,该书第十章"凤鸣岐山"②,对大传统中的枭熊崇拜如何转换为小传统中的凤龙崇拜进行了深入仔细的解析,大大提高大传统的阐释力。

由于书写小传统的遮蔽,更因为"科学主义"的昌盛,远古神话观念中通过"格"而实现天命上下通达的意义,显得有些"格格不入"了。但在大小传统的双向疏解与贯通中,"格物"中的丰沛发生学意义被激活了。"枝格相交—物我相接—物我互格—物我感通—万物一体—天人合一"一贯而成精神之气,氤氲升腾而成中国古代精神的"气场"。在此气场中,"天人合一—天运自任—正身立诚—格致絜矩"内转而为心性工夫;"格物致知—正心诚意—修齐治平"则展示了"心""性""事""理"的一体而多变。"格物说"贯通天人、圣俗、物我、事理,成为儒家思想的结穴点。

由大传统观念所刷新的格物说,以最本源的方式"格""至"中华文明源头的神圣之"物"——玉,这使得叶氏本人近年来的文明期玉器研究、鉴

---

① 叶舒宪、古方主编:《玉成中国——玉石之路与玉兵文化探源》,中华书局2015年版。
② 叶舒宪:《图说中华文明发生史》,南方日报出版社2015年版,第271—316页。

赏和收藏具有了"格"文明之"理"内涵。玉与古君子之德的联系①,确证了神圣信仰之"格"与修身工夫之"格"的观念同构。

玉界对"玉养人"与"人养玉"之关系的体味涵泳,在双重意义上重现了"格物说"的感通含义:一方面,玉之温润质感(物性)与君子之"仁"②(人)形成心物契合;另一方面,事神礼天的神圣法宝③(圣)引发君子修齐治平的世俗性追求(俗),唤醒被小传统掩盖了的"神圣空间"。君子"格"玉,以体感之,并在把玩中体验琢玉师之触觉感受,实现了人与人之间的经验交换。《春秋·元命苞》言"仁者,情志好生爱人,故立字二人为仁",不能实现人与人之间的感触交流,则为"麻木不仁"。宋明理学家所谈的"理",其本义按照《说文·一上》"理,治玉也。顺玉之文而剖析之",是沿着玉之"纹理"解玉。而"玩玉"之"玩",本意首先指的是把玩玉。《易·系辞上》的"玩其辞"、《列子·黄帝》的"玩其文",也没有后来的轻慢之意。"玩"的恣情纵意,"理"的依乎纹理,都是具有感通思维的中国古人"格"物情态的表现。有玩的轻松,才有"体物""格物"的物我一体;有理的依乎"纹""理",才有"正"心的规范。在"玩"与"理"的双向平衡中,格物说的生机与尺度都保持住,成为古代精神观念生成的动力结构。

"玩"与"理"中,似有在格致工夫上"无所用心"与"精进至极"的原则区别,这正是"格物"之积极主动"穷""至"与"捍""去"的区别。大传统中的格天命与小传统中的格致工夫中,都需要有一种微妙深湛、神化无迹的

---

① "言念君子,温其如玉。"(《诗经·国风·秦风》)君子修身"如切如磋,如琢如磨"。(《诗经·国风·卫风》)《礼记·聘义》中记载了孔子的一段话:"昔者君子比德于玉焉,温润而泽,仁也。"《礼记·玉藻》载:"古之君子必佩玉,右徵角,左宫羽,趋以采齐,行以肆夏,周还中规,折还中矩,进则揖之,退则扬之,然后玉锵鸣也。故君子在车,则闻鸾和之声,行则鸣佩玉,是以非辟之心,无自入也。"许慎《说文解字》称:"玉,石之美者。有五德:润泽以温,仁之方也;理自外,可以知中,义之方也;其声舒扬尊以远闻,智之方也;不折不挠,勇之方也;锐廉而不忮,洁之方也。"流传最广的则是孔子所谓玉有十一德之说,即"仁、义、礼、知、信、天、地、道、德、忠、乐",还有汉语中大量的金玉良缘、金玉满堂、金玉其质、金玉之言、金枝玉叶、精金良玉等以玉为喻的成语。
② 《中庸》:"仁者,人也,亲亲为大。"
③ 对神石的观念分析,参见米尔恰·伊利亚德:《神圣的存在——比较宗教的范型》,晏可佳、姚蓓琴译,广西师范大学出版社2008年版,第6章"神石:显现、符号和形式"。

特殊技巧,才能保持人间秩序与天命之间的对应和平衡。叶氏并没有确定大小传统转换的准确时期,但如果以文字之有无作为基本的区分标志,那么,传世经典的源头处,或许就是大小传统转换时期。余英时在分析天人合一观念经"哲学突创期"从神话观念转变为"哲学命题"时,是以《尚书》《国语》《易》以及先秦诸子文本为依据的。这个时期的文献,处于小传统的源头,保存着大小传统转化的印记。在虚静的心理状态、斋戒沐浴更衣的技术性程序中,肉体之身,暂时地成为静候神灵降临的庙宇;只有除去身体之污,圣灵才肯暂居其中。① 这正是格物说中的"去"与"至"(来)两个义项的神秘关联。贺麟先生解释朱子的"虚心涵泳,切己体察",说:

> 虚心则客观而无成见,切己则设身处地,视物如己,以己体物。体察则用理智的同情以理会省察。涵泳有不急迫、不躁率、优游从容、玩味观赏之意。②

贺先生否认了"视物如己,以己体物"之中的"神秘的与物相接",但如果用神话天命观来置换"神秘",则是对涵泳体察的本源性领会。对于浸淫于文字小传统中的学者来说,来自"物"的神秘天命信息,或许可以从包牺氏制易的过程中③窥一知万。去掉神秘感,"格物说"中蕴含的天人互通、物我感应的观念逻辑就会呈现出来。《周易》中的包牺氏通过"仰观俯察",以"近取诸身,远取诸物","始作八卦"的过程中,蕴含着"格物说"中最接近"敬天格物"神话观念背景的信息。

---

① 余英时:《论天人之际——中国古代思想起源试探》,中华书局2014年版。
② 贺麟:《哲学与哲学史论文集》,商务印书馆1990年版,第196页。
③ 《周易·系辞下》:"古者包牺氏之王天下也,仰则观象于天,俯则观法于地。观鸟兽之文与地之宜,近取诸身,远取诸物,于是始作八卦,以通神明之德,以类万物之情。"

第十一章　角色扮演

文学人类学拓出崭新论域,不仅在大小传统互通基础上对于二者进行了双向阐释,而且深度介入文化产业和新经济等社会存在中,对网络游戏、影视作品、商业广告、体育运动、大众消费文化等新兴经济中的符号经济予以深度阐释。在这些新媒介和文化工业中,文化与文学的编码发生了N次变异,但其中所蕴含着的神秘召唤力却历久弥新。N级编码和多元符号渗透在产业经济中的典型案例,在叶舒宪主编的《文化与符号经济》一书中得到集中解析。①

当代文化工业中灵动而新潮的角色扮演游戏,可以在文化源头的历史远景中找到其形式根源和观念背景。"扮演逻辑"作为与"指示逻辑"并列互补的文化表达方式,贯穿于不同文化形态中,是从远古巫术仪式到当代角色扮演游戏的纷繁多样文化形态所共同遵循的表述语法。在存在论上,"扮演游戏"可以理解为参与者与观念意义的"共在"。考察"扮演逻辑"的观念背景和操作程序,可以粗略勾勒出一条反思现代形式理性的"技术性路径"。

古典学家和哲学家尼采将古希腊酒神祭祀仪式中的"羊人剧"确定为希腊悲剧艺术之源。尼采所谓的悲剧,除了指称希腊艺术巅峰期与希腊神

---

① 叶舒宪主编:《文化与符号经济》,广东人民出版社2012年版。

话并列的一种特定艺术之外,还在哲学思辨意义上代表着超越悲喜的人生活剧。在尼采看来,生命本身就是一出活的戏剧,是追求规则、形式和定型化的日神精神与追求本能、破坏和生命力勃发的酒神精神两者之间的妥协和动态平衡过程。尼采借助悲剧艺术,阐发其超越悲喜的生命形而上学活剧,其生命本体论的阐释方式发人深省,艺术与生命的平行互释,揭示出两者之间存在的本体性对应关系,把关乎生命与艺术的重大问题挑到明处:生命戏剧是对艺术的模仿吗?抑或相反,是艺术模仿了生命戏剧?艺术与生命的互释,如果不是隐喻性修辞,而是具有思想的深层规定性,我们该如何准确勘定其思想性呢?

在酒神祭仪的"羊人剧"中,走在游行队伍前面的,是头戴羊头面具的歌队长。紧随其后的,是"纵情狂欢"的酒神信徒。① 这种狂欢是全民性的,对于希腊人来说,后世艺术原理中所谓的"观众",是不存在的。② 尼采并不是简单地以悲剧艺术和生命两者中的一方来阐释另一方。在他看来,这两者原本就是一体的。"艺术与生命"这一命题中的"与",已经被酒神祭祀仪式中的狂欢气氛彻底消融了。

在酒神剧中,除了诸多界限的消融和《欢乐颂》般的和解气氛③,引人注目的,是歌队长扮演的长有山羊角的萨提尔形象的纵情欢谑。"扮演"某一特定角色,这种独特的艺术原初形式,猛然提示我们,在当代文化产业中,似乎还有萨提尔狂欢的侧影。在当代文化工业的产品创新中,悄然兴起了一种可与羊人剧相比较的文化形式,即"角色扮演"。我们能从这里找到艺术发生学的秘密吗?

---

① 尼采:《悲剧的诞生》,周国平译,生活·读书·新知三联书店1986年版,第30页。
② 尼采:《悲剧的诞生》,周国平译,生活·读书·新知三联书店1986年版,第30页。
③ 艺术与生命界限消融的背景,是人与人、人与自然以及所有存在之间的和解。尼采说:"在酒神的魔力之下,不但人与人重新团结了,而且疏远、敌对、被奴役的大自然也重新庆祝她同她的浪子人类和解的节日。大自然自动地奉献它的贡品,危涯荒漠中的猛兽也驯良地前来,酒神的车辇满载着百卉花环。虎豹驾驭着它驱行……贫困、专断或'无耻的时尚'在人与人之间树立的僵硬敌对的樊篱土崩瓦解了。此刻,在世界大同的福音中,每个人感到自己同邻人团结、和解、款洽,甚至融为一体了。"参见尼采:《悲剧的诞生》,周国平译,生活·读书·新知三联书店1986年版,第6页。

第一节　作为文化现象和思想现象的角色扮演

"角色扮演"是当代文化表述和展演中新潮而灵动的一个倩影。在当代文化工业中,"角色扮演"指涉两类本质相关却表现迥异的文化现象。

其一,"角色扮演"是指借助 IT 技术,依托网络环境,通过扮演某一虚拟角色而在电脑终端由一人或多人参与的一种网络游戏,其国际化的名称是 Role Playing Game,简称 RPG。这种游戏的最早研发和产业化推广,可追溯到 1972 年由 Gary Gygax 制作的《龙与地下城》。随着全球化的日益深入,这种借助最先进的科技来满足最原始"游戏冲动"(席勒)的网游,已经成为当代"赛博人"新的精神家园,尤其受青少年的青睐。当代 RPG 已经发展出欧美 RPG 游戏、中国武侠游戏、日本 RPG、韩国 RPG 等不同国家各有特色的种类,较流行的是大型多人在线角色扮演游戏,英语名为 MMORPG,是 Massive(或 Massively)Multiplayer Online Role Playing Game 的缩写。

其二,角色扮演是指在生活中穿着动漫人物的服装,摆 pose(姿势)照相或模拟动漫情境进行表演。这种意义上的角色扮演,其国际化的名字叫 cosplay,这是 costumer play 的简写,字面意为穿着特定角色(多为动漫角色和网游角色)衣服的游戏,这种角色扮演的游戏者也称 coser(见图 13)。由于这类角色扮演在时尚青少年中很流行,扮演所需的服饰、道具类衍生商品蕴含的商机很快被嗅觉灵敏的商家所察觉,对这一商机的精准把握和对相关市场的有意培育便顺理成章了。①

从文化工业的角度来看,这两种角色扮演都是文化工业生产线上的新型产品,是当代资本借助最新科技之力,准确把握青少年消费心理,深层开挖欲望富矿,借助交互式网络平台,实现资本扩大再生产的最新形式,是"文化资本炼金术"的展示。本质说来,其内在衍生逻辑逃不出马克思的资本增值逻辑、席勒的"游戏冲动"、德勒兹"欲望机器"理论、鲍德里亚的"仿象"的真实以及杰姆逊的后现代文化工业逻辑。但这里所聚焦的问

---

① 代表国内最高水平 cosplay 团队的终极 PK 大赛 Chinajoy 截至 2017 年已举办 15 届。第 16 届总决赛于 2018 年 8 月 3 日至 8 月 6 日在上海新国际博览中心举行。

题,却与以上的关注点都不同。

图 13　角色扮演图片(图片采自 2017 Chinajoy 武汉站)

当代角色扮演游戏参与者们通过扮演具有神奇本领的游戏角色,象征性获得其异能和力量,确定自身的存在感。① 这一深层的观念说明,对角色扮演游戏,绝对不能仅仅以法兰克福学派式的批判理论将其视为导致异化的技术霸权,在提醒这一游戏对青少年的身心危害性时,也应深刻洞悉其中隐藏的存在论命题与文化表达蕴涵。在萨提尔羊人剧中,现代哲学中所谓的"存在问题"或"存在感",是在彻底打破疆界的世界性狂欢当下证成的。网游爱好者在赛博空间不知朝暮、忘却死生的酣畅激战②,是不是萨提尔羊人剧的后现代"仿象版"复现呢?在界限消泯、"物我混成"的网游世界中,网络英雄的"附体"证成了怎样的后现代性生存观呢?

---

① 网游《暗黑巫师》的介绍:暗黑巫师是一群追求最强大的魔法而不顾一切的人,什么是正义什么是邪恶在他们眼里面并没有分别,只有力量强大才是他们追寻的目标。生活中的时间全部用来寻找魔法深处那神秘还未揭开的根源。然而,魔法对身和心的摧残也会伤害他的身体和心理,他们身体开始变得虚弱,心里开始孤独和疯狂。身体虚弱的暗黑法师无法抵挡住敌人疯狂的正面砍杀,但强大的法术在提供他们应有的保护能力外,还赋予了黑精灵巫师非常强大范围的杀伤力,一个疯狂的黑精灵巫师能面对一群敌人展开一场血腥的屠杀。
② 见诸不同媒体的青少年沉迷网游而"娱乐至死"的报道,中外都不鲜见。

"扮演",是羊人剧和现代角色扮演游戏的共同形式,这种"基型"式的表达形式,或许能为我们提供一条探入艺术本源和秘境的通道。① 扮演现象,不仅是尼采所示的古希腊悲剧艺术的源头,还普遍存在于许多民族的早期宗教与巫术仪式中。弗雷泽说,"在每个人都认为自己或多或少地具有我们应称之为超自然力量的社会里,神与人之间的区别显然相当模糊,或者毋宁说几乎没有什么区别……在原始人看来,超自然的力量,如果确实超越于人的力量的话,也超越得不多,因为人可以恐吓和迫使超自然力量按人的意志行事。"② 整个巫术都是人类操控超自然力的活动,而扮演具有超常力量和能量的神,可以说是最便捷的操控方式。我们现在所谓的扮演,从字面意思就可以看出扮演者与扮演对象之间的区别。弗雷泽以"化身为人的神"来描述这种扮演现象,并指出其中的思想逻辑:有一种信念认为某些人在某一短暂时期内受到某种神灵的感召从而暂时具有那种神祇的知识和能力。因而,"附身""扮演"或者人"上升"到神灵这样的表述可能还是没有"命中"远古人的"直接现实"。对"人神同一"观念毋庸置疑的信奉,或许才是扮演的最真实的信念背景,这也才解释了巫师的崇高地位和世界范围内的普遍性。因为不论文明类型间的差异有多大,文明源起之初的几步幼稚而可爱的步伐总得迈出,凝聚社会思想观念的意识形态建构任务不能回避。掌控世界力量的仪式,需要时时更新,以促成人类世界的永续。在这样不断仪式化的过程中,巫师的突出地位逐渐衰微了,但族类的力量不能衰竭,全民性的通神活动不能停息。人人都有通神的能力和义务,在模仿世界生成的仪式性竞赛中,全民参与,展示世界力量的勃发,是建构社会机体的基本任务。③ 通过角色扮演,充当神人之间的中介,

---

① 许多网游的名字和角色,挑明其神秘的宗教、巫术和神话背景(《巫师》《创世纪》《女神转生》《神迹》《大话西游》《天龙八部》《永恒之塔》《御龙在天》《神武》《天堂》……),这是对扮演游戏久远观念背景的强调式宣告。
② J. G. 弗雷泽:《金枝》,徐育新、汪培基、张泽石译,新世界出版社2006年版,第93页。
③ "仪式性的竞赛",参见米尔恰·伊利亚德:《神圣的存在——比较宗教的范型》,晏可佳、姚蓓琴译,广西师范大学出版社2008年版,第301页。

掌控世界的物质力量和精神力量,同样也是现代巫师施法的基本任务。①

在巫术仪式中,扮演神灵的巫师形象,有扮成神灵动物的,有着奇装异服的,有乘龙御风或配备快速移动装置的,有长有双翼的、有人身兽首、有兽首人身……但更多的,是其头部的夸张性装饰或异常特征:牛角、羊角、巫师帽、面具、翎饰、多首、长鼻等,这或许是由于神圣力量来自上天的缘故吧。

扮演超常形象,并没有随着巫术神话时代的过去而消失。扮演这一表达形式,在不同民族的文化艺术史上,一直有着充分而多样化的展示。在表达古代中国人的历史观念方面,傩仪中的角色扮演曾是神圣历史叙事的核心部分。② 戏剧艺术的角色扮演特征非常明显,但只有将这种"形式化特征"的根源追溯到远古巫仪,我们才能对这一艺术的观念背景有本质的把握。就中国古代祭仪来说,在雩祭、蜡祭、尸祭以及傩仪等祭祀中,"扮演"是最基本的形式元素。③ 而天人互动、古今一瞬、物我混成的宇宙观,则是这一形式元素的观念背景。通过扮演特定角色而掌控神奇力量与能量,对世界之运行予以掌控,是远古巫仪的观念前提。

华夏各民族的舞蹈艺术,均可追溯到巫术仪式中巫师的角色扮演。下面列举的一些民族舞蹈图片,只是华夏各族众多舞蹈中的几个舞姿(见图14、图15、图16)。④

---

① 曾澜在田野调查中发现,江西省南丰县石邮村村民普遍相信,在傩仪中,"戴上面具就是神,摘下面具成为人"。参见曾澜:《空间的隐喻与人神中介身份的自我确证——民间傩艺人身份的人类学探析》,载《理论界》2011年第6期。
② 《后汉书·礼仪志》记载,在宫廷典礼之一的傩仪中,有十二位宫廷侍者分别装扮成十二生肖,代表前后相续流转的历史性时间。
③ 刘振华:《中国古代早期戏剧巫傩研究》,华东师范大学中国古代史专业博士论文,2013年。
④ 更丰富的图鉴,参见董锡玖、刘峻骧编:《中国舞蹈艺术史图鉴》,北京师范大学出版社2013年版。

图 14　羌姆舞姿

图 15　博舞

朝依济拉饭神　　　　　铃卡都尔呼德

图 16　扮演不同神灵的博舞

安代是流传在科尔沁草原上的蒙古族古老的集体舞。最早是萨满教巫师为不孕或患相思病的妇女治病的歌舞。后来发展成人数众多的集体歌舞表演。无观者、舞者之分，只要摆开安代场地，人人都可握着手帕或提起蒙古袍下摆进入场内尽情歌舞。舞蹈以各种甩巾、顿足、踏足和圆圈队形为特点。安代多在夏末到秋收间举办。一般从傍晚跳到深夜，甚至通宵达旦。通常一次安代少则七天，多则21天，最长达40天。参加的人数30—50不等，有的多达数百人。安代的主持者是"博"（萨满巫师）。

在中国戏剧艺术起源问题上，主"巫觋说"者代不乏人。苏轼《东坡林志》卷二谓："八蜡，三代之戏礼也。岁终聚戏，此人情之所不免也。因附以礼义。"这是把戏剧与蜡祭联系起来。他还认为在祭祀中由倡优扮演"尸"，是"戏之道也"。明代杨慎提出"女乐之兴，本由巫觋"（《升庵集》卷四十四）。王国维以为"后世戏剧，当自巫、优二者出"[①]。王国维把巫、优并列，有淡化"巫"乃"优"之本源的可能，但二者的并列也凸显了其共有的"形式法则"，即"扮演"。闻一多直接以现代戏剧语言对接巫术仪式性的《九歌》，将其解释为一出大型歌舞剧。[②] 宣扬佛教观念的"目连戏"、宣扬基督教思想的复活剧[③]，是后世宗教观念表述中的角色扮演。另外，源于中国戏曲的日本能剧中，演员表演中佩戴的面具，正是巫师行头的重现。艺术本质上都是角色扮演或对扮演过程的记录。《伊利亚特》开头，诗人吁请女神从"阿基琉斯的忿怒"开始，歌唱神话英雄的故事。[④] 而整理成为文本的《荷马史诗》暗示出，盲诗人荷马在吟唱中扮演的，就是他吁请的"女神"。屈原听到湘夫人的召唤（《九歌·湘夫人》："闻佳人兮召予，将腾驾兮偕逝。"），驱驾同行，亲自加入扮演对象的行列。世界各个民族的史诗传唱，都是传唱者将民族文化记忆中的信息通过角色扮演而呈现的过

---

① 王国维：《宋元戏剧考》，见《王国维戏剧论文集》，中国戏剧出版社1984年版，第6页。
② 闻一多：《什么是九歌》，见《神话与诗》，生活·读书·新知三联书店1982年版，第139—140页。
③ 宗教剧的最早源头，可追溯到925年上演的复活剧，这是由男教士扮演天使和圣母玛丽亚，宣扬耶稣基督复活信仰的舞台艺术形式，是以角色扮演的形式对宗教理念的形象化演绎。宗教剧的历史，参见吴光耀：《西欧演剧史稿》，中国戏剧出版社1989年版。
④ 荷马：《荷马史诗·伊利亚特》，罗念生、王焕生译，人民文学出版社1994年版。

程,在高度仪式化的史诗传唱过程中,传唱者本人就扮演着民族历史开创者的角色。文化人类学中的仪式展演理论,对"扮演逻辑"进行了最集中的研究。坦比阿认为,在展演性的仪式中运作的,是一种与科学完全不同的思维模式。①

音乐艺术也借助乐器声或人声扮演着自然和世界中的声音。作为时间性的艺术,音乐以其时间中的流动把世界自身的时间轮廓刻画出来。康德把时间作为人类知性的先验形式。② 这种主体而先验的形式却能准确把握对象,形成知性判断。康德对此做了立足主体的阐明,但音乐艺术也充分说明了这种形式在世界中的客观存在。时间既不是纯客观的空的"容器",也不是纯粹主体的魔术把戏。时间性的艺术音乐证明了,人类通过扮演自然界发出声响的万物,模仿其声音,把世界之时间性特征呈现。中外音乐中有不少以自然物象命名或拟声物象的名曲。同样,造型艺术对世界之空间性的模仿和充实,也是通过艺术家的想象性扮演而实现的。西洋画中的"焦点透视",把欣赏者也带进世界观察者的角色中去;而中国画的"散点透视",则吁请欣赏者进入世界的运动过程,充当某一动态角色。"时间"和"空间"在哲学家那里是一个繁难的理论问题,但音乐和绘画邀请欣赏者作为情境性角色,参与到世界声色活鲜的过程中去,以艺术现象学的方式将时空呈现。

文学中"抒情"与"叙事"的区分,实际上不过是角色扮演的不同方式。文学家自比于自然事物或现象,托物言志,借景抒情,是以象征性方式对事物与现象的扮演。壮阔之日月星辰、琐屑之草木虫鱼、高洁之梅兰竹菊、低微之蝼蚁跳蚤,都能成为艺术作品中扮演的对象。我们可以把文学中的"抒情"看作文学家同化到扮演对象之中去的过程。在叙事中,既有与角色同一化的扮演,即第一人称视角,也有通过情节来记录"角色"活动的第三人称视角,而第二人称视角,则把读者作为角色扮演过程的亲历者,带到

---

① 埃德蒙·利奇:《从概念及社会的发展看人的仪式化》,见史宗主编:《20世纪西方宗教人类学文选》,金泽、宋立道、徐大建等译,生活·读书·新知三联书店1966年版。
② 康德:《纯粹理性批判》,邓晓芒译,人民出版社2004年版,第27—50页。

扮演(即事件的发生)现场。① 文学中的"抒情"与"叙事"的区分,在更大范围内,即在艺术原理中,对应着"表现"与"再现"的区分。这两者的区分是以情感性的强弱和客观真实性的高低为标准的。在巫术仪式中,参与者不分物我的迷狂,表现了最炽热的情和最本源的真。在这里不存在"表现"与"再现"的学科化区分。不以严格学科意义做出区分,而是将这一区分转化为激活艺术之发生的张力,可以对文学的思想和观念本源有更深的理解。文学中的扮演不是身体直接投入,而是文学家戴着文学语言的"面具"进行的象征性扮演。参照科学中的仿生学,这种扮演可以说是"艺术仿生学"。这种扮演的另一个特点在于,作为扮演者的艺术家并不一定追求与扮演对象的一致性。艺术评价的褒贬体现了艺术家与扮演对象的一致或不一致的关系。

狂欢节、假面舞会、社火、舞狮、虎头帽等民俗、民间娱乐,说明角色扮演在日常生活和娱乐中无所不在。影视艺术的扮演特征无须赘述。但只有那些将思想、哲理融入剧情的影视作品,才将这门新兴的"第七艺术"的意识和观念渊源展现。当代西方哲学电影,使电影角色以其行动代表某一哲学观念,以剧情的形式展开哲学论辩。电影演员,正是行动的人(actor, actress),这说明电影这门叙事性艺术具备将思想辩证法展现的基本条件。柏拉图(《对话录》)借助苏格拉底这个"角色"说出自己的哲学语言和思想,庄子借孔子、老子以及形形色色的形残之人表达思想,基督教以剧情化的神迹表达宗教观,而卡梅隆则借助纳威人(《阿凡达》)表达了其后现代的生态观。想想如果让尼采来导演一部斯皮尔伯格式的生命大片,他会呈现怎样激越而热情洋溢的生命辩证法呢?美国影视中的蜘蛛侠、绿箭侠、超人……无不是借本领超常的角色,活现某种思想、精神和观念。当儿童坐在屏幕前目不转睛地观看奥特曼时,他内心的那个"我",即哲学家所谓的"主体"或"自我意识"、心理学家所谓的"人格",早就披坚执锐,拯救宇宙去了。

---

① 胡亚敏认为,充当人物的叙述接收者,他们的态度往往更能引起读者的共鸣。参见胡亚敏:《叙事学》,华东师范大学出版社2003年版,第62页。

角色扮演作为一种后现代文化表达的语言和策略,有赖现代科技的支持和推动,但它却并非网络时代的赛博空间中才有的崭新词汇。在不同文化、不同民族的意义表达领域和学科中,角色扮演的普遍存在,强烈提示出一种文化表达的基本语法。我们可以不太精确地将其称作"扮演逻辑"或"扮演语法"。在对艺术生成、文化表达和存在感的确定等极端繁难的现代性学科命题中,这种"扮演逻辑"有什么重要价值吗?

第二节 指示和扮演:互异和/或互益?

要在广阔的问题域中阐明"扮演逻辑"的思想价值,需要对现代思想表达和文化表述中的基本语法做出"极简主义"的勾画。"简"可能意味着"简陋",但也有其"简洁"的回报;"极"则意味着对思想和文化基本规定性的坚守。

现代知识和思想观念与古典信仰及观念的区别,是现代性研究的基本问题。大多数学者承认现代与古代之间的对立或断裂[①],并把"断裂"看作确立现代性特质并进而对现代性做出反思、批判或矫正的前提。就知识、思想和文化观念的表达而言,由于主客二元格局的深层支配,现代性的表述逻辑可以看作是一种"指示性逻辑"。对于知识人来说,文化表达当然是从表达者(人)指向客体化的文化事项;思想不能自己言说,当然要由作为"此在"的人来言说;[②]历史叙事者可以站在时间"下游",将有别于陈述者本人之"现在"站位的"过去"作为客体陈述出来。这些对象化知识在将

[①] 施米特对现代与古代之间的断裂提出质疑,尝试在两者之间发现更多连贯性。参见施米特:《现代与柏拉图》,郑辟瑞、朱清华译,上海书店出版社2009年版。另外,福柯关于知识范式之"断裂"的论述,也暗藏着对于连续性的探测。参见米歇尔·福柯:《知识考古学》,谢强、马月译,生活·读书·新知三联书店1998年版。

[②] 海德格尔关于"此在"与"思"的关系,达到了现代性知识特征的最高自我意识。"思"和"在"是完全一体化的,但"思"却还必须借助于"在"而言说。"思"与"在"的相互呼唤,是思的"天命"。参见马丁·海德格尔:《什么叫思想》,载《演讲与论文集》,孙周兴译,生活·读书·新知三联书店2005年版。如果在古代与现代的对峙中看待这一特质,这实际上也是现代知识和现代文化的"天命"。

知识表达者和知识区分开来的同时,也将表达工具即语言客体化了。这样,思想、观念、信仰等在知识体系中被表达出来时,自身便已经被分化为作为"能指"的语言和作为"所指"的文化本身。知识人借助于"能指"朝向"所指",实现"所指"的"客观化",在现代性知识中,是天经地义的。在现代知识视野中,根本不可能对这种"客观化"提出质疑。按照尼采的极端观点,只要是知识,就必然包含着对于言说对象的压迫和破坏。我们不免会问,不借助于语言,不以客位立场来表达思想与文化,我们能做到吗?

在现代性批判的不同路径中,思想家对有别于现代性"指示逻辑"的"他者"进行了展望。巴赫金在诗学理论范围内描述的狂欢场景,神似前现代的巫术式迷狂[1];"游牧思想"[2]着眼于"能指"的不断转换和游移;利奥塔尔指出,在后现代知识场中,理性知识的客观决定论出现了危机,他提示出一种有别于"指示性游戏"("知识游戏")的"规定性游戏"("行为游戏")……[3]

在现代思想文化的领域内对其提出反抗,总难避免悖谬性的处境。这种处境如同对那个著名禅宗公案的阐释。《楞严经》卷二载:

> 佛告阿难:"汝等尚以缘心听法,此法亦缘,非得法性。如人以手,指月示人,彼人因指,当应看月。若复观指,以为月体,此人岂唯亡失月轮,亦亡其指,何以故?以所标指,为明月故。岂唯亡指,亦复不识明之与暗,何以故?即以指体,为月明性,明、暗二性,无所了故。汝亦如是!"[4]

以手指月而使观者误将"指"认作"月"的危险,是随时存在的。这一

---

[1] 对狂欢形象的分析,参见巴赫金:《拉伯雷研究》,李兆林、夏忠宪译,河北教育出版社1998年版。
[2] 德勒兹:《伯格森的差异概念》,陈永国译,吉林人民出版社2003年版。
[3] 让-佛朗索瓦·利奥塔尔:《后现代状态:关于知识的报告》,车槿山译,生活·读书·新知三联书店1997年版,第136页。
[4] 《楞严经》,见赖永海主编:《佛教十三经》,刘鹿鸣译注,中华书局2012年版,第63页。

典故中蕴含的东方智慧,似可对治现代性思想的"指示性逻辑"迷雾。但这一公案的启示意义不止于此。如同大多数禅宗公案一样,这是一个敞开阐释大门却又拒绝被阐释的公案。当我们对现代性的"指示逻辑"提出批判,指出现代人是误将知识的"指"当作文化和思想的"月"时,我们又把这一公案中的禅意当作"月"了,但它其实还是"指"。关于现代性"指示逻辑"的言说,不管是辩护、继承,还是反思、批判,永远都还处在这一逻辑的密闭空间内。这样,批判似乎也是维护式的批判了。

这种悖谬性是空前的。可以说,印刷术以来,甚至"结绳记事"以来的文化,都有陷入众"指"间不断"互指"中的风险。只要没有真正发现"指示逻辑"的"他者",就不可能对现代性思想文化的表达做出"起底式"的批判。当人类学面对无文字记录族群时,打开"指示逻辑"密闭之门的可能性出现了。在人类学兴起的19世纪末,现代性的反思与批判尚未成为知识界的普遍自觉,只有现代性发展到反思现代性阶段,西方思想家开始自觉寻找欧洲思想的"他者"时,人类学所提供的文化"他者",作为思想"他者"之背景和条件的价值才逐渐呈现。原住民社群以非文字形式对各自独特文化的传承,真正展现了"人就是文化""文化就是人"的整体世界。在原住民人与世界的融汇中,尼采所着力渲染的"狂欢"可能未必具有普遍性。但是,将自身融入世界,并参与神圣空间的建构和意义的创造,实现人与世界的和解,却是普遍的。而扮演某一神圣角色,借助其神力,是实现人与世界、圣与俗、生与死等对立面和解的不二法门。角色扮演这种文化表达形式,绝非权机性的偶然选择,这一文化形式与和解统一的一体性世界观念,是非欧洲现代文明一体两面的本质特征。原住民通过角色扮演呈现和切身性融入其中的艺术、思想、信仰和物质生活整体,将有别于"指示逻辑"的"扮演逻辑"完整展现。

在欧洲现代性反思深化过程中,作为西方思想之"他者"的非欧洲思想样态逐渐映现出来。当代海外汉学家对中国思想特质的探索,是这一欧洲思想的"异域发现之旅"逐渐展开过程中的必然环节。抛开各自研究兴趣点不谈,汉学家们在中国思维特质这一基本问题上达成空前的默契。安乐哲、郝大为、杜维明、李约瑟、于连……几乎没有汉学家不认可中国古代思维与现代性思维的差异性。他们将这种思想"他者"的特质概括为"关联思维""类比思维""整体思维""有机性思维"[①]等等。而站在相反的角度,立足中国文化本位的学者,则以中华文明"有机连续性"来解释中华文脉连绵不断的特质。如果不以人类学的视域呈现天人和解、生死一如、圣俗无间的一体世界生动画面,这些探讨就依然会陷于指"月"的"指"中,而难免反思现代知识却运用现代性逻辑和语言的尴尬和悖谬。因为,"关联""类比""连续"云云,都还只是主客二分思维的想象性镜像,只要没有对一体融汇的世界观有切身体会,现代人永远只能站在"他者"之外,或者用梅洛-庞蒂的话说,"没有他人"[②]。

远古先民在巫术仪式中对神灵角色的扮演,是以"具身""亲在"的形式融入世界整体之中去的不二法门。巫师扮演心目中的超越性神灵,以身体为阶梯,连通圣与俗、生与死、物与人,克服了时间和空间的阻隔,现代思想中的"有限性"问题,被无声地消泯了。现代文化工业中的角色扮演者,无论其是否自觉,都以其全身心的倾情投入,在赛博空间和文化拟象的虚拟真实中重现并感受着一体世界的至乐和无我境界。

"扮演逻辑"与"指示逻辑"的对比,是古今思想殊异的深层背景。思维方式的对比,与世界景观的对比是本质关联的。更深层的追问是,"指示"与"扮演",是完全隔绝的还是相互助益的?

对西方现代思想的深刻批判中,最猛烈的火力对准了主客二元对立思维。二元对立思维几乎是现代性思想的病根,因而对它的反思和批判,似乎具有思想批判"总决战"的意味。对二元对立的批判,可谓瞄准了现代思想的"病灶"。但作为"同情性理解"和现实性的辩护,我们反倒要问,如果没有对立二元,没有"思者"和"可思之物"两者形成的理论框架,会不会有思的可能呢?如同孤立的粒子在物理世界中只能是抽象一样,"一元"抽象不能启动和建构任何思想,文化的表述、思想的表达,都不能依赖于混

[①] 参见郝大维、安乐哲:《期望中国——中西哲学文化比较》,施忠连、何锡蓉、马迅等译,学林出版社2005年版,第三章"扩展圆圈"。
[②] 梅洛-庞蒂:《知觉现象学》,姜志辉译,商务印书馆2005年版,第452页。

沌不分的世界整体。在思想发生意义上,创世之初的混沌整一,具有思想引动力的作用。① 对历史性的"思者"来说,核心任务不在于对这一原初景象的复原,而在于如何阐释业已分裂的世界的和谐。宣扬酒神式狂欢与和解的尼采,同样设定了象征狂欢与迷醉的酒神与象征秩序与形式化的日神这样两个对立面,以形成思想的张力。

"指示"与"扮演"同是以二元为前提的,二者的区别在于其处理二元关系的方式。"指示逻辑"的基本信念是"A 代表(stand for) B, A 指向(toward) B";而"扮演逻辑"的基本目标则是"A = B",通过扮演神而成为(becoming)神,以角色扮演的方式分享神力与特质,这就可能在与神合一的仪式中,在有限个体身上全息化实现世界的整一和融合。在"指示逻辑"中,知识个体通过非人格化的能指工具,在可交流的知识平台上实现朝向文化观念的间接通达;而在"扮演逻辑"中,每一个体都能在其具身化的参与中直接领悟整体世界的信息,并当下证成基于自身体验的"小宇宙",这种证成既是对世界的完满表达,也是参与者人格的当下确认。在大型多人角色扮演网游(MMORPG)中,众多参与者突破了空间的阻隔,确认了其共在性的存在感。哲学家们所追求的"交往理性",在网络空间中虚拟而真切地实现了。

在西方二元对立思想明确化的笛卡儿时代,对这一方法论工具进行自觉抵制的,最著名的是笛卡儿的同代人维柯。《新科学》以对"置于卷首的图像"的"说明"作为全书的"序论",以形象化的方式阐明了全书要论述的理论问题。在这幅作为全书之"形象化提纲"的图中,维柯自比于玄学女神,以头上长角身上带翼的形象出现在整幅画的最醒目位置,这活脱脱是一出"思想扮演剧"的"剧照"。② 这是对形式化科学语言的有意识阻抗。以形象来论理,与现代知识的条理化、抽象化向背而行。以形象作为表达的工具,是艺术的突出特征,也唯有艺术踊跃承诺奉献一个感性而完满的

---

① 佛教"真如""般若智"是超越言说的。只要是寻求沟通和传达,就不能抵达"真如"。与"真如""般若"相比,一切哲学思考都还只是"技术活"。
② 维柯:《新科学》,朱光潜译,人民文学出版社 1986 年版,"本书的思想——置在卷首的图形的说明",图见第 2 页。

世界。因而并不奇怪,在现代性批判中,担任急先锋的正是艺术,而以艺术为主要阵地的"审美现代性",正是现代性批判中最鲜艳的大旗。① 不仅先锋艺术充当着冲破抽象化思想僵局的先头部队,整个艺术,因其诉诸形象化语言,整体来说都是反对现代思想和体制化知识的主力。因为艺术所遵循的,恰恰是与"指示逻辑"不同的"扮演逻辑"。

在后现代语境中,现代性所代表的"指示逻辑"受到检讨,科学的权威与知识的合法性不复存在。由"指示逻辑"逐层建构的"元叙事"被"规定性游戏"所取代。利奥塔尔分析后现代知识状况的核心结论就是,"指示性游戏"(知识游戏)必须接受诸多详细的规定,被迫调整其共识性的目标。② 后现代知识并没有放弃共通性,而是以情景化、叙事性对非人称性的抽象理性做出修补。这是对马克斯·韦伯的理性化的调整,也显示了后现代知识向"指示逻辑"的"他者"打开了大门。可以说,"指示"与"扮演"的僵硬对立是不存在的。现代科技中的人工智能技术、计算机领域的人性化创新③、科学与艺术的跨界、哲学电影还有统计学在艺术研究中的运用等,无不说明,在"指示逻辑"和"扮演逻辑"之间,无数的沟通渠道已经被凿开。

第三节 角色扮演与世界的"透明度"

"指示"与"扮演"均以世界和关于世界的言说这两者的理论性并列为前提。指示逻辑把对世界进行清晰客观的描述作为目标,这些描述还应具有可操作性和可交流性。这一逻辑在近代以来的自然科学中得到了充分的展示。为操作性和交流性付出的代价,是表达工具即能指的抽象化、形

---

① "审美现代性"在现代性批判中的本质性意义和旗手地位,可参见党圣元主编、陈定家选编:《审美现代性》,中国社会科学出版社2011年版。
② 让-佛朗索瓦·利奥塔尔:《后现代状态:关于知识的报告》,车槿山译,生活·读书·新知三联书店1997年版。
③ 通过扫描人脸表情或动作而编辑、创作音乐作品的电脑程序,语音、图像和二进制计算机元语言的互转。

式化和非人格化。出于对更高标准化和更大范围内可交流性的追求,这些能指符号也越来越暴露出其"人为性"的特质,而能指与所指即世界之间的"异质性"也越来越明显了。作为指示逻辑之发展顶峰的,是高度抽象的科学符号、概念和公式。这些人工符号与人们直观到的世界图景是完全不同的。科学是要对世界进行客观准确描述的,但科学知识的高度可交流性带来的却是这一知识与世界的分离。科学追求客观,但却存在着彻底人工化、人类中心化的风险。扮演逻辑与之形成对比,借助对世界力量和精神观念的形象化再现,扮演者把世界自身和推动世界的精神动力活现出来。世界在"扮演"过程中声色鲜活地展露着。"指示"的高度"人工性"(人为性)与"扮演"的本色性形成对比。对世界进行人类中心主义的改造和破坏,是科学技术受到反思和批判的根本原因,这种批判是现代性批判中最核心的任务。正是随着现代理性观念的兴起,对世界进行认识、改造和征服的文明史才真正进入"人类学时代"。[①] 海德格尔立足存在本体之"澄明"对现代科技进行的批判,代表了这一批判路径的观念精髓。[②] 这种哲学本体论层面的批判,与后现代语境下针对环境污染、核战威胁等现实病症而在生存论角度提出的批判形成呼应。

"指示"与"扮演"的对比,是深化现代性批判思路的一个可能性尝试。正是由于"指示逻辑"所蕴含的非人格化特征,才导致了现代性思想与世界的疏离以及对世界自身的遮蔽和破坏。而"扮演"则以惟妙惟肖"演出"世界的方式,进行着思想表达、文化表述并促成意义生成。总而言之,在世界言说的过程中,与世界共舞,并亲身确定其"世界内存在"的存在感。在"扮演"中,世界图景是未经篡改的,能指符号与世界的精神观念背景和现实性条件是同构的,言说者是世内现成存在者,关于世界的整个言说是透

---

① 这里的"人类学时代",不同于人类学这门科学,其核心的价值取向恰与人类学以来的文化多元、非人类中心观念背道而驰,它是强烈的人类中心主义。"人类学"的这两种恰成对比的意义和观念指向所可能造成的理解上的混乱,需要警惕。
② "在现代技术中起支配作用的解蔽乃是一种促逼,此种促逼向自然提出蛮横要求,要求自然提供本身能够被开采和贮藏的能量。"参见海德格尔:《技术的追问》,见《演讲与论文集》,孙周兴译,生活·读书·新知三联书店2005年版,第12—13页。

明的(即世界得到完满、真实的表达)。建立起指示逻辑和扮演逻辑之间的原则性对立,并以对前者的"纠偏"而"技术性"地深化现代性批判,看来是一条可行的探索之路。

但这只是故事的A面。

故事的B面是,虽然指示逻辑包含着人为化的缺陷,会导致世界言说的偏差,但是,也存在着另一种现象,即,在客观精确性的自然科学中,形象化的表达方式也起着重要作用。科学家在殚精竭虑的研究中,会受到感性形象的激发而瞬间实现关键性的突破①,自然科学的公式定律会以极端简洁而完美的形式对物质世界复杂运动规律做出概括②,当代仿生学不断从自然现象和动植物的习性中寻找发明的灵感③。当代科学在依然以抽象性指示逻辑为工作程序时,还自觉将形象化的表达符号引入其表述中。

不管是传统的知识传达、思想表达、文化表述,还是在日常生活世界中,抑或是在号称严格客观的科学探索中,"指示"与"扮演"的混搭与结合无所不在。因而,在对世界进行描述的广阔的知识、文化和观念传达领域,一方面,"指示"与"扮演"各自形成鲜明的特征,并以其本质性区别而把世界区分为"现代性的"和"非现代性的";另一方面,两者的互通无所不在。在复杂的表达体系中,以二者的原则对立为方法论前提展开的现代知识学批判,应该更多理解为对指示逻辑之深刻弊端的警示。这种"技术性"的现代性批判理论以"前现代"的整一的世界图景为参照,随时纠正由指示逻辑的理性化导致的对世界的遮蔽。

指示逻辑和扮演逻辑两者的本质对立,作为一项"工作原则",而非僵硬事实,其有效性,应该参照世界表达的核心任务,即对世界的真实"复现"而确定下来。扮演逻辑对世界的透明性表达,其优长之处在于能指符

---

① DNA双螺旋结构的简洁形式。
② 欧拉恒等式,以极端简洁的形式,将数学里最重要的几个常量联系到了一起。两个超越数:自然对数的底e,圆周率π;两个单位:虚数单位i和自然数的单位1;以及抽象的0。数学家们评价它是"上帝创造的公式",我们只能看它而不能理解它。
③ 雷达、电子蛙眼、水母耳、风暴预测仪、现代起重机、人工冷光都是从动物的特别习性中获得灵感的。

号与世界本身的同质性和形式相似性。世界本身就是含混而感性的,因而在艺术"扮演"中,总有理性语言不能确指的"韵外之致""滋味""光晕""境界";世界本身是多级多向力的聚合体,因而风流的萨提尔、狂放不羁的狄奥尼索斯,还有狂怒的奥赛罗就要以其大幅度的动作"活现"出世界本身;世界的节律(日出日落、斗转星移、草木荣枯、四时更替)和人的节律(呼吸、心率、作息、体能、情绪)是同步相应的。因而,以现成的人的身体来"言说"世界,"角色扮演"就成为最便捷的"身体语言"。在这里,世界之所以是"透明"的,是因为扮演中,世界自身的混乱、具象、力的冲突得到了直接的表达。世界是怎样的,就在扮演中展露怎样的景观,这是扮演逻辑所能追求的最高目标。

在指示逻辑中,同样有对世界透明性的追求。这种透明性是以理性化的、条理清晰的能指符号,准确而无歧义地指向世界中的深层真理,即科学知识所要探明的规律性。这种透明性涤除掉含混与多义性,试图只以形式化的语言说出隐藏在混乱、歧义、感性和力的冲突后面的"基本公式"。指示逻辑的透明性,是对现代理性权威的最强辩护。在现代性的反思中,指示逻辑的合法性并未完全丧失。在世界表达这一永无穷尽的任务面前,至关重要的,不是在两种逻辑之间严格划界,而是如何切实将两者的优长之处结合起来,形成关于世界的"高清视频"。

出于思想清晰表达的需要,柏拉图要将擅长"扮演"的诗人驱逐出理想国。柏拉图说道:

> 假如有一位聪明人有本领摹仿任何事物,乔扮任何形状,如果他来到我们的城邦,提议向我们展览他的身子和他的诗,我们要把他当成一位神奇而愉快的人物看待,向他鞠躬敬礼;可是我们也要告诉他:我们的城邦之中没有像他这样的一个人,法律也不允许有像他这样的一个人,然后把他涂上了香水,戴上毛冠,请他到旁的城邦去。①

---

① 柏拉图:《柏拉图文艺对话集》,朱光潜译,人民文学出版社 2008 年版,第 45 页。

这段话被认为是柏拉图对诗人表示不友好态度,要把他们逐出"理想国"的铁证。然而,细心的读者会发现,柏拉图对这些展现"身子和诗"的模仿者的驱逐令,是暧昧不明的。柏拉图原则上驱逐诗人,却在《对话录》中处处显示出,他是咂巴着嘴唇,以艺术"行家里手"的姿态谈论艺术的,他的身世也证明了他对艺术的谙熟。① 对柏拉图态度之暧昧性的阐释,引发后世不绝如缕的"诗哲之争"。这方面的理论言说,不胜枚举。如果认同"诗哲之争"这一问题的合法性,就首先得认同"诗"与"哲学"的思想异质性。但如果把视野放宽,跳出现代性学科的囿限,我们就会明白,"诗"与"哲学"作为两门并立的学科,它们的僵硬对立,完全是现代学科体制分疆划界的结果。两者具有现代学科意义上的区别,但并不具有观念本源意义上的区别。这种区别具有"技术性",而非观念性。从学科层面区分"哲学"与"诗",既太现代也太粗略。套用他的弟子亚里士多德"一切艺术都是模仿"的句式,或许在更大范围内,可以说,一切的文化表述和思想表达都是扮演。这一判断能够比较准确地贴近前现代文化一体化的氛围,虽然它并不是要建构一个独断的"艺术元理论"。

以扮演逻辑与指示逻辑的区分来描述远古一体性文化世界表述危机,才能真正理解柏拉图对艺术的暧昧态度。柏拉图的暧昧不仅仅是关于艺术的,这种态度本质说来是关于文化表述方法的。那些能"摹仿任何的事物"、"乔扮任何的形状"、"展现他的身子"、戴着毛冠的诗人(艺术家的代表),正是尼采以及人类学家所描写的能在神秘仪式中通神的神的扮演者的后裔。而在柏拉图的时代,那种神话巫术的远古观念正朝向理性化方向转变。难怪柏拉图的"演员"苏格拉底会在对话中,时不时地从思想辩论语境中跳出,提醒他的对话者:这些思想或许有神秘仪式的远古背景和影子。柏拉图站在表达工具理性化的角度,借苏格拉底之口指出,模仿与灵

---

① 柏拉图青年时期热衷于文艺创作,写过赞美酒神的颂诗和其他抒情诗,富有文学才能。在老师苏格拉底去世后,他进行了广泛的游历,考察了各地的政治、法律、宗教,对数学、天文、力学、音乐都有研究。参见柏拉图:《柏拉图全集》(第一卷),王晓朝译,人民出版社2002年版,第17页。

魂的无理性和懒惰的部分有关①,诗人的模仿与灵魂的优秀部分无关,是低下的。② 模仿者对于自己模仿的对象并不具有有价值的知识,他不知道自己模仿的优劣。③ 何为有价值的知识? 柏拉图已经尝试着按照"指示逻辑"来判定了。他借苏格拉底之口做出了这些判断,但苏格拉底并非"指示逻辑"的遵行者。按照法国当代著名哲学史家格里马尔迪(Nicolas Grimaldi)的看法,苏格拉底其实是一个精通魔法的巫师。④ 也就是说,柏拉图借苏格拉底这个演员(角色)来尝试进行"指示"性的文化思想表达,但他本人在这当口运用的,却完全是"扮演逻辑"。这正是柏拉图"诗哲之争"问题的深层观念背景。(需要提示的是,把巫术视为"魔法",这也是现代性思想的"合理的偏见"。立足现代理性思想理解巫术时,很多人突出其"魔法"的一面,这既是正确合理的,也是抱有理性思想之优越性"偏见"的,或至少是"视角主义"的。)

从"扮演逻辑"向"指示逻辑"的转变,是雅斯贝尔斯所谓的"轴心时代"文明大发展的主题。轴心期的文明大发展,可以简略看作是观念、文化和思想的表达从"扮演"向"指示"转变的时期。孔子对儒家传统的理性化提升,是文化表达朝向"指示逻辑"的标志。但他本人"述而不作"的传道风格和弟子记录的《论语》中的情境化思想观念表达方法,无不说明他在文化表达方面的"角色"融入。受神话巫术楚风熏染的庄子,把包括孔子在内的"名角"都请进自己导演的思想剧,这不正是向久远的扮演逻辑致意吗?

---

① 《国家篇》10.604D 以下,参见柏拉图:《柏拉图全集》(第二卷),王晓朝译,人民出版社2002年版,第627页。
② 《国家篇》10.605A 以下,参见柏拉图:《柏拉图全集》(第二卷),王晓朝译,人民出版社2002年版,第627页。
③ 《国家篇》10.602A、602B,参见柏拉图:《柏拉图全集》(第二卷),王晓朝译,人民出版社2002年版,第623页;《蒂迈欧篇》19D、19E,参见柏拉图:《柏拉图全集》(第三卷),王晓朝译,人民出版社2002年版,第270页。
④ 格氏注意到这样一个细微而关键的细节:在苏格拉底就要喝下毒芹酒死去时,斐多遗憾的不是友人的消逝,而是魔法师的消失:"在你离开我们之后,我们到哪去找一个如此完美的魔法师呢?"参见格里马尔迪:《巫师苏格拉底》,邓刚译,华东师范大学出版社2007年版。

在后现代的文化工业语境中,由最新IT技术催生的角色扮演网游,重新把"扮演逻辑"的操作程序展示出来。这本身就是一个"扮演"与"指示"相互影响和促进的有力证明。非人格化的"指示逻辑"也能情景性地表达世界图景,生成参与者切身性的意义空间。

在言说世界和文化表达的诸多领域,对世界本身的真实性表达是最终的目标。所谓世界的透明性,或许永远只能是一个理想化的目标。但从文化表达的历史来看,"指示"与"扮演"的相互助益既是可行的,也是朝向世界之透明化表达的有效策略。轴心期的文明勃发,是在"扮演"受到"指示"挑战,世界表达遭遇表述危机的背景中,由哲人思想家转"危"为"机"而实现的。① 表述危机永远存在,转换世界表达的语法和逻辑,随时调整"指示"与"扮演"的关系,是通达透明化世界的永恒课题。当代思想从现代性向后现代性的转变,其核心在于"扮演"与"指示"之关系的微调,两者的对立与争执,更多地不是一种历时性的演变与更替,而是通达本真世界的策略的调整。着眼于世界透明化的理想性目标,二者的对话与互益,作为革新文化表述策略的深层动力,将本质地决定着未来文化、观念的"知识学"面貌。

第四节 扮演好自己

"以言行事"的可能性,说明作为能指的语言和符号会对世界产生现实的影响。现代性危机证明了,对世界的表达关乎世界之安危。语言符号是人类优越性的标志之一,是人类表达世界所必需的工具。人类所创造的语言繁复多样,从人类走出原始丛林发出信号的第一声嚎叫,到高度形式化的、需要艰辛学习才能掌握的理论物理学公式,不同的语言是人类理解和把握的不同尝试。在语言符号创造之处,语言自身的双刃性质并没有被

---

① 周公制礼作乐,孔子删诗,这个所谓的"把原始文化纳入实用理性的统辖之下"的过程,正是表述逻辑的转变时期。参见李泽厚:《美的历程》,天津社会科学出版社2001年版,第80页。

意识到。语言符号对世界的消极作用被认识到以后,后现代性思想从"逻各斯中心主义""语音中心主义""符号帝国""人类中心主义""符号暴力""能指的霸权""形而上学立足存在者对存在的遗忘"等角度对现代性以来的"指示性"符号逻辑提出批判。思想家以"异延""块茎""游牧""语言游戏""无尽的能指链条"等策略对"指示逻辑"的单值性、形式化和抽象性提出反思。

凭借交流的普遍性,指示逻辑把语言工具对世界的伤害与遮蔽也普遍化了。这种普遍性的伤害,是欧洲中心主义的理性精神造成现代性危机的深层根源所在。百年之前胡塞尔惊呼的"欧洲科学的危机",已经随着全球化而成为世界性的危机了。但哲学家的危机意识有时还是陷于思想的范围内,他们可能更多关注能指范围内的危机。当现代生态危机、核威胁、全球化的自然灾害日渐成为不容回避的现实时,突破能指层面,观照世界自身的眼光逐渐形成了。

世界表达的问题既是一个使世界本身本真性呈现的问题,也是呵护世界不受能知符号破坏的问题。"指示逻辑"和"扮演逻辑"都把维护世界的本真性呈现作为其目标和任务,但真正透明化的世界表达或许永远只能是一种理念性的设定。对于现实性的"世内存在者"而言,如果正如《楞伽经》所言,最高的"实相"是永远无法思考的,作为符号动物的人类能够做的,只是在对能指的改进中护持世界自身的本真性。

当代文化工业中的角色扮演,似乎只是文化工业中的时兴产品。但深究扮演这一形式法则的观念背景,我们会发现这一形式在世界表达中的深层思想规定性。世界表达不仅关乎文化的表述,也关乎文明的健康发展。因而,"扮演逻辑"有望为文化的更新提供有益的启发。这一点,可以从"角色扮演教学法"的大范围推广使用中看出端倪。①

但扮演逻辑对现代工具理性的反抗,是不是依然会陷入指示逻辑的魔

---

① "角色扮演教学法"几乎已经在现代教学的所有学科领域中推广开来。其实效如何,当然不可一言断定,但其无所不包的涵括力,从教学法角度提示出"扮演逻辑"的广泛渗透性,则是毫无疑义的。"角色扮演教学法"的推广运用,当下医治的领域包括:中小学各科课程、大学文理科课程、学前教育、护理、维修等技能型课程……

咒中去呢？艺术与审美以先锋的姿态对现代工具理性进行的批判，在艺术市场化的浪潮中，锐气不再。扮演逻辑对指示逻辑的纠偏作用，是否也会以其本身的"指示化"转变而收场呢？扮演逻辑背后的一体性世界，对于现代人来说是陌生的，但这并不能妨碍角色扮演网游和 cosplay 的全球性风靡。也许，只有破除古今对立之"障"，才能真正领略我们所处的这个古今并置的时代。当神灵不在时，人们可以不再扮神、扮神话英雄、扮才子佳人。扮演好自己，是等待神灵重新降临的漫长人世间最复杂的任务。

第十二章　仪式性永生

文化人类学把原始法术和仪式看作是神话的源头,认为神话是对于久远时代遗留下来的仪式的解读和阐释。在神话"原始思维"和法术观念不再占据支配地位的历史时期,从帝王祭天封禅到每年一次的黄帝陵公祭等仪式仍然连绵不绝,神话的叙事被转译为民间传说、英雄故事乃至于模范人物先进事迹。现代性的理性思维并不与法术思维和仪式绝缘,神话性的感同思维(触染律和相似律)仍然制约和影响着人类的行动。

在对《诗经》的发生学探源中,叶氏抽丝剥茧地复原了"颂"的神话仪式原型,那就是,猎取人头祭祀大地母亲,以促成农作物和人类的繁盛。① 为了促成谷物生长的持续和人类的瓜瓞绵绵,以人头献祭谷神的仪式,必须一次次地重演。在被献祭者年复一年的死亡中,蕴含着谷物和人丁年复一年的蕃盛,这是古人生死辩证法的活现。在法术思维不占统治性地位的历史时期,另外一项仪式也年复一年展演着,那就是在乡民社会中从未度断绝的丧葬礼俗。两种仪式看似截然相反,一个残忍地剥夺个体的生命,一个为了死者的再生而踵事增华。但两者在生命连绵的观念上是一致的。

死生之限引发古今"有限性存在者"人的无穷喟叹,也构成文化表述

---

① 叶舒宪:《诗经的文化阐释》,陕西人民出版社2004年版,第439—538页。

的深层动力,死亡逼迫人类建构起纷繁多样的文化,并持续绷紧文化革新之弦。考察文化之异,可以从不同角度,借不同问题切入,但丧葬仪式无疑是最具典型性的仪式。文化人类学的仪式理论强调了仪式在建构和表达文化意义方面的重要性,丧葬仪式直接面对生死阈限,其中的文化表述功能显得尤为明确、集中。这里尝试以笔者本人的故乡——陕西关中农村(扶风县城关镇)至今活态保存的丧葬仪礼为样本,分析其中所蕴含的文化意义,分析的重点集中于人们面对死亡的态度以及在生命终点对于个体的定位问题。

扶风丧葬礼仪是乡民社会小传统的一个重要组成部分,在丧葬仪式中,逝者的文化身份在"血地一体"的复杂社会关系网络中得到准确定位,在繁复多样的仪式中,痛失至亲者的情感得以宣泄,并获得精神的慰藉,个体对于死亡的恐惧得到克服,丧葬仪式实现了个体生命的象征性"永生"。

第一节 "人文关中"中的扶风

关中平原位于黄河支流渭河流域,因处大散关(西)、函谷关(东)、武关(南)和萧关(北)四关之中,于战国时得名关中。关中平原是在断层陷落即地堑之上,经渭河及其支流冲刷而成,海拔325—800米,面积约3.4万平方公里,因其东西狭、南北窄的形状,又被称为"八百里秦川"。关中平原自古灌溉发达,盛产小麦、棉花等重要作物,战国时期郑国渠的修建,更使其成为"天府之国"。丰厚的自然条件浇灌了黄河流域最早的文明幼苗,并使关中成为中国历史上保持持久文明生命力的富庶之地。关中东部的蓝田猿人遗址,见证了一百万年前旧石器时代人类繁衍生息的文明前史,在西安、临潼、渭南等地发现的新石器时代文化遗存中,半坡人、姜寨人和史家人遗址,则是母系氏族社会中仰韶文化的典型代表。关中西部渭河北岸岐山南麓扶风、岐山交界处的周原,是周朝隆兴之地。周族第九代首领古公亶父(约公元前12世纪)在此夯实周朝基业,王位再传而至姬昌(周文王,前1152年—前1056年)后,周朝基业稳固,领地包括整个关中平原。关中平原见证了中华文明的最早曙光,并在以后的历史长河中长期居于重要地位,成为兵家必争之地。① "关中自古帝王州",十三朝古都长安更是见证了中国历史上的辉煌与巨变。

扶风地处关中平原狭长地带的西部,在陕西省中部偏西,处于西安市与宝鸡市的中间。地势由西北向东南倾斜,呈现出低山丘陵、山前洪积扇、黄土台塬和渭河阶地等四个明显的地貌地形单元。今天的扶风,属古姜氏国,黄帝时期,为岐伯国与后稷周国属地,尧舜以后,成为岐周发源兴盛要地。从汉至唐,扶风的实际范围有较大的变动。《汉书·地理志第八》载:"右扶风,故秦内史,高帝元年属雍国,二年更为中地郡。九年罢,复为内史。武帝建元六年分为右内史,太初元年更名主爵都尉为右扶风。"其所指"右扶风"与"京兆尹""左冯翊"并为汉室京师附近"三辅"之一,设于汉武帝太初元年(前104),取"扶助京师,以行风化"之意,管理咸阳以西二十一县。②《后汉书》中所载的许多"扶风"人,实际生活地包括从雍州(凤翔为中心)到长安之间的关中平原大部,不限于今天的扶风县。③ 但是,关中大儒马融设绛帐授徒,引郑玄来问学④,却正是在今扶风县的绛帐镇,这也是东汉时期关中地区成为吸引外地儒生学习经学的明证。⑤《后汉书·马融传》记马融"著《三传异同说》。注《孝经》《论语》《诗》《易》《三礼》《尚

---

① 就本书所关注的扶风县来说,1949年7月10日至14日,由彭德怀指挥的著名的"扶眉战役",是无数战马踩过的这片平原上的最近一次争战。
② 《汉书·地理志·第八上》。
③ 《后汉书·贾逵传》:"贾逵,字景伯,扶风平陵人也。"《后汉书·法雄传》:"法雄,字文强,扶风郿人也。"《后汉书·韦彪传》:"韦彪,字孟达,扶风平陵人也。"其他如李育(《后汉书·儒林传下》)、鲁恭(《后汉书·鲁恭传》)、秦彭(《后汉书·循吏·秦彭传》)、孔奋(《后汉书·孔奋传》)、何敞(《后汉书·何敞传》)、法真《后汉书·逸民·法真传》、井丹、梁鸿等。清嘉庆二十三年(1818)重修的《扶风县志》在历数"扶风"之名与"扶风之境宇事实"从东汉至清代间与时俱迁的复杂关系后,指出:"志扶风者,以昔扶风之境宇事实,为今扶风之境宇事实,不可也。然竟以昔扶风之境宇事实,为无预于今扶风之境宇事实,则又不可。"
④ 《后汉书·郑玄传》:郑玄"造太学受业,师事京兆第五元先。始通《京氏易》《公羊春秋》《三统历》《九章算术》。又从东郡张恭祖受《周礼》《礼记》《左氏春秋》《韩诗》《古文尚书》。以山东无足问者,乃西入关,因涿郡卢植,事扶风马融。"
⑤ 据《后汉书·逸民·法真传》,法真"为关西大儒。弟子自远方至者,陈留范冉等数百人"。

书》……"可见其注经之广。马融设绛帐传授经学,是东汉关中地区私学的代表,同传记其"重在东观著述,以病去官。融才高博洽,为世通儒,教养诸生常有千数"。史学中,东汉时扶风人班彪、班固父子则因编纂二十四"正史"之第二史《汉书》而青史留名。①

在中国传统文化中,经与史并非两个各自独立的文化门类,似乎并不是一者谈义理而一者叙"故事",而是共同建构起中国传统的文化价值"穹顶"和连续性发展的文化"主动脉"。关于经,《四库全书总目》论其"经禀圣裁,垂型万世,删定之旨,如日中天,无所容其赞述"。这是对经在文化史上的历史贯穿作用的强调;而对于二十四"正史",则有"正史体尊,义与经配"之说,这是对于史的义理性的阐发。扶风学者在经史方面的研究著述,显示了其在文化传承中的自觉担当。宋代关学的开创者张载设馆讲学之地,位于扶风县城南十五公里的眉县横渠乡。张载之"张乾坤正气,载日月良知"的关学精神,具有雷德菲尔德所谓大传统的观念辐射力,而关学高举的"为天地立心,为生民立命,为往圣继绝学,为万世开太平",则是贯穿中国文化思想之长河的。诗仙李白《扶风豪士歌》中的"扶风豪士天下奇,意气相倾山可移。"虽不可完全认为是对于今日扶风县属地之古"豪士"的具体赞颂,但扶风士风之盛可见一斑。

---

① 东汉初,班彪"遂专心史籍之间。武帝时,司马迁著《史记》,自太初以后,阙而不录,后好事者颇或缀集时事,然多鄙俗。不足以踵继其书。彪乃继采前史遗事,傍贯异闻,作后传数十篇,因斟酌前史而讥正得失"(《后汉书·班彪传》)。班彪修史未终而故,他的儿子班固后任兰台令史,完成《汉书》的编纂。"自永平中始受诏,潜精积思二十余年,至建初中乃成。当时甚重其书,学者莫不讽诵焉"(《后汉书·班彪传附班固传》)。高仲伦、孙秉志、张润棠论证了"三班"即班彪、班固、班昭父子(女)三人实为"今咸阳市东北一代人"。参见张润棠:《"扶风"从官名到政区名的演变——五陵邑·右扶风·扶风郡·扶风县》,载《宝鸡社会科学》2011年第1期。

如果以雷德菲尔德的大小传统观念①来看,以上对于扶风古往今来的精神人文的勾勒,可以视为扶风历史文化的大传统,与之形成呼应的,乡民社会中的民俗、仪式、民间信仰等,构成了扶风历史文化的小传统。在小传统之中,丧葬礼仪是非常重要的组成部分。按照《礼记·昏义》"夫礼始于冠,本于昏,重于丧、祭,尊于朝、聘,和于乡、射,此礼之大体也"之说,"丧、祭"应该是最隆重的。

第二节　丧葬仪式及社会结构

扶风丧葬仪式,也因地而异,所谓"十里不同俗"。下面扼要说明的,是城关镇及周围丧葬仪式中大致相同的程序。以时间为序,仪式主要包括以下几部分:

(一)人去世("倒头")当天的活动

1. 为逝者洗全身,穿全套寿衣(冬夏相同,上身穿五件,下身穿三件),灵前点长明灯,女儿守灵,哭。

2. 主家请阴阳先生安排安葬时间,阴阳先生出门牌(讣告,方形白布上主要写逝者的出生年月,去世时间,享年多少岁,安葬时间,死者的儿、孙、户族下的所有男性后裔,也有写女性后裔,依照"大功""小功"分列左右),贴于门口。阴阳先生开七单,写明每一"七"时间(从"倒头"当天起

---

① "大传统"与"小传统"是美国人类学家罗伯特·雷德菲尔德在1956年出版的《农民社会与文化》中提出的一种二元分析的框架,用来说明在复杂社会中存在的两个不同文化层次的传统。大传统是指以城市为中心,社会中少数上层人士、知识分子所代表的文化;小传统是指在农村中多数农民所代表的文化。雷德菲尔德注重强调二者之间的差异性,把二者置于对立面,认为小传统处于被动地位,在文明的发展中,农村不可避免要被城市同化。其后,欧洲学者用精英文化和大众文化对这一概念进行修正。认为大传统通过学校等正规途径传播,处于封闭状态,不对大众开放,从而成为精英的文化;小传统非正式传播,向所有人开放。从而导致小传统有精英的参与,而大众则没有参与大传统,因此小传统由于精英的介入而受到大传统的影响,而小传统对大传统的影响则微乎其微。在台湾,李亦园又将大小传统的概念运用于中国文化的研究,并对应于中国的雅文化和俗文化。参见百度百科"大传统与小传统"。

算,七日为一"七",共七七。死者为老人,头七安葬;夭亡,安葬时间较早),七单为方形白纸,贴于灵前。

3. 报丧,由户族之下男子登门当面告知五服以内所有亲戚,死者为男,首先告诉舅家;为女,首先告诉娘家。

4. 亲戚到来,灵前烧纸、哭。主家根据亲疏关系,发白(孝布),告知安葬时间。

5. 主家与外甥女婿等客人商定安葬的规模。外甥和女婿安排定乐人、订花红纸、转灯、童儿童女(纸糊童男童女)、亭子、铭旌、棺材罩等(费用由外甥、女婿分摊);纸糊楼房汽车电视及墓中贡桌、贡果等生活用具(费用由女儿承担,若没女儿,由侄女承担)。

6. 阴阳先生确定坟地位置,死者安寝方向:头顶西北,脚蹬东南。

(二)去世到安葬(头七)的活动

1. 倒头当天晚上请门子,确定总管、执劳人,商量具体分工(待客多的,有招待整个生产组的),安排箍墓工作、砍柳棍、做麻冠、院子里搭棚。

2. 生产组派人破土打墓,现在有专业工程队。

3. 族里女人帮厨,随时做饭招待来客。

4. 陈殓,冬天可以直接将逝者放入棺材,夏天可先放冰棺。

5. 请厨子,现在有专业服务队。

6. 死者友人及子女友人送花圈,上礼,生前在外工作的,还有单位或好友送的幛子(深色布匹),有专人登记管理礼金,写挽幛。

(三)安葬前一天(倒头第六天)的仪式

1. 迎客。女孝子灵前跪草袋,哭;男孝子依长幼辈分成队,随乐人到村口或路口迎接来客,每家单独迎。在司仪指导下,客人面向奠桌上遗像上香、奠酒、烧纸钱,九叩三拜,主人隔奠桌回礼。客前主后随乐人到灵堂前,客人面向奠桌上遗像烧纸钱、奠酒,九叩三拜,哭。守灵女孝子哭。

2. 吃饭。以前是回汤臊子面,现在多是旗花面。

3. 烧纸。奠酒,九叩三拜,哭。乐人奏乐。按辈分,若逝者为女性,娘家先烧,若男性,舅家先烧。

4. 主家请外甥、女婿再入席,简单却正式的酒菜招待。

5. 唱戏,有搭台有不搭台,请戏班唱戏,直至深夜。

6. 主管外甥向外甥、女婿们介绍请乐人、购置花红纸、转灯、童儿童女、请戏班等花费情况,外甥、女婿分担费用。(主家经济情况好者,女婿、外甥承担50—100元,剩下的由主家承担;主家经济情况差的,费用全部由外甥、女婿承担。)

(四)安葬当天(头七)的仪式

1. 陈殓。遗体往往先放冰棺,有人出租冰棺。凌晨很早(阴阳先生确定时辰)就请重要客人到场,与主人一起将逝者从冰棺放入棺材。根据逝者生平喜好、工作,在棺中放随葬物品。孝子腰系麻绳,戴麻冠,哭。盖棺,钉棺盖。

2. 早饭,回汤臊子面。

3. 起丧,棺材抬出院子,在门外停放。女孝子捧遗像,男孝子顶纸盆,扶棺,哭出门。奏哀乐。

4. 烧纸(有些是开追悼会后烧纸),与前一天顺序一致,增加:孝子读祭文(祭文总结逝者功德),死者舅家或娘家长辈给男女孝子"搭红"(为其肩披红色锻被面,以表彰其在老人前尽孝),村里童叟观礼,有唏嘘喟叹,有潸然落泪,外甥、外甥女婿拿烟、糖果招呼村人。

5. 出门,抬棺去墓地,帮忙人拿花圈纸扎前行。男孝子扯纤(拉系于棺柩上的布带,重孙为红布),女孝子、女客扶棺两侧一路哭。走村里主路,路过各家在门口烧柴火送行。至大路口,孝子摔纸盆(男孝子舅家人按纸盆)。

6. 下葬。棺材进墓道,随葬瓜果、童儿童女、摇钱树等摆放于棺材左右,封墓口。帮忙人用铁锨铲土埋墓,孝子哭。修整坟头,烧纸钱、纸扎等。所有人下跪,叩头。原路返回。

7. 回坟。主要宾客与主家孝子,回家后马上再端奠食、纸钱去坟地。

8. 吃饭。客人按亲疏远近(男舅家,女娘家最尊)分批坐席,凉菜、炒菜,礼馍,酒水饮料。

9. 回礼。客人离开,主家从其来时带的九个礼馍中还三个给客人。

帮忙人（执劳）、邻里户上、村里人吃完后，主家整理院落，安葬仪式就算结束。随后一两天，主家要再备酒菜，款待厨子、帮忙人等亲戚以外所有人，并登门回访长辈亲戚，以示谢意。在葬礼后的第三天，还有"复三"，亲人重回墓地招魂祭奠。而每一"七"，人数不等，也会有后续祭奠仪式，七七，也叫尽七，是丧葬主要仪式的结尾，但在"百日"（从"倒头"日起算，第一百天），子女还要隆重祭奠。葬礼一年、两年后，分别由子女和重要客人为逝者办"头周年""二周年"，而丧葬第三年的"三周年"则是丧葬之后最隆重的祭奠仪式。参加"三周年"的客人较多，按理参加过葬礼的客人都应来，规模比葬礼稍小。仪式包括灵前祭奠、唱戏、歌舞演出、扫墓等，时间只有一天。逝者夫妻墓地紧挨，在为后去逝者过三周年时，还有立碑仪式，碑文夫妻并传，颂其功德。另外，每年清明、新年、正月十五等时节，子女及主要亲戚都要如例祭奠逝者。

《礼记·昏义》中的"重于丧、祭"之说，在扶风丧、祭中表现明显。现代生活节奏变快，很多外地工作的人，即使农历新年也不能保证在家过，但是亲戚长辈的丧葬仪式一定要参加，有些家族还将特定关系层晚辈奔丧作为不成文规定确立下来。以逝者为中心，复杂的社会关系之网在丧葬仪式中充分展示出来。逝者为男，其舅家人最尊，烧纸、吃饭都在最前面，他们可以对丧事操办中的任何问题提出意见，责令孝子解释或改正。葬礼当天的"披红"，是对孝子孝行的肯定，代表了来自逝者之生命源头的道德评价。如果逝者是女性，这一最高权威属娘家人。"披红"，是安葬当天的烧纸仪式上邻里、村人关注的焦点，这些"观礼者"如同道德法庭上的陪审团，见证郑重的评判程序。丧礼具有的"美教化、厚人伦"[①]的社会作用在此显现。逝者身后的社会关系，则以内外两支脉延伸开来：孝子、孝孙、堂

---

① 《毛诗序》："情发于声，声成文谓之音。治世之音安以乐，其政和；乱世之音怨以怒，其政乖；亡国之音哀以思，其民困。故正得失，动天地，感鬼神，莫近于诗。先王以是经夫妇，成孝敬，厚人伦，美教化，移风俗。"这时对音乐教化作用的总结，但在中国古代礼乐文化中，"礼"和"乐"超越了具体的"行为规则"或"音乐艺术"的狭窄范围，与"诗教"一起共同融会成沟通人神、融合社会的"超级观念"，这一"超级观念"，是中国"文""化"的本义。《论语·泰伯》言，子曰："兴于诗，立于礼，成于乐。"诗礼乐三位连贯一体，构建了君子健康有活力的修身环境。

侄、侄孙代表了死者在家族中的生命延长线;孝女、外甥、外甥女则体现了逝者在宗族之外的生命赓续。由改嫁或续弦、顶门或过继、上门或招赘、抚孤或领养、干儿干女等所产生的更加多样复杂的社会关系,在丧葬关系网中也以"复调"形式呈现,更增加了农村社会关系的多层立体交织性。

在丧葬仪式中充分展开的社会关系之网,既有横向的结构特点,又有纵向的历史性。族内与族外的姻亲关系,显影出死者生存于其中的共时性社会网络纤毫毕现的筋脉;而死者舅家娘家及嫡传与支脉,则将其生命历程中的历史脉络双向勾勒出来。在丧葬仪式中,死者的个体存在得到时空纵横两个坐标的具体定位。整个仪式中,参与者不仅限于有亲缘或法律关系者,完全无关的村里其他人也参与进来。打墓、抬棺、合坟这些体力活,有些村是由村主任安排人手,分配到的任务,任何人不得推辞。现在农村青壮劳力外出打工较多,但遇到丧事,能够回来帮忙的一定要回来。现在这些重体力活大多机械化了,挖墓、合坟主要用挖土机,棺材到坟地,多用吉普改装的"人生末班车"拖拉,棺材下葬在吉普车上用"电葫芦"降落,减少了重体力活。但是,在把土丘圆成坟头的过程中,一个村四十几把铁锨齐上阵的场面,还是必不可少的。棺材出村,每家门前烧柴火送行,也体现了全村人对逝者的尊重和纪念。以前丧事招待全村,现在有所减少,但整个村子的社会关系,在丧葬仪式中依然是作为家族社会关系的背景而存在的。

农村丧葬仪式中,传统社会的"血地一体"关系具有典型体现,以家族为核心、以村落为依托、辐射至十里八乡的仪式,远远超出逝者家人的悼亡追远,具有地域性社会结构的强化和重整作用。我们在此可以清晰地看到"礼以体政"(《左传》桓公二年)的礼仪原本功能,周公"制礼作乐"之本心、孔子"入太庙必问"的动因,都可在丧葬礼仪中具体而微体味到,而无须西方人类学功能主义的提醒。在扶风,血缘与地缘咬合的纽带,随着"姑娘不嫁外"观念的淡化和现代人生活范围的扩大,不仅没有失去其社会黏合力,反而更加具有韧性。

第三节 在仪式中"克服"死亡

死亡是人类跨文化的最"坚硬"的事实。在文明前期的神话巫术思维中,死亡被认为是巫术失败所致,但这种童稚般的回避态度很快就被否定,人们不得不正面对待它。死亡是覆在所有民族、文化头上的唯一"穹顶"。如何生的问题、因何而生的问题,不同文化会有不同的动力学解答,而牵引"生之追问"的,正是静默、神秘的死亡。死亡的阴影落在多彩人生的每个成长阶段,从儿童时期对"爷爷去哪儿了"的追问,到青年时意识到死亡之无可逃避而产生的人生如幻感觉,到老年时随着死亡的迫近而产生的深深恐惧,不同文明的人们在发现死亡之真实存在时,所经历的情感历程,是跨越文明界限的。文明之间的差异,一定程度上可以依其应对死亡的不同策略而做出解析。在乡民社会的丧葬仪式中,那个真真切切到来的死亡是以何种方式现身的呢?

死亡对个体来说是确定无疑的,是在个体的历史之外的,是超历史的,但它又牵引着个体思想和情感历程,是个体亲在中"不在的在场者",具有历史性。在个体身上,死亡的超历史性和历史性的矛盾,通过文化得到化解,对死亡的恐惧也在文化中被冲淡。人类在文化中战胜死亡的方法,正是通过对历史的观念性改造实现的。"来世说""轮回观"等将时间理解为可循环的,并非某一种宗教或某一特定文化的独特历史观,在化解死亡逼迫之紧张、缓解恐惧方面,不同文化具有大致相同的历史策略。通过对死后世界的仪式性呈现,"死生一如"的观念深入仪式参与者,尤其是痛失至亲的孝子们。丧葬仪式中,人们对于亡灵的态度是双重的。一方面活人要尽己之所能,百般献媚于死者的灵魂,以求其佑福;另一方面又要竭力摆脱死者灵魂的纠缠,以避其祸患。这种双重性并非不可调和,而是以正说反说相互证明的方式,确认了逝者与其后人在连绵一体世界中的"共在",甚至于,这种矛盾心理正是"事死如生"观念的一体两面。丧葬仪式中的"死生一如"观念与儒家传统中对死生的一体化处理形成呼应与对照关系。这使得人类学家能够把作为统治性观念的大传统①与乡民社会小传统相对照,并在功能主义的视野中深入剖析仪式的社会聚合力。② 这种研究方法得到了功能主义人类学的结论,但其所预设的观念背景,则具有传播主义人类学的深刻烙印,在上层观念和乡民习俗之间设定(雷德菲尔德的)大小传统之别,以及当前者湮没无闻后转向后者以便"礼失求诸野"的探寻路径,正与泰勒所谓的"遗留物"理论③相应,但是这些理论对于扶风本土的丧葬礼仪,可能并不完全融洽。

周人重农抑商、安土重迁的观念,在扶风农村至今依然保留着。虽然年轻人外出打工的现象越来越普遍,但丧葬仪式,死者五服以内的亲戚,还是应该都参加的。在关中文化的深厚积淀中,雷德菲尔德所谓的大小传统实际上是不能截然区分的,"扶助京师,以行风化"的扶风固有价值定位,并没有因"京师"之与世屡迁而彻底遗失。马融设帐讲经、张载关学的"以礼为教"④,都是不可截然划分大小传统的。"西府"(宝鸡地区)重礼,在古风醇厚的整个陕西都有名,这与周人抑商的传统具有莫大的关系。⑤ 周人仪礼之制,从大的方面就有吉、凶、宾、军、嘉五大类(五分始见于《周礼·大宗伯》)根据具体事务(朝觐、盟会、锡命、军旅、蒐阅、巡狩、聘问、射御、宾客、祭祀、婚嫁、冠笄、丧葬等),仪礼又有各自具体的规范。在现代社会中,由于西方文化的全面冲击,所存的能够展现周礼本初模样的,似乎

---

① "生,事之以礼;死,丧之以礼,祭之以礼。"参见《论语·为政》。
② 在《义序的宗族研究》一书中,林耀华描述了"过世""报丧""搬药师""殓尸""入殓""上孝"的丧事仪节和"上马祭""早晚祭""开吊""七七""七七之后"的吊奠佛事。作者用功能主义方法研究宗族组织,注意到了父权制的宗族结构和作为"上层文化"的儒家思想的制度性关联。换言之,儒家思想的目的也在于维系父权统治的社会秩序。
③ 爱德华·伯内特·泰勒认为,文化的发展可以由一些"遗留物"即风俗和思想的事实来证明,这些风俗和思想只有在它们产生的原始环境下才有意义,但在改变了的环境中,可以通过这些"遗留物"来探究本来意义。参见泰勒:《原始文化:神话、哲学、宗教、语言、艺术和习俗发展之研究》,连树声译,广西师范大学出版社2004年版。
④ 张载:"盖礼者理也,须是学穷理,礼则所以行其义,知理则能制礼,然则礼出于理之后。"《张子语录·下》张载的这一"以礼为教"思想,为后代关学学者一直沿袭,成为关学精神的核心,也对关中民风民俗的形成产生了深远影响。
⑤ 参见胡义成:《关中"抑商"文化"大爆炸"——秦文化史再解》,载《宝鸡文理学院学报》(社会科学版)2008年第3期。

只有乡民社会中的丧葬礼仪了。丧葬礼仪成为唯一保存下来的跨越两千多年的仪式,原因何在呢?丧葬礼仪似乎真的成为泰勒所谓的远古文化"遗留物",但它所以能够遗留下来,并且在研究所涉的扶风,依然有许多具体内容的相同(扶风、岐山、凤翔的方言中,更是保存下了最接近周礼之雅言的词汇和发音)。"遗留物"理论表述了古今相似性的表面现象,但真正使得丧葬仪式跨越历史长河而较少移易的,却正是死亡问题的重大性。因处周之故园而"民风淳厚",致使张载"以礼为教",并影响后人,使"关中学者用礼渐成俗"。① 从北宋吕氏兄弟的《吕氏乡约》,到明代冯从吾的关中书院,及至清代"关中三李"的躬行孝道、崇尚气节,这些源于关学的思想余绪,固然有"务实重礼、崇尚气节、躬体力行"的儒家"身教"风范,并深契"礼以体政"之古制,但就思想关切而言,礼与生死大事的内在关联,无疑是其得以长期保存的根本原因:无可逃避的死生命题与细致烦琐的丧葬仪礼形成"至大者"与"至繁者"的呼应。

在巨细靡遗的丧葬仪式中,孝子丧失至亲,其悲痛之情不言而喻,仪式提供的情感宣泄作用非常重要。一方面,在乐人的唢呐吹奏声中,看到至亲者遗容,孝子悲痛难抑,在恸哭中情感得到宣泄。另一方面,依序展开的仪式所提示的死者生前社会关系网络,让孝子将悲痛之情转向对死者的感恩中。在至亲者之死的事实面前,生的活力、欣悦与感激为悼亡者注入了精神力量,在死的当下"在场"中,生的力量也得到展现。佛教称死亡为"往生",包含着在死生一体的轮回中化解死之逼迫的福智。把生死看作一体转换的连续性过程,并非儒家的明确观点,儒家不回避死亡,也不以浪漫主义的来世图景开"空头支票",而是更强调生的当下之紧迫性和严正性。孔子之"未知生,焉知死"、"未能事人,焉能事鬼"表现了对于死的自然平实眼光。② 这种平实眼光消解了死亡问题的紧张和逼迫,使死生大题

---

① 黄宗羲:《全祖望评关学之影响》,见《宋元学案》,中华书局1986年版,第337页。
② 《易传》云"原始反终,故知死生之说"。汉代杨雄:"有生者必有死,有始者必有终,自然之道也。"(《法言·君子》)王夫之说:"天地人物消长,死生自然之数,皆太和必有之几。"(《张子正蒙注·太和》)均是对死亡采取平实的态度。

得到现实而达观的解答。① 张载《西铭》将渺小的"我"置于万物化生之超越悲喜的过程中,富贵贫贱无所扰,在大化流形中,面对死亡,自然而安宁。②

儒家"事死如事生"的观念,在丧葬礼仪中,以烧纸钱、纸衣物、纸糊的各种生活设施及用具等形式表现出来。在农村还有安葬死人是为活人过事的说法,因此,"事死如事生"的另外一层意思还在于,借助于隆重而浩大的丧葬仪式,生者的生活世界同样得到重整和规划。扶风丧葬中,从五服以内亲戚的参礼,在丧葬过程中对孝子的安慰与陪伴,丧葬仪式后的继续往来,村里劳力的参与帮忙,执劳、总管的费心费力,村里人的烧纸送行,族外好友送礼金或挽幛,各种仪式无不将痛失亲人的孝子带到一个人情温暖的共同体之中③,这是在艰难中的珍贵的情感支援。《荀子·礼论》曰:"丧礼者,以生者饰死者也,大象其生以送其死,故如死如生,如亡如存,终始一也。"④这是指出生者对于死者的"事",相反的一面同样体现在农村乡民共同体的丧葬仪式中,即,在死亡这一绝对性的事件面前,生者通过仪式而获得了继续欣悦而热烈活下去的希望和力量。⑤ 死亡在丧礼中隆重出场,但其恐怖的一面通过仪式而转换成悦生、强生的力量。涂尔干关于宗

---

① 《论语·阳货》与《史记·仲尼弟子列传》中都有孔子与弟子宰我关于"三年之丧"的谈话。论者多关注于两人对于"三年之丧"的不同态度——支持或反对,却往往忽视了孔子强调的一个关键因素:"安"。在两个不同的文本中,孔子都向学生提出"安"与"不安"的问题,可见,三年之丧的可行性标准,孔子是交给学生自己了。那就是,只要你能心安,你就缩短丧期吧。他还增加了一句,反正别人是不安的。
② 张载《西铭》:"乾称父,坤称母;予兹藐焉,乃混然中处。故天地之塞,吾其体;天地之帅,吾其性。民,吾同胞;物,吾与也……富贵福泽,将厚吾之生也;贫贱忧戚,庸玉汝于成也。存,吾顺事;没,吾宁也。"
③ 除了费孝通所分析的"熟人社会"(《乡土中国》),这里还有突破"血地"共同体,因生活范围的扩大而产生的友人间的"礼物交换"。孝子单位同事、朋友这些"血地"共同体之外的人,也会通过"礼物交换"强化情感纽带,带来精神力量。
④ 王先谦撰:《荀子集解》(下),沈啸寰、王星贤点校,中华书局2013年版,第433页。
⑤ 扶风葬礼中的一个细节,表现了通过仪式实现生命力量从逝者向生者的象征性转移。随棺材一起封进墓道的,除瓜果、童儿童女等之外,还有一个盛满发酵面团的陶罐,里面插着一根壮硕的大葱。村里人讲,酵面发得越旺,说明死者带给后代的福分越多,子孙后代越能发达昌盛。

教即"集体表象"(collective representations)的理论,有典型性地解释了丧葬仪式的功能问题。他认为,仪式表面上"强化信徒与神之间的归附关系",实际上更强化了作为社会成员的个体对其社会的归附关系。这种强化了的集体归附感把微弱的个体力量提升到强大的集体力量中,克服了对于死亡的恐惧。在安土重迁、注重邻里和睦、强调宗族兴旺的周礼发源地扶风,这种集体的力量很大程度上是在丧礼上集聚而成的。

使得孝子得到精神慰藉的,还不得不提到"丧葬演戏"。带有渲染气氛功能的"戏曲音乐",近年来除了"乐人"(乡里的演戏班,6、8、10、12人不等),还有请扶风县剧团、岐山县剧团、凤翔县剧团乃至陕西省秦腔戏曲界的名演员"装身子"(全套戏服、化妆)唱戏,甚至还有各路曲艺、杂耍、舞蹈、流行歌曲的表演。老人们对丧事上进行这种不严肃的演出很有意见,认为不合适;① 也有人认为这主要是受到商业气氛的影响,使丧葬仪式也成为民间自乐班挣钱的机会。但实际上在丧葬仪式中进行娱乐演出,也有很久的历史。② 这类演出,在扶风农村中,仅限于年长而寿终正寝者的丧葬(所谓的"喜丧")中。

第四节 仪式性"永生"

对于扶风县的丧葬仪式,笔者带着孔子观礼"入太庙必问"的虔诚态度观察有年。农村的丧葬礼仪,作为最常见最贴近生活的礼仪,较全面地

---

① 中国自古就有大丧废乐的礼制,汉安帝永初三年(109),曾颁布诏令"清河王薨,持丧罢百戏"。参见范晔:《后汉书·孝安帝纪》(卷五),中华书局1965年版,第205页。
② "丧家之乐"是汉时丧葬歌舞中较著名者。"丧家之乐"之称,最早出于东汉应劭的《风俗通义》。梁时刘昭注《后汉书》时,曾引《风俗通义》曰:"时京师宾婚嘉会,皆作魁儡。酒酣之后,续以挽歌。魁儡,丧家之乐;挽歌,执绋相偶和之者。"参见司马彪撰:《后汉书·五行志》,刘昭注,中华书局1973年版,第3273页。丧葬活动中出现成熟的戏曲演出,是在明朝初期。周旋《疏稿》有云:"臣闻,苏松与京畿富豪之家,……丧事举行,器陈美饰,祭列珍奇,张乐娱尸,搬戏。"转引自田仲一成:《明清的戏曲——江南宗族社会的表象》,云贵彬、王文勋译,见《畏庵周先生文集》(卷十),北京广播学院出版社2004年版,第161页。

反映了周礼的最初模样。与占据传统社会统治地位的儒道释这些经典性的思想相比,丧葬礼仪中的"知识、观念和信仰世界"更多保存在"乡民社会"。但正是由于在"民胞物与"的"生活世界"中的不断展演,使其经历大传统之兴替而不灭,成为理解古代生活的活着的"编码"。

丧葬礼仪之所以不能简单视作"遗留物",是因为,这些在外人看来烦琐而程式化的仪式,在当今的关中农村,依然建构着生息于此的乡民的精神世界,是其观念图景中的"天幕"。随着当代"生活世界"的日益现代化及"欧罗巴化",在农村礼俗中隐约浮现的传统礼俗社会的"生活世界",已经成为全球化海洋中的"孤岛"。都市的人们越来越不可能"活在传统里"了,但对于农村人来说,"活在传统里"却是自然而平常的事。在中国思想界关于现代性批判的研究中,很少见到以农村社会的礼俗作为抗拒西方现代性的资源,这些已经在中国历史的特殊时期作为"四旧"之一而险些湮灭了,它是真正"非现代性"的和"反现代性"的。

对于身处死生两限之间的有限性存在者来说,丧葬仪礼所提供的,是使人摆脱恐惧与忧伤,以乐天知命的达观态度认真活好每一天的力量。知道死的逼迫,并没导致"存在主义式"的虚无,扶风农村丧葬礼俗使人"活在仪礼中",以完全传统的方式解决死生难题。在死者墓道里摆放酵面,是逝者把福气传给后代,也是生命活力的交接。在丧葬仪式中,死亡真正切切"在场",但同时也精神化地"临在"。其精神意义在于,个体的消逝,并没有使生命活力的流转中断,而是更激发出生命的强音。知道了死亡不可避免,就要玩命地活下去;只有曾玩命地活过,才能坦然接受死的到来。① 仪式保存了文化的根脉,也使个体在仪式中获得"永生"。

在农村的丧葬仪式中,中国文化的形式特征与观念背景均完整保存下

---

① 秦腔《荀家滩》唱词:"王彦章打马上北坡,新坟更比旧坟多。新坟埋的汉光武,旧坟又埋汉萧何。青龙背上埋韩信,五丈原前埋诸葛。人生一世莫空过,纵然一死怕什么?"

来。周孔继承的礼乐文化,早在三皇五帝的传说中,就有丰富记载。① 周公制礼作乐是对夏商礼治传统的继承与发展。先秦诸子谈及周公,众口一词赞其"制礼作乐"功德。② 音乐具有的沟通天人、传递神圣信息的作用,还披上了神话的美丽外衣。③

孔子感到的"礼崩乐坏",实际上意味着,礼乐教化的政治功能已经面临挑战。周礼之"郁郁乎文哉"④的盛况不再,"高级文化"中的礼乐制度"大道至隐",或者被文人逞口舌之强,玩出灵冥虚渺的玄虚境界,或被政制操控者修整成文饰野蛮和残暴的精神奴役工具,唯有在乡民社会中,在平常的丧葬礼仪中,礼乐教化保存下来,体现着其跨越古今的"卫生"功用。礼乐一体的特点在丧葬仪式中的典型表现是:任何一个程序中,都必然伴随乐人的吹奏,礼与乐在丧葬仪式中相伴始终。"礼乐文化"的观念背景在于,通过一种象征性模仿,世界之生成、演变、发展可以被人所把握,并一次次地复现。关于仪式理论的研究,在当代的人类学、民俗学中不胜枚举,兹不赘述。扶风农村的丧葬礼仪中,包含着许多象征性重现的例子。纸糊的衣服、器物、用具、摇钱树……生世能用的东西,在另一个世界中依

---

① 战国时代史官所写的《世本》一书说:"伏羲作琴,伏羲作瑟。神农作琴,神农作瑟。女娲作笙、簧。随作笙,随作竽。颛顼命飞龙氏铸洪钟,声振而远……夷作鼓,伶伦作磬……尧修黄帝乐为《咸池》,无句作磬……舜作箫,夔作乐。"《乐记·乐施》载:"昔者舜作五弦之琴,以歌《南风》;夔始作乐,以赏诸侯。故天子之为乐也,以赏诸侯之有德者也。"关于"先王之乐",《吕氏春秋·古乐》篇从朱襄氏、葛天氏、阴康氏、黄帝以下一直写到周成王,传说与历史混合在一起。参见聂振斌:《礼乐文化与儒学艺术精神》,载《江海学刊》2005 年第 3 期。
② 《史记·周本纪》载周公"兴正礼乐,度制于是改,而民和睦,颂声兴。"《淮南子·诠言训》载:"周公殽臑不收于前,钟鼓不解于县,以辅成王而海内平。匹夫百晦一守,不遑启处,无所移之也。"陆贾说:"周公制作礼乐,郊天地,望山川,师旅不设,刑格法悬,而四海之内,奉供来臻,越裳之君,重译来朝,故无为也。"(《新语·无为》)董仲舒说:"盖闻五帝三王之道,改制作乐而天下洽和,百王同之。当虞氏之乐莫盛于《韶》,于周莫盛于《勺》。"(《汉书·董仲舒传》)《勺》即《酌》,为周公乐,为周代最盛行之乐。
③ 甚至乐器都是圣人所作。以琴为例,桓谭《新论》:"神农氏继而王天下,于是始削桐为琴,绳丝为弦,以通神明之德,合天人之和焉。"《说文》云:"琴,禁也,神农所作,洞越。练朱五线,周加二弦,象形。"《帝王世纪》:"炎帝神农氏,姜姓也,人身牛首,长于姜水,有圣德,都陈,作五弦琴……"
④ 《论语·八佾》:"周监于二代,郁郁乎文哉!吾从周。"

然能用,每次上坟烧纸,晚辈还要不断告诉亡灵:我们给您送钱粮来了,你路上多带些。

在扶风农村丧葬礼仪中,不仅中国传统文化得以绵延永续,个体生命的价值也在世代香火传承中得到富有生命意义的传承。个体通过仪式战胜对死亡的恐惧,实现了象征性的永生。

生死相续的、死生一体生命永续观念,给了庄子齐死生、等贵贱、同万物的智慧。① 庄子的智慧,是远古生命观的遗存,给去古未远的文明早期的人类在死亡逼近时予以心灵的抚慰。对于死亡,文明突创期(雅斯贝尔斯所谓的"轴心期")的人们,能够平静保持"不怨天,不尤人"的态度坦然面对,千年以后的朱子尚能抱持"存,吾顺也,没,吾宁也"的态度。而在现代社会中,由于天道观的崩解,超越性层面不再能提供生命终极的意义,死亡就变得没法克服了。在与现代西方理性接轨而不愿接受基督教救赎观的士人阶层中,韦伯式的"志业观"成为知识人逃脱死亡焦虑的一道窄门。

与雷德菲尔德意义上的大传统观念世界不同,在他所谓的小传统即乡民社会中,礼俗发挥了建构世界意义、安顿心灵的积极作用,丧葬礼俗的精神观念价值,正应该在与"高级文化"对照的意义上得到理解。丧葬礼俗用繁文缛节(三叩九拜、往返迎送、麻衣孝服、唢呐喧哀)而将生命过程展演为一种可见的"有意味的形式"。这种形式是"人文"之"文"的繁复变体,但在精神上与伏羲画八卦、仓颉造字、周孔制礼作乐、连云港将军崖大头人与禾苗岩画、希腊神话中德墨忒尔谷神死而复生等一脉相承。生命因"文"而"华",不仅意味着"华彩""华饰",也意味着"华生",即在仪式性、艺术性、展演性形式中助成生命的不断重生。

顺便提一下关于中西丧葬礼俗的差异问题。一个备受争议的问题是,有人提出,与西方葬礼中的肃穆庄严相比,中国民间的丧葬礼俗显得太不庄重,各种烘托场面的乐礼仪式颇似杂耍,不成体统。② 笔者在这里想跳

---

① 叶舒宪:《庄子的文化解析》,陕西人民出版社2004年版,第341—405页。
② 丧葬仪式上请人跳艳舞、上坟烧纸钱时还烧女星艳照等类似的恶俗,在每年的清明节前后都会引发网络热议,这已经不是新的话题了。

出对类似礼俗的简单的评判,在文化表达的层面上对此类现象做出解析。礼俗作为文化表述的一种,与实物性的文化符号一样,都会在发展中发生变异和偏离,甚至走向相反的方向。丧葬礼俗中的哀乐一体现象,就是生死观念表达的一种极端形式。就像在时尚的 coser 中某些角色表演突破道德底线而引人申讨一样①,丧葬礼俗中的礼乐共奏,也应该在人们道德观念接受的范围之内。

丧葬礼俗中营造的哀乐场景,既是对逝者魂灵的告慰,也给亲人们以心灵的抚慰,这大概就是前现代的观念、仪式给予现代人的精神馈赠吧。

---

① 近来 coser 中的"精日"们再次碰触中华民族价值观的底线,他们穿着日军军服招摇晒照的举动,已经不是简单"好玩"的问题了。

第十三章　万物互联

2017年8月,在河南开封召开的中国比较文学学会第十二届年会暨国际学术研讨会上,文学人类学会议组多位参会学者不约而同将研究的目光投向了"物"。对"物"的关注,从文学人类学开创之初的二重证据法中,就隐约可见。但准确说来,甲骨文等出土文献向我们展现的,仍然还是文字符号,是处于文化生成与发展过程中编码和再编码、表述和再表述链条中的能指符号。文化的寻根、文明的探源,能否穿越能指链的无穷延展而直达文化氤氲生成的"第一现场"呢?文学人类学通过调动多重证据,立体而动态地恢复了文化生成场景,但是穿越能指链条的终极思想挑战,仍未攻破。在文学人类学的"玉教"阶段,玉石作为充满神秘能量的物质性对象呈现在学者面前。玉石中包含着远古先民的观念寄托和精神追求,但它同时又确确实实是一件"物",即可以在现代自然科学的显微镜之下仔细端详的"实存之物"。

玉石的精神-物质合一特征,把能指链中的复杂关系揭示出来,也为我们对终极所指的追求指明了方向。玉中蕴含着的"玉神"崇拜,昭示着一种完全异乎现代性存在者的别样"存在者",这是一种"道器不分"的神秘存在。现代科学理性剥除了神秘物质中遍在的"物灵",但却树立起另外一种超越性的"物神",即"商品拜物教"。现代网络技术的发达,使得每一个独立"物"中内涵的"物灵"被唤醒。依照科技产业界的乐观前瞻,在数字时代,通过对每一个物的编码处理,世界将重现神话思维中所幻想的那种"万物一体"景观,在此基础上,物联网将实现人与万物的普遍互联。

万物互联(Internet of Everything,简称 IOE)的诱人愿景与世界各个文明早期的"万物一体"观念,似乎指向两种完全不同的思维观念和社会存在,两者能否在新时代实现互通?科技进步乐观主义背后的线性历史观与万物一体观念背后的循环历史观,两者具有既相反对又相交织的复杂关系。在技术、观念和社会结构层面为两者的互通做好准备,是时代赋予我们的使命。科技产业界不仅创造新财富,也是观念革新的中坚力量和社会结构变革的积极推动者。

第一节　万物互联的观念史

2014 年的法国电影 *LUCY*(中文译名《超体》)热映后,在有关电影思想主题的探讨中,"万物一体"的久远观念成为核心论题之一。主人公 LUCY 凭借超常能力,可以在极短时间内掌握多种知识和技能,可以与几千公里之外的科学家实现多媒介的即时互联,可以以意念制伏对手,可以用眼神降服机场警犬……一句话,在这一个体与世界万物之间,实现了信息与能量的高效互通。电影结尾高潮段,一条手机短信"I AM EVERYWHERE"(我无所不在),回应了警长"她在哪里"的询问,也引发人们对万物一体、物我共在观念的悠远回忆。

万物一体的观念几乎是所有文明早期的共同精神背景,并深层支配着世界范围内诸多影响力至巨的思想体系。早期印度思想中的梵我一体观、型塑中国思想的"原型式"天人合一观念、塑造古希腊物质与精神一体性景观的人神一体,这些在"轴心突破期"挺立起各大文明精神世界之规模和结构的思想体系,都隐含万物一体的深层支配性观念。而把我与外物、我与他、我与你、我的身心灵等诸多对待性因素融合统观,是所有伟大思想体系确立其自足性的不二法门。融会、一体、互通、共在等观念,甚至成为建构国家共同体的古典政治哲学的终极诉求。

在现代理性化思想和观念中，万物一体观已经不再得到明确表达。挡在现代和古代思想世界之间的"区分之墙"，使得一切的现代思想具有了区块分割的局域合理性。《国语》所载的"绝地天通"、古希腊一体精神世界中的诗哲之争、《圣经》通天塔的未得建成、印度教湿婆神的分化显现等均说明，在古今思想观念的转换中，从"通"到"隔"的变换产生的影响，是跨文明、跨思想体系的。整个现代世界的知识结构和生活景观，是以西方-欧洲为模板和标准的，根本原因正在于，在西方思想观念的古今嬗递中，思想和世界的区隔分化达到了最高的自觉性和明晰度。亚里士多德应该算是西方思想中最早自觉进行知识划分的思想家。在现代区分性知识观视野中，习惯的说法是，亚里士多德是诸多学科的创始人。但如果换个角度，以"通"与"隔"的古今观念变迁来看，则可以说，他是西方第一个系统地凿破混沌、开辟鸿蒙的分科专家。亚里士多德对整体知识的剖判工作，在西方结出了科学昌明的果实，最终把这种分科别类的知识生产和知识表达推到现代人类知识王国宝座的位置上。黑格尔认为，东方的无尺度的实体的力量，通过希腊精神，才达到了有尺度、有限度的阶段。① 这种从自然中挺立出精神之自由的过程，就是整体世界真正分化的开始。老子《道德经》②所谓"道生一，一生二，二生三，三生万物"的过程，或《庄子》③中的倏与忽"日凿一窍"，七日而致混沌死的寓言，揭示了中国古代万物一体的完整世界必然分化的过程。印度教中的梵天（Brahma，创造者），毗湿奴（Vishnu，维护者）和湿婆（玛亥希，Mahesh，毁灭者）三神所建构的世界生灭循环过程，给了"通"的整一世界与"隔"的分化世界的辩证关系以形象化的表达。对两种世界的对立统一，尼采④立足古希腊传统做出辩证表达。亚里士多德之后两千年，德国思想家马克斯·韦伯在现代知识背景中

---

① 黑格尔：《哲学史讲演录》，商务印书馆1996年版，第161页。
② 朱谦之：《老子校释》，商务印书馆1984年版，第174页。
③ 郭庆藩撰：《庄子集释》，王孝鱼点校，商务印书馆2012年版，第315页。
④ 尼采：《悲剧的诞生》，周国平译，生活·读书·新知三联书店2000年版；尼采：《论道德的谱系·善恶的彼岸》，谢地坤、宗祖良、刘桂环译，漓江出版社2000年版。

明确阐释了分门别类知识生产的合理性和必然性。①

知识的分门别类生产与表达,打破了万物一体的古老信念,生活世界也随之形成条块区隔状态。知识、观念、生活世界的全面区分,构成现代世界结构的基本语法。古老的万物一体观念被放弃以后的整个人类文明史,正是沿着越来越部门化和专业化的方向发展的;而现代文明的是与非、功与过皆可从"通"与"隔"的历史变革中寻得深层根源。人类知识的学科化生产、表达与传播,加速了文明前行的步伐,但部门化的知识越来越难以通达多维、多向关联的世界自身;生活世界的部门化和专业化,为物质产品的互通提供了方便,但也使得每一社会个体越来越受限于一己之眼界,独立自主的主体越来越把自己从世界整体中分割开来。当代西方对于二元对立思维的深刻反思中,就包含着对于久远的万物一体观念的追忆。哲学作为当代"科学"之一,仍然不能摆脱其学科性的囿限。肯·威尔伯②指出,我们生活在一个充满了冲突和对立的世界里,这是因为这个世界有无数的疆界……我们的大多数问题都是边界及由此产生的对立所造成的。对于那早已淡出世界的万物一体观念,反思现代性的思想家们虽然时时遥寄深情,但因整体世界的全面分化,这种观念从未真正摆在思想家的工作台上受到正面对待。这种观念或者作为诗性呓语,或者作为宗教想象,暗藏于现代世界中的"不合时宜者"的梦乡中。

在世界发展的动因中,物质因素无疑起着决定性作用。当今时代,一方面,虽然世界的部门化、条块性结构受到思想家的检讨和反思,但脚踩现代世界土壤的人们,仍然不可能跳跃至物质世界之外,把万物一体的观念重新接引回思想圣殿;另一方面,时代的崭新一页正在翻开,贯通物质与观念的时代新质正蓬勃涌现。当代世界中影响力至深至广的事件,莫过于互联网的勃兴。在"互联网+"时代的商业模式、社会结构和思想观念巨变之中,一种新的世界景观在时代地平线上姿容初现。互联网的普及使得跨

---

① 马克斯·韦伯:《新教伦理与资本主义精神》,于晓、陈维纲等译,生活·读书·新知三联书店1987年版,第1—15页。
② 肯·威尔伯:《没有疆界》,许金声译,中国人民大学出版社2012年版。

越时空的社会个体实现了物质、信息和思想的互通与关联。随着移动互联的到来,摆脱了地理空间束缚的个体,以一个融汇信息、知识、能量和思想观念于一体的"移动终端"形态,在繁密而复杂的世界互联整体中自由往来。移动互联时代将实现人与人、人与物、物与物的广泛互联,实现真正意义上的万物互联。按照思科的估算①,在全球人与人、物与物、人与物产生的数据中,99%还未接入网络,而当真正的万物互联实现时,新时代每一个行业都将重塑"价值观"。科技界、产业界对于万物互联时代的资金、能量和信息广泛关联、流畅互换前景的热切期盼②,在多大程度上只是营销和宣传?又在多大程度上会借产业技术,实现社会存在和人类精神的深刻变革?我们能在万物互联的新时代中以何种方式重温万物一体的观念效应?这些问题的提出和解答,已经初步具有了社会存在、技术和思想力的条件。我们能否在万物互联的曙光初现之前,对这样的追问做出解答呢?

第二节　万物互联的技术本质与思想本质

万物互联的愿景是,实现世界上绝大多数的人、物、信息和数据的广泛互联,并通过产业科技的力量实现社会结构和人类精神结构的重组和革新。这样的抱负,具有强烈跨界色彩,蕴含于其中的技术革命和经济结构、产业模式、社会生活方式、社会结构以及人类思想观念变革等多重涵蕴,使得万物互联的愿景具有了多重召唤力。将万物互联的革新意义与人类发展史上影响至深的工业革命相提并论,是有现实依据的。伴随社会生活和商业模式的革新,人类社会结构和精神模型会发生缓慢而深刻的变革。电话、电视等的发明和普及,使得人类感知、思想的时空框架发生不可逆的变形和重构,而互联网的全球普及更使得"观古今于须臾,抚四海于一瞬"的诗意想象成为触手可及的现实。万物互联除了在以往技术之上使得万物得以更加紧密的关联,还具有怎样的社会机体整合功能,蕴含怎样的思想

---

① 陈宝亮:《思科:万物互联构建移动价值观》,载《通信产业报》2013 年 7 月 8 日第 21 版。
② 思科:《万物互联推动企业实现巨大潜在价值》,载《通讯世界》2013 年第 8 期。

酵素呢?

"通"与"联"是对"隔"与"断"的反拨,在科学技术发展层面和思维观念革新层面皆是如此。汽车、轮船、飞机、高铁等交通工具,越来越快捷地将地球村居民连接起来。大声吆喝、鱼雁传书、驿使、电报、电话、电邮、即时性视频通话,不断提高着人类信息交流效率。时空结构因技术的革新而发生了变形:世界既越来越小,又越来越大。借助于互联网,原来根本不可想象的人生经历、世界奇观、奇思妙想呈现于每个人面前,整个世界小到可在指尖轻松触及,但又大到让人面对海量信息茫然自失。互联网给了我们充分的知情权,却又让事情本相淹没在不断的"新闻逆转"中。互联网打开了"外面世界"色彩缤纷的万花筒,却又培育了一批"两眼不望网外事"的宅男宅女。互联网让每一个人自成媒体,却又导致民主性发言权的滥用……由互联网所极端强化了的技术双重性,指引我们把技术的本质"再思"一遍。

极端的技术反思无一不是对技术双重性的揭示和探查。卢梭[①]在现代世界曙光初现时,就对科学技术的负面效果提出警示。他指出,知识的积累加强了政府的统治而压制了个人的自由,于社会无益。现代性以来,对技术的批判往往由于持论者[②]的人文学背景而显得似乎只是一种浪漫忧思;相反,在技术乐观主义者[③]看来,技术的缺陷可以通过其自身的不断更新发展而自行克服。后者所持的"技术弥赛亚主义"由于其更具辩证色彩和乐观精神而赢得更多的支持,而前者由于对技术之思想逻辑的未能深究而难逃"浪漫主义"之嫌。相较而言,哲人海德格尔在对技术的反思中所构建的"极端叙事结构"深具思想穿透力。在《技术的追问》中,他指出,正是在技术之极端发展中,生出了探明技术本质并实施救渡的可能性。海

---

① 卢梭:《论科学与艺术的复兴是否有助于使民俗日趋纯朴》,李平沤译,商务印书馆2011年版。

② 瓦尔特·本雅明:《波德莱尔:发达资本主义时代的抒情诗人》,王涌译,译林出版社2014年版。

③ 堺屋太一:《知识价值革命》,金泰相译,东方出版社1986年版,第125—202页;约翰·奈斯比特:《大趋势》,梅艳译,中国社会科学出版社1984年版,第10—11页;阿尔温·托夫勒:《第三次浪潮》,朱志焱、潘琪、张焱译,生活·读书·新知三联书店1984年版。

德格尔在技术的极端之思中,把技术理解为人类对于存在真理本真绽出的"集置"和"促逼"。① 海德格尔是立足古希腊"自然正义"的思想背景来反思现代技术之弊的,人类的一切技术造作只是使得自然的展现过程按照符合人类目的的单极单向发展,这种发展的最终后果是,自然本身的无限丰富性被人类的目标单极定型了,技术在这种意义上正是人类目的的集中表现。

海德格尔②借助亚里士多德的"四因说"来深化对技术本质的思考,切入点极其精准。他把"因果性"看作深藏于技术本质中的思想结构,"四因"(质料因、形式因、目的因和效果因)都被他解释为人类目的的表现形式,这些不同形态的人类目的,强使自然生成的过程发生狭窄化和单极化的形变,人类在伦理意义和本体意义上均错失了合乎自然、与物同春的完满状态。

互联网这一更加极端的技术状态尚未进入海德格尔的技术之思,但海氏却提供了深化技术之思的引线。海氏是在因果关系的思想框架内,以对人类思维单极单向定性弊端的揭示来反对技术形而上学的。把对因果性思想的深化置于互联网时代的技术反思中,是必要而可行的。从休谟深刻反思因果关系③开始,因果思想的核心,即"因"与"果"的关联,已经作为一项任务,设定了后世思想深化的轨道。"因"与"果",是人类从纷繁万象中提炼出来的思想工具。然而依佛教"空性论",人心中起灭不定的"念"本无自性;无所谓此念与彼念,遑论彼此之"关联"。西方思想的得与失皆与因果性的凸现相关。泰勒斯要苦苦探寻"第一因",把"因"与"果"设定为思想基本要件,并规定了西方思想建构因果关联的基本任务。可以毫不夸张地说,整个西方思想就是在因果的先天设定基础上对其相关性的探究;

---

① 海德格尔:《演讲与论文集》,孙周兴译,生活·读书·新知三联书店2005年版,第19页;Karl Jaspers, *The Origin and Goal of History*, Michael Bullock tr., New Haven:Yale University Press,1953.

② 海德格尔:《演讲与论文集》,孙周兴译,生活·读书·新知三联书店2005年版,第5—6页。

③ 伊丽莎白·S.拉德克利夫:《休谟》,胡自信译,中华书局2014年版,第29—41页。

也正是"因果性"问题撬开了西方的完整世界。

康德①把因果相关性的根源设定在主体自身之内,马克思主义在经济基础的最终决定意义上锚定因果之链,弗洛伊德把深藏在"本我"中的深层动因揭示出来……在因与果的关联问题上深化思想,并以这种思想来指导和规划生活世界,必然会遇到问题。那种理想态的一因导致一果,这一果作为新的因,继续导致新的一果的单向单线决定论必然被现实粉碎。在广泛互联的世界中,更多的是各个因素之间的多向、多元、多级影响和互动,能够真正对由因果关系的理想化建构所支撑的西方思想提出挑战的,是当代动力强劲的互联网科技。

凯文·凯利指出,新事物不是"发明"出来的,而是在旧事物杂交互动中"涌现"出来的(《必然》)。这个"涌现"的说法,与海德格尔立足"自然正义"观念提出的"涌现说"恰成互证。区别在于,在海德格尔那里,"自然"作为一个蕴含真理的抽象母体,尚保持着类似老子"道"的混沌性。而在万物互联时代,各类要素(人员、流程、数据和事物)如同神经元的突触,具体而纷繁地环绕在我们四周,并依照"麦特卡夫定律"(Metcalfe's Law)以几何级数增长。② 物联网的倡导者和先行者面对万象互联的景象,各个建立起非线性因果性的言说体系。③ 种种构想从根本上来说,都是对于因果决定论的某种革新和调校。类似的调校工作,在西方思想中已经进行了许久,只是其理论效能尚未扩展至科技产业界。这也是当代世界部门分化的一个显证。

---

① 康德:《纯粹理性批判》,邓晓芒译,人民出版社2004年版。
② 蒙克:《跟随思科进入万物互联新世界》,载《网络世界》2013年6月10日第18版。
③ 《开启万物互联时代,成就智能硬件春天》,载《电子产品世界》2015年第1期;杨洁:《周鸿祎:万物互联时代的大数据安全》,载《中国教育网络》2014年第11期;彭训文:《设备工件"能说话会思考" 人和物实现"万物互联"——工业4.0:信息化引爆制造业革命》,载《人民日报》(海外版)2014年12月13日第8版;陈宝亮:《思科:万物互联构建移动价值观》,载《通信产业报》2013年7月8日第21版;约翰·钱伯斯:《"万物互联"时代的商机》,载《IT时代周刊》2013年第6期;李培培:《5G愿景:万物互联》,载《通信产业报》2014年7月28日第20版。

尼采①在对西方思想的道德根源进行深究时,深感因果决定论的捉襟见肘,因势提出系谱学的方法和观念。在尼采以后,系谱学方法实际上构成西方思想观念革新的主题,并成为后现代思想的深层观念背景。系谱学的方法,简单说来就是对于单极单向因果神话的破除,以及对多元决定、因与果的非一一映射关系、偶在论、非决定论等思想可能性的呈现。由于多元关系的揭示,世界以更加本真的方式呈现;思想被现实鼓胀开来,不确定的关联和互动才是世界的自然面貌。在万物互联成为现实之前,思想家在思想作坊里打造的思维工具是否称手?万物互联能让我们回到万物一体的世界吗?

第三节 "弯道超车"与"逆向回归"

科技产业界的"号手"把万物互联看作是后发达地区实现弯道超车的一次难得机会。因为目前世界仅有1%的要素连接到互联网上,要使剩余的99%要素实现互联,已经具有相应的科技支持。万物多元互联的前景,使得错失了以往科技革新机遇的后发达地区能够一举超越先进地区,取得领先地位。如果情况能按预期发展,实现万物互联,就是一个可以投注梦想的方向。约翰·钱伯斯预计,未来十年,全球私营企业将面对待挖掘的多达14.4万亿美元的潜在商机。②

由于互联网产业对用户体验极端重视,各种互联网终端信息不再以冷冰冰的电子形态存在,而是以更接近真人的提示性语言实现沟通,嵌入式设备会使得人与设备之间,未来会有更加天然的交流方式,智能硬件通过对多种感觉力(视觉、听觉、触觉以及可预期的味觉)的综合调动,实现了高仿真生活的复现。人机沟通更接近生活实景实情,甚至于产品本身也能获得"准人格",与用户实现"主体间"对话交流。更加具有想象性的是,凯

---

① 尼采:《论道德的谱系·善恶之彼岸》,谢地坤、宗祖良、刘桂环译,漓江出版社2000年版。
② 约翰·钱伯斯:《"万物互联"时代的商机》,载《IT时代周刊》2013年第6期。

文·凯利指出,技术体系会有自己的演化方向,它虽然依靠我们完成,但并不听从我们的意志,而是按照自己的基因成长。哲学家在规定何为"主体性"时所设定的自足性、自我生长性,以及反思主体性时揭示出的非理性化冲动、情绪、非思以及怠惰懒散等精神状态,也能在电子产品上发现(日本年轻人的电子宠物)。哲学家应该紧跟着问一句,现代的互联网高新产业是在生产不同于父精母血化孕之人的新人吗?互联网科技是否在创造新"物"的同时也创造出"灵"?古老的"万物有灵论",在科技新时代,竟然以这种让人猝不及防的方式闯入我们的视野。

电子产品的人性化使得人与物的界限模糊了。产业界对于万物互联时代的鼓与呼,如果只是商业谋划,大可不必太较真,但当电子产品也以"准主体"形式居于广泛互联的世界网络中枢的节点上时,我们就不得不思考新的社会结构、新的思维方式和新的观念背景的可能性了。如果万物互联成为现实,并给纷纭万象赋值编码,使其加入与人的情境化循环互动中,我们是否真的就会实现与万物的融会互通呢?万物互联的新时代与万物一体的深远观念能够实现贯通吗?只有当科技为万物赋予人格,当物、信息等非人的技术要素也能像人那样计算、推理、动情、犯错时,人与万物平等互联的可能问题才会提上议程。在这方面,互联网技术专家是否已经做好准备了?

我们暂且把这个尚未抬头的问题按下不论,来看看那种可能景观中的观念问题。产业革命具有无限向前发展的潜能。只要人类文明不"崩盘",物质产品的不断丰富和物质生活水平的不断提高,就是可预期的。丹尼斯·米都斯[①]在20世纪60年代提出的增长"极限",似乎已被人类凭借技术革新一次次突破。在物质文明不断发展进步的当代,西方思想中的"弥赛亚主义"以物质文明的不断昌盛为动力,持续牵引着人类历史的进步。

这种不断向前的线性历史观在现代世界颇有拥趸,但却并非历史发展观的全部。在理性进步思想中,实际也包含着非线性的循环历史观的暗

---

① 丹尼斯·米都斯:《增长的极限:罗马俱乐部关于人类困境的报告》,李宝恒译,吉林人民出版社1997年版。

影。在西方现代性反思中,引发出了既反对现代性又深层发展现代性的"后现代思潮"。哈贝马斯①、韦尔默②等以思想革新既继承又批判的策略,实际上是对线性的历史观做出微调。在人文思想家中,像安东尼·吉登斯③那样坚持现代性仍有待按照既往路线完成,从而绷紧历史发展前行之箭的思想家并不占多数。施特劳斯④的古典学路径,往往是以回归古典的方式反对线性历史观的。这样,在同一个物质世界中,由于着眼点的不同,科学技术界和实业界主要倾向于线性发展历史观,而在人文学界,或隐或显存在着朝向历史早期阶段观念形态回溯的"环形历史观",即通过对当下的批判,回溯到久远的过去时代中寻找思想资源。在这两种历史形态的对比中,人类思想观念发展的复杂性引人瞩目。

技术专家在"互联网+"背景中对于物联网的翘首企盼,如果具有思想观念革新和社会结构重组的理论诉求,就不得不面对观念发展的复杂难题。在承认新科技有可能帮助后发达地区实现"弯道超车"可能的同时,更加具有挑战性的问题是:新科技在人类观念革新方面,究竟是强化了线性发展历史观? 还是把历史悠久的万物一体的观念重新接引到现代世界中,从而扭转了观念的发展方向,建立起了创新版"环形历史观"? 这样的紧迫追问,并非学究式的玄思,而是物联网倡导者的深层关切。物联网的倡导者在物质技术、产业模式等"技术性"关切之外,时时处处表露出变革思想观念和社会结构的热情。

物质力量的直线向前和思想观念的回溯回环形成的强烈对比,要求技术产业界也能善于思辨;由万物互联技术挑起的思想争锋,使产业界也要敢于直面时代的思想观念课题。产业技术界不仅处在物质财富累积的生产前线,也处在时代观念革新的前站。这是否正是海德格尔在谈论技术本质时所谓的"哪里有困难,哪里也生救渡"这一思想命题的"物联网版"的活现呢? 产业界鼓吹社会结构革新和人类精神与观念变革,这如果不是商业噱头,就应该有社会存在整体革新天运自任的勇气。这样的气魄和思

---

① 哈贝马斯:《后形而上学思想》,曹卫东、付德根译,译林出版社2001年版。
② 韦尔默:《后形而上学现代性》,应奇、罗亚玲编译,上海译文出版社2007年版。
③ 安东尼·吉登斯:《现代性的后果》,田禾译,译林出版社2000年版。
④ 施特劳斯:《自然权利与历史》,彭刚译,生活·读书·新知三联书店2006年版。

力,新经济从业者是否具备呢?

把社会历史变革的重任交付给物质性动因和物质世界改造者,这种有别于"观念动力学"的归因性思路,在社会发展理论中本身也是逐渐达到自觉的;这种自觉的动因,最终来自物质世界。中国古代有所谓"仓廪实而知礼节"的观念,儒家特别强调立足民生基础的"民本"思想。在西方思想逐渐"祛魅化"历史大背景中,马克思主义对产业经济界改造物质世界的潜能寄予厚望。在万物互联的新世界喷薄欲出之际,高新科技产业界站在时代思想变革的潮头,勇挑观念革新重任。历史观念革新的特点在于,谁要想在发展浪头上提出新的社会理想和新的观念,就必须把以往的世界全部纳入一种同一性叙事的框架中去,并在这种历史性的同一性观念废墟上自我挺立。

万物互联愿景和万物一体观念的跨时空"邂逅",给时代观念革新者提出了新的挑战。观念革新不仅要解释和阐明物质性世界直线进步的历史轨迹,更要回应那种历史久远的具有跨文化影响力的万物一体观念。两种历史观的迭代交错,提示出怎样的社会观念新生态呢?

第四节 万物互联与"物神"重临

无论无联网的鼓吹者在昭示新社会和新观念时是否自觉,摆在整个人类面前的观念变革问题已经挥之不去。古老的万物一体观念中,人被看作是本来一体的世界的有机分子。在雅斯贝尔斯所说的轴心期以后,人与万物的整体被打破,世界范围内的各种理性化思想体系被建构起来,在强调非神圣化的现代世界,对立与分化的现代思想基本语法渐臻完善。天—人、圣—俗、物—我、身—心、主—客、情—理等对立面撑开世界的立体结构。自我负责的理性原则的运用[①]、私有权的确立、主体性原则的形成、学

---

① "启蒙运动就是人类脱离自己所加之于自己的不成熟状态。不成熟状态就是不经别人的引导,就对运用自己的理智无能为力。当其原因不在于缺乏理智,而在于不经别人的引导就缺乏勇气与决心去加以运用时,那么这种不成熟状态就是自己所加之于自己的了。Sapere aude! 要有勇气运用你自己的理智! 这就是启蒙运动的口号。"康德:《回答这个问题:"什么是启蒙运动"》,见《历史理性批判文集》,何兆武译,商务印书馆1996年版,第22页。

科的分际、主权国家的建立等均是物我一体的观念背景消散后的必然后果。这是更加自立的世界,也是彻底分化的世界。

万物互联的憧憬是在分化世界的"延长线"上兴起的,但却逗引人再度回忆起那早已消散了的整体世界观念。这种新的关联性思想具有何种新质呢?万物一体的古老观念虽为所有文化的早期阶段所共享,但却只有在中国思想中才有较深彻的影响和较悠远的遗存。中医、武术、书法、国画等传统文化类型,均强调人与世界万物的生息互通与能量交流。万物本自一体的观念,是深层把握中国文化的不二法门。虽然体系性的表述仅有儒家"万物皆备于我"、道家"齐物论"等,但在西方"分别智"所建构的理性霸权对中国固有传统形成挑战之前,整个中国人的世界从来都是万物一体的,佛教渗入中国文化主脉中,也是因其"不二"观与万物一体观念的深层同构。西方当代汉学的重要成就,在于其能够在理性反思中把"中国"这个西方世界真正的"他者"①纳入视野,并正视这种建立在非对立思想之上的文化的自性和价值。

把中国传统文化作为万物一体观的"样本",与万物互联的当代思想观念进行的对比,既是对物联世界思想观念的校验,也是对中国文化的检视和再思。《尚书》所言"天聪明,自我民聪明"②、庄子所谓"天地与我并生,而万物与我为一"、孟子所谓"万物皆备于我"、《黄帝内经》言上古之真人能"提挈天地,把握阴阳"、"呼吸精气,独立守神,肌肉若一"③……这些表述中,均存留着人与万物浑然一体的远古观念的消息。今人孙禄堂在其所著《拳意述真》中指出,"人一小天地,无不与天地之理相结合"。这是武术家理解的万物一体观。每个人都是一个小宇宙,是大宇宙系统中的一分子,只有应合大宇宙,顺其规律,才能获得超越个体的能量和生命力。应合宇宙万物,以求长生久视,并非道教所专。在人与万物天然融合的观念背景中,整个中国传统文化精神都在追求人与万物的同生共荣。

---

① 弗朗索瓦·于连、狄艾里·马尔塞斯:《〈经由中国〉从外部反思欧洲——远西对话》,张放译,大象出版社2005年版。
② 李民、王健:《尚书译注》,上海古籍出版社2004年版,第38页。
③ 姚春鹏:《黄帝内经译注》,中华书局2010年版,第22页。

中国文化的万物一体观念,给了人"与天地精神往来"的气魄。这样的精神"圣礼",我们能期待于万物互联的新时代吗?物是具有精神性的,古今观念在这一点上是一致的。物联网的倡导者许诺了人与物之间实现精神沟通的可能。在2014年的德国汉诺威工业展上,一个由多家德国公司联合研发的"智能工厂"展示了这一场景:展台上一条模块化生产线正在生产名片盒。与传统生产线不同的是,关于制作这一名片盒的所有信息都通过互联网被输入到产品零部件本身,这些产品零部件通过与生产设备进行信息交流,指挥设备"你应该这样生产我"。① 原材料甚至可以要求程序怎样加工自己,要求整个工艺流程按照更加符合材料本性的方式利用它。还有,智能产品(智能手表、运动手环、智能家具、儿童与宠物防丢器、移动医疗监护设备、智能遥控)已经进入日常生活中。物与物、物与人、人与人之间的信息与能量互通已变得更加理性而高效。

在智能生产和万物一体之间,物我感应方式还是有区别的。智能化生产的确使得物活了起来,具有了某种理性思考和判断能力,但是这种能力只是从世界分化以来逐渐成长起来的人类理性的副本和摹写。这种能力具有人的一切优点和缺点。更专注、更重效率和经济化,是人类理性进步的基本指标,在智能生产以及可以预期的高智能程序中,物的理性能力的形成和培养如果依然按照人类工具理性的方向发展,则人类由于过分信赖理性所导致的大灾难,就难免在智能程序上再演一遍。好莱坞大片中大量的关于机器控制人类的剧情,实际上正是对物的智能化陷阱的警示。物的问题实际上最终是人的问题,人类如何看到理性、如何防止理性的僭妄,这样的问题不必等到万物互联时代,不必等到物逞理性之强而肆意妄为时才提出来。

警示是必要的,但前景并非完全黯淡。万物互联给物赋予精神性,也为物的演进与物质世界的革新准备了条件。物的精神性,曾以多种理论形态表现出来。在其早期历史中,尚处于世界之混沌整体中的人,从万物中

---

① 彭训文:《设备工件"能说话会思考" 人和物实现"万物互联"——工业4.0:信息化引爆制造业革命》,载《人民日报》(海外版)2014年12月13日第8版。

汲取能量，万物有灵的观念促成了物神观和"物活论"。马克思看到工业社会创造出比以往时代多得多的物质财富，并意识到人们对物的无限崇拜，提出"商品拜物教"，这既包含着对于物质世界变革伟力的肯定，也寓含批判和警示。当代消费时潮极大地刺激了人们的物欲，商品拜物教猛烈冲刷着人类精神和道德的堤岸。在这样的时刻，我们是否又到了一个决定时代走向的临界点上？物的无所不在和物欲全面激活，是否又把"在危险中救渡"的任务交给我们呢？

　　物刺激起人们的占有欲，使得人们把世界严格区分为"我的"和"你的"。这是分化时代的必然逻辑，但"我"也可以在与"物"的更具精神性的交流中去掉"我执"，把孔子"毋我"、庄子"丧我"、佛家"无我"的大智慧重新接引回世界，恢复一个万物同春的生机勃勃的世界。万物互联的技术专家们可以在气魄与思力上继续为我们贡献时代革新的薪火，但更具体的，则是在智能化程序的设计中，为物注入新的神性。摆脱了"我执"的新人，应该在万物互联的新时代语境中学会新的"物我观"。世间万物与我同体，又与我无关；我可以与物俯仰、同春共荣，但却不可以支配任何物；让每个人、每个物独具自性，却不持自矜为垄断性的视角，这些融汇古今智慧的观念，尚待我们在万物互联的新时代中细心培护。

　　当代实业界的公益投入有目共睹。在新经济中收获物质力量和能量的弄潮儿，也将引动时代观念变革之潮。实业家产业创新所获，也应包括对新人、新观念和新的物我关系的领悟和践行。在所有物种之中，人类的进化更依赖于能力的"养成"而非先天具有，技术是人类能力"养成性"的最集中体现。万物互联时代的技术，能给我们提供回复到久远历史性观念去的可能吗？对《超体》片头和片尾"分"与"合"的呼应，万物互联的世界将给予怎样的现实性阐释呢？

第四编

文学人类学新疆域

文学人类学有固定疆域吗？对于在审美、想象力和修辞技巧中探寻"文学性"的研究者来说，文学人类学把文学的诗意和韵味完全"知性化"和"科学化"了。对经典诗词的解析，何曾见得古人的"兴味"和"气韵"呢？文学人类学用结构主义的分析方法把文学作品理解为"模式"和"原型"的"拼接""变形""异位"和"并置"；用历史主义的眼光把"蕴藉""空灵"的诗意溯源至法术思维的秘境之中去。不仅如此，文学人类学从文学作品到文学文本，从文学文本到文化文本的视域开拓，让人完全不知学科根基定位何处。论域的无限扩展，可能意味着"征战"，也可能意味着"失守"。文学人类学需要拥有自己的"根据地"吗？如果没有，所有的新垦疆域都将成为失去防守的殖民领域，甚至为其命名的"文学"，也将被过分繁复的方法论概念"自我殖民"。在文学人类学的理论繁盛期与其"邂逅"的文学研究者，有理由提出以上的质疑。

文学人类学回应以上的质疑，或"初识者"感到困惑而向自己提出这样的问题，都不应该采取退守的姿态而回归到传统的文学理解之中去。在经过后现代思想的洗礼之后，我们应该意识到，在当代世界，知识、资源、社会结构、权力、意识形态等物质的和精神的、内在的和外在的、可见的与可思的、历史的和未来的、真实的和虚拟的、人文的和知性的早已融为一体了。任何一种固守学科壁垒的坐井观天式研究，都丝毫触碰不到社会现实的质地。文学人类学的貌似游牧状态，可能比任何一种讲究科学纯正、死守学科界限的权威科学都更能映照我们所处的这个多元交织时代。因此，对于文学人类学来说，学科界限和定位完全不能参考传统的学科分野来确定，而是要依据其方法论的开放性及其与世界本身的"兼容性"来确定。在此意义上我们可以说，文学人类学首先是一种视野、一种方法和一种面对世界的胸襟和态度。这种方法当然可以解决文学领域内持久未决的理论难题，但它也可以直接面对世界，对其他的理论问题发挥破解奇效。更进一步，借助于文学人类学的方法，我们或许还能发现以前未曾发现的问题，或者在传统学科和论域当中开辟新的解读视角。

因此，在本编中，笔者尝试以文学人类学的方法论意识，探入当代艺术的前沿领域，对影视作品中的思想意义做出较有穿透力的阐释。

第十四章　电影"银翼杀手"系列中的哲思

《银翼杀手2049》中的人性探问,是通过人类的一个独特"他者"实现的。这个借"他者"的反省,不是跨文化(文明)比较的学者在"欧洲哲学""中国思想""印度文明"等不同文明区块之间,在"宗教""哲学"和"艺术"等众多思想和观念类型之间自设藩篱、设定不同文明和不同观念类型的"他者",借以实现自性觉醒的区块性、部门性的观念和思想反省。而是在整个人类的生物机体之外,借助于一个仿生的"他者",对人性进行通透而贯穿性的整体拷问。复制人(Replicant)对人性的拷问,涉及奠定人性根基的多重基本规则:认知性的(算法和程序)、生物性的和自由意志性的。《银翼杀手2049》所涉及的多重人性标准,正与当下人工智能界的理论思考逻辑相应。可以说,在"人工智能元年",电影《银翼杀手2049》就已经把人工智能的思考范围、逻辑规则和思考进路基本划定了。复制人对人性的深层拷问,可以从人与复制人之间脆弱而敏感的界限谈起。

电影《银翼杀手2049》(2017)接续三十五年前《银翼杀手》(1982)的人性思考,向现代人提出了更加抵近心灵的深刻质疑和探问。两部"银翼杀手"的时代背景稍有不同:三十五年前,关于"复制人"、AI 等的探讨,更多被视作科幻电影中吸引眼球的噱头。而在"人工智能元年"(2017),《银翼杀手2049》则与当前铺天盖地的人工智能讨论相应,在引发无尽哲思之外,还带给观众亦真亦幻的恍惚体验。两部"银翼杀手"的相同之处在于,它们都是对于人性的追寻和探问。

第一节 人之所异于复制人者"几希"

人性为何?这个笼统而宽泛的大问题,可以从作为类的人的生存日用中寻找线索。中国先哲在百姓日用中确立起了人性伦常。相对于"禽兽",孟子说,"人之所以异于禽兽者几希;庶民去之,君子存之"(《孟子·离娄下》)。不离日用而能存养人性之光,依靠的是"明于庶物,察于人伦"的圣人君子的道德修养。人性论的根基,在中国传统文化中,具有鲜明的道德伦理内涵。甚至可以说,人性就是道德性。与之不同,"银翼杀手"系列电影借人工智能技术追问人性,则是探索西方人性的知识性路径的再次深化。

凭借高度发达的 AI 技术,人类造出了可以帮助他干"脏活儿"(外太空探险和殖民)的体魄强健、智能卓绝的复制人。人类"正本"和复制人"复本"之间的主奴身份反差,被复制人卓绝的能力抵消了:他们是被派往其他星球执行殖民任务的次等存在,但却能凭借超强能力潜回地球,与他的人类"正本"正面对质,身份的低等性与体力智能的优越性相抵消;他们"被造"为只能执行人类意志的非人格的机械性存在,但却敢于向人类自诩的人性和灵性发难,在第一部《银翼杀手》中,戴克对瑞秋进行复制人测试时,瑞秋反问他:你是否也接受过这样的测试?人性的外在确认在此被内转为内省式自查和反思。经过外星殖民地连锁六号战斗组的血腥暴动后,人类担心复制人把战争带回地球,宣布复制人为违法物,必须被处死,还美其名曰"退休"。这是把复制人看作动乱之源的。但在 2022 年的大停电中,连锁八型复制人对人类的任性虚伪又自大提出批判,并赞美复制人是多么的纯洁完美,比人类更有人性,比真正的人类要好得多。

人类与复制人之间的人性争锋与殊死搏斗,对于打斗片的观众来说,只是对道德高地的抢占,是对战争正义性的诉求。当"正""邪"并立、高下难判时,无非是导演攫住观众的神经,在危情时刻高峰体验的刀锋(blade)

上"折磨"观众,让他们欲死欲仙。但在所谓的正邪难辨这一表层之下,则是人性的自我质询。那些借以确立人性光辉和存在合法性的原则和诉求,均需要摆在新时代的人-"物"共生的存在境遇中重新为自己辩护,"第二次"赢得正义性与合法性。人性合法性的赢得和确立,绝非一次性得到的,正如个体人格的确立并非一蹴而就,而是随着个体生命的展开不断得到生物性、社会性和超越性的确定。在《银翼杀手》中,银翼杀手戴克通过仪器测试瑞秋时,不是像通常所做只需问二十多个问题就可以辨别,而是问了近一百个问题。这说明,人性测试的固有标准被抬高了。人与复制人之间的界限不断被改写和重置的过程,是人类通过复制人的对质和反诘而不断提升人性标准的过程。每一次抬升都是人性确立中饱含深意的"第二次",而人性提升的每一个"第二次"都是随着历史的展开和科技的进步而逐层展开的。复制人从第一部银翼中的连锁六型升级换代到第二部中的连锁九型,性能越来越卓越,越来越难以和人类区别开来,这既是人类在科技探索之路上的不断外求,也是对自身内在心性的不断深挖。

由于人与复制人之间界限的模糊,对于人类来说,"我(们)是谁?"的亘古追问就成为驱动电影叙事、调节叙事节奏的思想主线。死守人与复制人之间的界限,关乎人类社会的根基和良好秩序的建构。银翼杀手K的上司——洛杉矶警察局警督,明确告诉他,如果这一界限被冲破,就会发生混乱和战争。这里用社会治乱隐喻和指向的,正是人性结构的可靠和坚固,是在现代科技的"四面楚歌"(时下,关于人工智能对未来人类社会的利弊安危问题的讨论日益热烈)中对于人格同一性的执守和加固。人格同一性与社会结构统一性的对应关系,在柏拉图的理想国蓝图中,已经清晰呈现:不同人格对应理想国中不同的社会角色;坚守不同角色的界限,各正其性,各守其位,才能确保社会秩序的稳固。弗洛伊德的人格三层结构也与此暗合。"银翼杀手"系列电影在人与复制人之间划定的界限,既是建构稳固社会的必需,又是流动而脆弱的,随时可能会被冲决而断裂。因此,守护这条界限,就成为推动故事的内驱力。

围绕这条界限的存亡与攻守形成的三种力量,在《银翼杀手2049》中展开了殊死的决战。洛杉矶警方作为人类中心主义的代言人,死守这条防线,当这条界限瞬间垮塌,即复制人竟然也能自然生育出后代时,他们全力以赴要彻底清除任何线索和痕迹,想让这件事像从来没有发生过一样。这是第一方力量。在复制人一方,连锁七型复制人瑞秋的战友们,秘密组织起强大的队伍,要向人类的强权和暴政发起冲击,挑战人类"唯一者"的身份优越感,赢得自主、权力和存在的尊严。这是第二方力量。第三方力量是华莱士公司,从人与复制人的两极对立来看,他们似乎采取了中间站位,但却是电影明确予以谴责的反派代表。华莱士公司借技术更新,冲破了复制人生产的禁令,接手泰德公司的业务,制造出更加驯服听话的连锁九型。连锁九型的温顺听话避免了像瑞秋的战友(七型)那样对于自主、权利和存在尊严的索求,他们顺服于人类社会的结构体制,忠实履行着理想奴工的职责。从"被统治者"角度而言,华莱士公司制造出完美的社会分子。只要能找到戴克和瑞秋所生的孩子,破解人类与复制人之间界限的秘密,就能够把整个社会改造成为一个睿智的人类和顺服的复制人之间各守其位的和谐整体。但是,顺民恰恰是暴政和集权的温床。华莱士公司可以肆意"毁坏"他们所生产的不满意的复制人,毫不在意他们是否已经拥有了自我意识和感受。华莱士慨叹没有找到复制人自然生产的秘密时,掐死了一个刚刚下线的复制人。当他把复制的新型瑞秋(连锁九型)请到戴克面前,试图重新激发他们之间的爱情火花从而解开复制人生育之谜时,戴克指出了新老型号之间的细微差异(眼睛颜色不同),他当即暗示忠实的仆从枪杀了新复制人。

围绕人与复制人之间的界限而展开的殊死决战,深深驱动着故事的展开。与这个深层的动力线相应的,是新一代银翼杀手K的身份危机和人性探索。与深层动力线相比,复制人K的情节推动作用体现为,通过对他的身世之谜的多方探索,决战的各方被吸引到了生死决战的主战场。因此,当争锋各方认识到K只是个"复本""备份""疑兵之计"时,没有人再打扰他的内心思索了,劫持走戴克的华莱士公司也对他失去了兴趣。

在围绕人类与复制人的界限展开的三方争锋中,各方的立场和站位,都可看作是极富现实性的隐喻。洛杉矶警方对良好社会秩序的理解,可以视作古典政治哲学的现代版。严守社会阶层之间的界限,不让任何的阶层有僭越的妄想,保持等级森严、上下不乱、严守人我之异、夷狄之辨,被认为是维护社会秩序的第一原则。维护这一政治秩序的手段和方法大同小异,那就是"攻乎异端"。中外古典政治哲学的不同在于,中国古典的政治秩序主要体现为当政者对于道德高地的独占,最典型的就是对于"天道"的独占和在地理位置上对中央之国地位的确认。西方则体现为对于超越性知识的独占。主宰世界图景解释的话语权,抢占《圣经》阐释权,核心都是政制合法性的辩护,但表面却体现为知识性的争辩。现代民主社会所理解的知识完全开放和透明,在古典政治家看来是不可思议的。那些可能会威胁政治稳定性的知识被看作是危险的,必须予以摒除,或者秘而不宣。洛杉矶警察局警督清除掉一切有关复制人瑞秋后代的知识,与马基雅维利主义主张君主根本不该把政治的秘密告诉民众,而只需以强权治民毫无二致。

瑞秋的同代复制人代表了社会结构中的革命性因素。在位者要求政权的稳固,而被压迫者要求主权与尊严,两者间的永恒斗争,是任何社会前进发展的动力,也是驱动银翼故事展开的情节主线。在瑞秋产子并引发革命反叛热潮的叙事中,圣母玛利亚的隐喻呼之欲出。与《圣经》童贞女受孕生子不同,在《银翼杀手2049》中,新生的孩子是瑞秋和戴克爱情的产物。由于人们对戴克身份的理解不同,这个爱情产物的身份与隐喻意义,也变得多义而恍惚。在《银翼杀手》上映后的三十多年里,戴克到底是人类还是复制人的争论一直不断,直到2002年,当导演剪辑版面世时,人们才普遍倾向于认为,他就是复制人。这就是说,新生的孩子,即那个被保护在无菌室里凭着想象而存活下去的女博士,是两个"次等存在"的产物。这一桥段毫无疑问是对基督教思想的戏拟。上帝造人的故事,在《旧约·创世记》1:26)中这样描述,神说:"我们要照着我们的形象,按照我们的样式造人,使他们管理海里的鱼、空中的鸟、地上的牲畜和全地,并地上所爬的一切昆虫。"神照着自己的形象造人,是同时造出男人和女人的。但在《旧约·创世记》2:22)中,则是在男人身上取下一根肋骨,"用那人身上所取的肋骨造成一个女人"。且不论这两处关于女人身世的不同,这里肯定的是,男人和女人都是上帝亲手所造,但瑞秋的女儿却并非人类所造,如果把人与上帝的关系平移到复制人与人的关系,那么,戴克与瑞秋结合生子就只是"次等人"的婚育。这一孩子的出身并不具有神圣背景。革命军是以不具神圣性的"次等存在者"为号召,向"神圣性存在"发起挑战的。《圣经》里与瑞秋产子形成对应的,并不是亚当和夏娃的出身,而是他们的孩子该隐和亚伯的出生。(《旧约·创世记》4:1)复制人相对于人类是次等的,正如人类相对于上帝。

因此,瑞秋的战友们借着瑞秋女儿的出生,号召组建反抗人类的革命队伍时,其革命正当性的自我圣化,本身是谵妄的。《圣经》中绝对没有人类对上帝不公的控诉,即使遭遇"约伯难题"也是如此。基督教要求的"因信称义",被知识时代的"因知生疑"取代。复制人的"革命叙事"是戏仿和伪造的,但却能借用人类故事中的神圣出身叙事,向人类发出挑战。瑞秋的同代女复制人、起义军领袖 Freysa(连锁七型)在意识到探员 K 误认为自己就是"天命所属"的嫡传子时,对他说,抱歉,我们都想认为自己就是那个人呢。这显示了整个革命队伍对属灵的身份的渴求和向往。在整个基督教传统里,生而有罪的人类是根本不敢觊觎神性的,但吊诡的是,由人所造出的复制人却大胆到要向属灵性提出挑战。这对于神(上帝)和物(复制人)之间的人类,该是一个怎样的刺激和挑战?

与复制人革命军对神性的觊觎相应,华莱士则简直就是要直接占据上帝之位。这样的狂妄和放肆在西方以往的文学作品中是不可想象的。神性气氛的晕染、神圣情境的模仿,或许是可以接受的,而《银翼杀手2049》中,华莱士则俨然就是上帝的化身,掌握着世界历史的"发展潮流"。他认为,人类历史的发展所依靠的,无非就是对有效劳动力的支配。如果能破解复制人生子的秘密,生产出足够多顺服的复制人奴工,就完全可以把握历史。电影把华莱士塑造成大反派,将他作为人类狂妄自大的一个象征。但极具理论激发意义的是,这种狂妄和僭越,却正是在复制不断完美化的人的过程中逐渐显现的。当老一代复制人公司(泰瑞公司)因为不能控制复制人的革命性和反抗性而被迫停产后,华莱士公司改良技术,应时而动,制造出完全听话温顺的复制人,重新获得生产权,支撑起复制人的产业。他的忠实仆从、连锁九型复制人、冷酷女秘书 Luv 向探员 K 夸耀,华莱士先生的贡献举世无双。

新老公司命运的交替,源自技术革新。华莱士公司之所以能够"继体承运",是因为他及时实现了技术的更新换代。这样的情景设计,是不是技术改良派观点的表达呢?当人们指责技术的危害并陷入悲观时,技术改良派指出,那是因为技术还不够先进,当新的技术出现时,老技术的弊端自然会消除。但是,新的技术永远没有尽头,而技术难题层出不穷,而且很多问题正是新技术带来的。这种不断求助于技术革新的"技术弥赛亚主义",会把人类带向哪里呢?技术为王,技术神话的故事,从西方工业化以来不断浮现,像现代社会的幽灵一般,攫住人类的咽喉,把人类胁迫上一条不归之路。或许在"技术弥赛亚主义"的终端,必然会站着这么一位借助技术霸权而独裁的虚假的上帝。华莱士变身伪上帝的根本原因,是人类在技术面前俯首称臣,当人与物的辩证互益关系被物对人的奴役所取代时,技术时代的新的"物神"便会降临。当奴役者绝对强大时,被谁(什么)所奴役已经不是重要的问题了,核心问题只是,人陷入彻底地被奴役状态中时,任何一种非人的事物(存在)都可能具有超乎人类的人性。就此而言,人类对复制人具有更人性化的行为赞叹不已时,可能更多的应该是悲叹人类自身的迷失。

探员 K 在意识到自己的的确确是复制人,而非瑞秋所生之后,怅然若失。他不具有神性的血脉,不配享受革命旗帜的地位。但他在消沉之后,选择了为复制人而战。K 曾以为自己与"圣母瑞秋"血脉相连而拥有神性,在这种虚假认识被揭穿后,他真正的神性追求才被激发出来,这是不是戏拟基督教中羔羊的迷途知返呢?

第二节 复制人的身位

在全球化时代,任何一个个体、民族或文化在确立自性、寻求世界中的身份认同时,都不得不参照他者来深化自我认识。西方思想家谈及文化他者时,总会有一种恍惚而不可把捉的感觉。存在主义思想家萨特把他人视作"地狱",福柯和尼采在谈及"他者性"(otherness)时认为,通达他者需要借助于"间性"思维,即承认我与他人之间的"居间者"。可以说,他人是深化自我认识的必要途径,但对安于自我确定性的西方思想家来说,通达"他者"就是出离"存在之家"(海德格尔),尝试性探索"异乎存在者"(莱维纳斯)是一种冒险。文化体的自我认识和人类个体的自我认识,都需要他者的映照和反衬。

一旦把他者看作是异乎自身者,通达他者的路径就总是充满隔膜和障碍。即使居间者调停也不能解决我与他的相互外在;甚至于,正是由于居间者的羼入,我与他者的沟通变得更加复杂了。我与他者之间的相互通达必然变为不断地中介再中介、"延异"再"延异"的存在"踪迹"。关于让自性探索不断延宕所导致的理论困局,亚里士多德批判柏拉图的"理式论"时,已经做了原则性的分析。柏拉图在万事万物之上都设立了一个作为事物之根源的"理式",认为通过这些理式可以更好地认识事物本身。亚里士多德指出,这样的处理方法完全是把问题复杂化了,因为为了确定事物与其"理式"的相似性,又需要在这两者之间设定一个"第三者",这样的推理可以无限进行下去,最终导致对于事物自身的探究无限延宕。

与无限延宕困境相反的,则是固守纯形式化的自我同一,即固守 A = A 的"绝对真理"。通过他者认识自我,或者在与他者的共处中深化自性探索的历程,在西方思想家的运思中,总是会遇到他者难题。如果我们把"银翼杀手"中的复制人观念引申到个体的自性认识和文化的认同上来,可以说,这种全新的他者将会引发出一种新颖的认知模式。

复制人概念的设定是非常巧妙的。复制人不是原本本身,但却与原本具有很高程度的相似性,是认识原本的绝佳辅助。人类身上的瑕疵和亮点,在复制人身上都可以得到更加明显的呈现。人类具有对永恒生命的追求,在《银翼杀手》中,从外星球殖民地潜回地球的连锁六型复制人罗伊·巴蒂,为了解自己还有多长的寿命,找到了制造他的设计师埃尔顿·泰瑞,并让他寻找在程序上"延年益寿"的良方。对长寿的执念,复制人是"遗传"自人类的。

遗传是整体性的:人性中的善与恶、光明与黑暗、自私与公义都能在复制人的身上得到更加夸张化的展现。从"坏"的一面讲,当自我欲望得不到满足时,人类会迁怒于他人或者对世界进行残酷的报复。罗伊在延长寿命的请求得不到满足时,杀害了把他称作"儿子"的设计师。这种无情报复,会不会让人想到尼采借查拉图斯特拉之口喊出的"上帝死了,是我杀了他"的狂言?罗伊脸上的那种悲愤和绝望,在每一个面临死亡的人类个体身上,恐怕都会有多多少少的表现吧?

复制人放大了人类情感中的悲喜情仇,是人性的显影器,是人类自我的拟真。瑞秋救戴克一命之后,有资格哀怜戴克放她一马,不正像人类通过祭祀神灵而行贿赂以求福康永续吗?在上帝和神灵面前,人类终有一死,他的卑微、琐屑而贪婪的欲望使他像爬行动物一样遭到神灵的鄙视,复制人在他的制造者——"人类上帝"面前,把这种苟且偷生的贱骨头样表现得淋漓尽致。具有极大反讽意味的是,他在人类面前表现的贱骨头样儿,正是人类自身卑贱样的"复制"。人不是神,不是绝对的超越者,在他身下匍匐着乞怜的复制人,而他自己却匍匐在上帝脚下,祈求神灵赐福。在这种自嘲和黑色幽默的场景中,人类能有绝对的超然和自信吗?银翼杀手对复制人行使生杀予夺权力时,却更深刻地意识到自身受限制的处境。复制人对银翼杀手的反抗,同时也是人性的反照。而他杀死制造者的举动,把人类"弑神"的罪行再行演绎了一遍,这是对人类精神和灵魂的两次宰制。

人性中当然还有高尚而闪光的一面。为了同类而牺牲自我的精神,是人类道德的基石,经济学家所设想的自私"卑鄙的我",绝不能在政治秩序建构的宏伟蓝图中占据主要地盘。K 在杀死连锁八型复制人莫顿时,对方谴责他杀死同类,这让他久久不能释怀。所以,当华莱士放弃对他这个虚假的胎生人的追杀时,他耳畔响起的,正是瑞秋的革命同道喊出的坚定宣言:"为了自己的同类而牺牲,我们比人类更具有人性。"孟子为人类道德设定的人固有之的"四端",在常人那里,是或隐或现、时存时亡的,因此需要不断存养。仁义之苗,本心自具。当 K 对争锋的三方都失去价值时,他能够摆脱外在的干扰,响应内心的呼唤,肩担道义,为复制人的生存与尊严而战。

复制人复现了人性中的善与恶、明与暗,而更加具有思想深意的是,在复制人身上也映照出人类的彷徨、挣扎、困惑和无奈。对神性的追求和对永生的向往,被无情的死亡追杀令所打断。从连锁八型起,复制人已经具有了与人类相同的自然寿命,不必像六型复制人罗伊那样为了延长四年的寿命期限而向他的"人类上帝"发难。但真正让人痛苦和不知所措的是,生命的延长并没有减轻生死刀锋上的存在/非存在两难问题的折磨,恰恰相反,延长了的自然生命,使得每一刻、每一分钟都成为西西弗斯式的苦刑:赏赐一分钟的苟延残喘,再施以一分钟的痛苦和折磨。连锁八型复制人莫顿在自己的农庄里安心做一名自食其力的农夫,并没有像人类担心的那样为非作乱,但追杀令还是如约而至。当K不请自来时,或许是给他日复一日的惴惴不安画上了一个休止符,"最终审判"的时候到了。这倒好,再也不用在生死未定的刀锋上终日惶恐了。

人类被赋予了追求神性的潜质,但却被永远驱逐出伊甸园,上帝给予人的这种双向折磨美其名曰"考验"和"拣选",这让多少凡人失去了安心答题的耐心,纵身跳进了虚无的深渊。上帝给予人类的"考验",人类也在复制人身上如法炮制。复制人被赐予自然寿命,天生就是"有亏欠"的。作为报答,K要完成一项炙烤心灵的使命,那就是杀死同类,这虽然没有亚伯拉罕献子那样的折磨,但终究不是一件美差。这是羞辱和恩赐并存的一件"脏活儿",但这样的脏活,摆在他的造物者人类面前,怕是也不能随便拒绝吧?戴克和K,两代银翼杀手都有借酒浇愁的习惯,K还需要在每次任务后接受例行性的基准测试。如果偏离基准线,就会被认为是不符合标准而遭清除,这是悬在银翼杀手头上的达摩克利斯之剑。K看似过着体面的生活,却时时在"过"与"不及"的两个极点之间命悬一线。这就是顺从命运的代价。不顺从又能如何呢?难道他的"人类上帝"就能摆脱被自己的上帝随意拨弄的宿命吗?

"银翼杀手"英文名为 *Blade Runner*,字面义为"刀锋逃亡者",处于刀锋上随时可能会被追杀的,是人类认为不合格的复制人。《银翼杀手》中,他们从外星殖民地潜入之后,"把世界闹得一团糟"。《银翼杀手2049》中,由于发生在2022年美国西海岸的大停电,连锁八型复制人的数据被毁,辨别复制人的难度增加,所有可能存在的连锁八型都被认为是危险的,需要探员辨认后予以清除,这是可怕的"有罪认定"。像莫顿这样本分的农夫天生就被认为是有罪的("原罪"),在他们的"人类上帝"面前,没有辩解的机会。复制人的现实处境,具有浓郁的存在主义意蕴,其中关于复制人生存困境的描述,是技术困境中的人类社会的写照。

复制人的制造过程,电影中并没有介绍,但就其功能特征而言,他是人类的完美复制,在改良的型号中,他们的性格中还设定了人类所有的感觉、记忆、情感和理性思维能力。到连锁六型时,他们就已经在体能、敏捷度上超出人类,而智能并不比制造他们的遗传学工程师差。但卓越的体能、智力和感受力在遇到与人类同样的生命大限和绝对性限制时,徒增更悲愤的慨叹。复制人既是人类秩序的挑战者,同时也是人性的完美"复写",复制人的生存困境也完美"复写"了人类的困境,复制人与人类形成既对峙、对抗又互相对照的关系。影片中并没有在"复制"一词的严格意义上出现某个特定复制人与其"原本"的正面相遇,但"复制"概念所指的,正是两者的直接对应和相似性。电影中的"复制",是一种新型的类人存在物对人类整体的复写。这就自然超出了对特定人类个体复制的狭隘视角,使得"复制人"生来具有关于人的"类"的存在性的哲理蕴含。

在造与被造的关系中,人类可以看作是复制人的"造物主"和神。设计师埃尔顿·泰瑞看到他自己的产品,称赞罗伊为"天才",唤他作"儿子",这是人类暂居神位的证明。但这样的产品却具有远远超出人类的能力。罗伊在面对追杀时,完全控制了局面,恶作剧似的随意摆布戴克。在戴克命悬一线时,复制人却逆转为万能的救赎者,把他从死亡线上拉了回来。罗伊在手上扎进长铁钉,是在四年生命大限将至时使自己清醒提神,但却与耶稣基督被钉十字架的意象形成呼应。复制人在回光返照的时刻,竟瞬间神化了。复制人的卑微性与神圣性的逆转和对照,正如人性中卑微与崇高的并存。

复制人比他者更本质、更内在地显现出人性中的善恶和困惑,复制人以"物性"拷问"人性",却在与人类的对峙和对照中让神性闪光。"物性"所激发出的"灵性"光辉,会不会是对本亚明的机械复制时代"灵光"消散的现代性悲叹的一种回应呢?

时下年轻人喜欢用"在……遇见另一个自己"的清新文艺风,表达在纷繁多变的现代生活场景中对多样自我的发现,但在肤浅的自我认证底下,"银翼杀手"用复制人意象掘进人性底层,探究在极端机械化和物化的世界中灵性升华的可能性。

复制人是一种独特的他者。从字面上来说,复制人完全就是人的复制,是与人类并存的另一个我。但是在对世界的感知、情感的体验、智力和能力的延展方面,复制人是人类生理、心理、社会、灵性等各方面能力和潜质的显现,是人类派到"未来世界"中进行探险的先遣军,是人性的放大器和显影仪。在连锁七型之前,所有的复制人只有四年的生命期,这是人类探险中设定的风险防范机制。连锁八型之后,生命周期"防火墙"被拆除了,这或许是因为有了更加安全的防火机制,但从后来对混迹人类中的八型的追杀来看,风险机制并不安全。对复制人生命周期的调整,可以看作是技术调整,但也寓意着人性探索的"试错"与"风险管控"。

科学家、哲学家、艺术家、心理学家、宗教僧侣以各种不同的方式探索人性。任何一种探索,不论其宣称得多么彻底、透明、不设前提,但总会有一些风险防范机制。风险防范,就是要防止任何一种探索脱离人性界限,把人导向非人。而在人工智能突飞猛进的当下,防范机制的另一个功能则在于,防止任何一种非人的存在者具有人性。杀死人,把人类个体的存在从物理上和生理上抹去,被认为是非人性的。但凭借复制技术,一个完全一模一样的人可以在物理上和生理上再造出来。罗伊在四年生命大限将至时发表的恍惚出神、引人深思的演讲,指向了比生死更重大的问题。"银翼杀手"中反复回响着"复制人比人更加具有人性"的思想旁白,无不指向人性与非人性的界限。

第三节　人性基准线

复制人在体能、智能、敏捷性上的卓越,使得他可以作为人性探索的"先遣尖兵",为人性的广袤领域开疆拓土;而这种外在探索碰触的边界,却恰恰是人性最内在的原则、根基和法度,是区别人性与非人性的本质性界限,是"人性基准线"(Baseline)。

探员K每次执行任务回到警局,必须接受基准测试,在一个电子操控的密闭小包里,面对监控仪,快速重复电子信息发出的词句。K是连锁九型复制人中的优质产品:顺服而能干。对他的测试,是防止他偏离人类的指令,为他设定的基准,是"非人性"的基准线:不要有人那样的情绪波动,不要有对人性的觊觎,不要贪求灵魂,不要有自由意志,总之,人性中最敏感细腻的、最可能具有神性的,都不对他开放。人性方面,他是彻底的"被剥夺者"。但在最后,所有那些被拒绝给予的东西,他却都一个个地赢得了。

人性基准的测定,掌握在具有执法能力的洛杉矶机警局手里。测定的方法,在《银翼杀手2049》中,是让被试者(连锁六型、七型)回答问题,这是对图灵测试的借用。对连锁八型,方法似乎很简单,只需要扫描眼球即可。而对于九型(K探员),则需要通过晦涩神秘的诗句来测试。可以说,"银翼杀手"对于复制人的测试方法是不连贯的。七型以前需要通过问问题,观测被试者的情绪反应(呼吸作用、脸红反应、心率、瞳孔变化),同时借助仪器(Voight-Kampff,测试装置)做出判断。戴克对瑞秋测试时,竟然问了近一百个问题,这就说明,仪器一直没有能测定出来。测试复制人的方法和效率,并不呈现逐渐变难或越来越简单的变化规律。与之相应的,老警员戴克的身份一直是个谜。直到2002年,在第一部《银翼杀手》上映二十年之后,在影迷的追问之下,导演才承认,戴克的确就是复制人,满足了观众的探索欲和好奇心。然而在《银翼杀手2049》中,戴克面对华莱士,非常肯定地说,他关于瑞秋的一切美好的记忆都是真实的,他以此非常坚决地要求着对"人性"的诉求。这一方面说明人与复制人之间的界限模糊,另一方面也说明,人性基准线的漂移变动是与科技进步同行的。人与复制人之间那个飘忽不定的界限,对于时刻面临基准测试的复制人来说,正像一面锐利的刀锋,随时会夺去他们的存在。不是那些追杀的警察,而恰恰是这些在基准线上徘徊的复制人,是在刀锋上的逃亡者(runner)。使得他们的处境越来越危险的,正是那些发明、制造他们的"人类上帝"。复制人在刀锋上的"逃亡",是人类一手造成的。人类在追杀他们的同时,也深刻体验着被自己的科技创新所"追杀"的困境和狼狈——一个事务性的工作不能完成,有时候是因为程序有误,有时候是因为软件不兼容,有时候是因为浏览器不对。对复制人的追杀,是人类自编自导自演的"戏中戏"。人类对于技术的依赖,对"技术弥赛亚"的膜拜,使得他永远不可能自外于这出悲怆忧郁的连环剧。依照基准对复制人的测试,实际上是人类自己的人性基准测试。

影片中对于复制人的测定,前后依照不同的原则进行。对连锁八型(莫顿)的测定,只需要扫描一下眼球,根据他们眼珠下的"产品"代码即可判断。这个最直观简便的方法,省掉了第一部《银翼杀手》中的至少二十多个提问。但这实际上是对复制人测试中复杂问题的简单化呈现,或者说,这只是对于"测试"这一桥段的原则性展示。通过分析测试中的不同原则和方法,我们实际上可以简要回顾一下人工智能测试的发展轨迹。

"图灵测试"是"银翼杀手"电影中的测试的灵感来源,也是整个人工智能发展中的基本问题。测定了人与人工智能的本质区别,可以为人工智能的未来发展指航,防止人工智能发展"失控"。在这一点上,人工智能专家、政治哲学家和道德伦理学家的基本诉求是一致的。因此,确定人工智能测定的基本方法和原则,就是人工智能研究中最重要、最基本的问题,是人工智能中的"第一哲学"。

人工智能的测定,大概经历了三个阶段。第一个阶段,是在认知语言学、认知科学、计算机语言等"算法"层面进行的。在查找2021年6月10日出生的复制人的电子档案时,K的电子女友JOI说,人类身体的语言由四个符号(ATCG)组成,而复制人的语言由0和1两种符号构成。关于0和1构成的二进制从《周易》、莱布尼茨到计算机科学之兴起的故事,无须赘言。在0和1两个最简单的语言基础上形成的日渐复杂的"算法"规则和计算机自主学习,让人类惊叹:ALPHOGO ZERO在围棋上对人类高手的碾压,展示了这个符号最少的人工语言所具有的远超人类的计算能力。JOI对K说,人类语言有四个符号而复制人只有两个符号,这话也是对他的"爱情测试",因为他似乎对人类妓女动了心。K的回答富有深意,他说,最简单的却具有最多的可能性。这既是对他女友醋意的缓释,也是对于人工智能超大可能性的客观评价。人工智能基于最简单的符号体系却创造出无穷的可能性,这的确是人类科技创新中的奇迹。"银翼杀手"中对于这种奇迹的表达,就是复制人竟然能超越人,具有更高的人性,甚至具有对于永生的追求、对于神性的向往。人工智能无论走多远,它的基本构成语法还是由0和1构成的最简单的语言。

在"银翼杀手"中,算法层面的测定都被省略了,复制人身体上并没有橡皮管和电路板等电子构件(像电影《异形》《人工智能》那样),至少从连锁六型复制人开始,他们已经与人类"同形同性"了("同形同性"一般是用来形容古希腊神话中的诸神的)。越过算法测定,对更加接近人类复制人的测定就要求助于情绪反应,这就是对于瑞秋的移情测定(Empathy Test),情绪方面的人性特征和反应,被认为是人与人工智能的本质区别。但这种测试也被证明是不很管用的。首先是对瑞秋的测试难度增加,《银翼杀手》第一部中,复制人罗伊在临终演讲中表现出的情感深度,会让任何一个具有共情能力的人类为之动容。第二部中,戴克对于瑞秋的深情回忆,对"第二瑞秋"(戏拟"第二亚当")形象特征的细致辨认,"第二瑞秋"对戴克的"第二次一见钟情",无一不是人性情感的自然流露。

从算法规则到情感规则,显示了复制人制造技术的提高和拟人程度的增强。但就人类个体的能力系统来说,后者却是更加"简单"而直接的。这种难易程度的"剪刀差",人工智能领域中称为"莫拉维克悖论"。莫拉维克等学者研究发现:实现人类独有的高阶智慧只需要非常少的计算能力,但是实现无意识的技能和感觉反应却需要极大的运算能力,也就是说,"困难的问题易解,简单的问题难解"。对人来说,情绪反应是无意识的、不需学习的,但对人工智能来说却是超过大量的迭代计算的繁难问题。可以说,"银翼杀手"中的测试,面对的正是这样的悖论。

复制人测试的难度增加,对应的是人性基准线的提升。复制人以越来越接近人类的生理、心理和智能水平不断抬高着人性基准线。在身体机能、智能和感受性等方面都不能轻易区分人与复制人,那么,在自由意志和玄妙的灵性上,人类是否可以完全区别于复制人呢?自由意志和对于神性的追求,成为过滤复制人的新的人性基准线。

近代启蒙思想家康德在高扬人性时,设定了"上帝存在""灵魂不朽"和"自由意志"作为人性的三大公设。这是人类存在的最高尊严的标志。在对九型复制人 K 的基准测试中,隐隐约约包含着对人类思想终极命题的测验。选自纳博科夫《微暗的火》中的诗句,包含着哲学家关于存在与虚无的思索。对于 K 的基准测试(baseline test)方法,是设定几个基准词(cells, interlinked),测试仪器快速读出包含基准词的句子后,再重复一遍基准词,让 K 快速重复基准词。测试句的快速朗读和基准词的不断重复,会使受试者其他的感官刺激被抽离,只对基准词集中注意力。通过测试可以知道被试者是不是依然完全遵照指令做出情绪反应。测试题的结构出自一种叫作 dropping in 的表演练习课程。

对 K 的测试题中,暗示着人类情绪、记忆与细胞突触连接的关系。神经生理学指出,人类记忆的生理根据在于神经突触的相连。基准测试中的话题涉及的,正是细胞的相连。这是人类生命的生物学基础,也是人类记忆的形成机理;测试涉及"拥抱所爱者入怀"的情感反应,这是人类感觉性的衍生;测试也涉及对于存在与虚无的深思,这是对于人性中的超越性追求的诘问。这里的核心词分别是:细胞(cells)、连接(interlinked)和爱(love)。一个具有玄妙意味的场景是,白色的喷泉从暗黑世界中涌出,神秘莫测。黑暗世界的意象,在罗伊的临终演讲中也出现过。他说,"我曾看着 C 射线,在唐怀瑟之门附近的黑暗中闪耀",而当生命消失时,"所有这些时刻,终将流失,在时光中,如眼泪,消失在雨中"。复制人的深层记忆,与黑色有关。黑色是深具抽象哲理的颜色。在所有文化中,黑色所象征的,往往是世界之源,是神秘莫测的幽暗之境,是对世界之源头的不定指代。老子所谓的"知白守黑",是对知识形成之前的幽冥世界的守护,印度三大神之一毗湿奴的第八个化身即为黑天,梵文 Krishna 的意思是黑色。因为黑色能吸收光谱中的七种颜色,代表了他能吸引一切事物。相反也可以说,黑色是一切事物之源。① 宇宙物理学家把吸收一切宇宙物质的神秘天体现象命名为"黑洞"。

西方哲学家在对传统思想进行反思时,提出反对"白色神话"的口号。所谓"白色神话",是逞现代理性知识之强的世俗智识,这种世俗智识,忽视所有知识的神秘本源,置西方思想于无根状态。对于这样的反思,老子的"知白守黑"已经给出了辩证的解决方案。西方新时代运动中对"黑色雅典娜"的探源,是对古希腊神话神秘思想源头的追溯。中国古代秦人尚黑,与五行的水德密切相关。《汉书·郊祀志》载:"今秦变周,水德之时。昔文公出猎,获黑龙。此其水德之瑞。"《银翼杀手2049》中的黑色元素,也是对一种神秘力量的暗示。华莱士出场时的玄冥情境,伴随他耳旁的水滴状黑色探测器,与冷酷女秘书 Luv 的白色装束、K 接受测试的小房间白色四壁形成对比,强烈暗示着一切力量和权力的神秘来源。

影片的黑色幽深场景衬托出复制人对于超越性的世界的展望。虽然基准测试要将他们严格控制在忠实奴仆的唯命是从中,但是对爱的渴望、对灵魂的追求、为了他人而奉献自我的勇敢、自由意志,都是复制人通过不断挑战人性基准线而获得的尊严的明证。可以说,人类对复制人的测试只是在特定情境下的复制人的"底线测试",而在瑰丽多变的现实世界中,复制人与人类一起不断挑战各种不可能,实现着人性和技术的"高端测试"。人类真正的"高端挑战"不是技术挑战,而是从人到神的跃迁,正如复制人不仅试图赢得与人平等的"人权",而且觊觎着神位的顶端。

挑战神位顶端的努力,从最基本的神经连接开始,直达最高的玄学标准。从最低端到最高端的跃迁,基本的方法就是连接。连接、链接、连线、关联等不同论域中的近义词簇所指涉的,都是这个隐秘世界的建构逻辑。生物学家解释了记忆的形成,认为它是由于神经元突触的链接而形成的。这对于个体生命和人类生命体来说,都是一样的。同样,人类知、情、意能

---

① 叶舒宪在"玉教说"范围内新近提出的"玄玉时代",在神话历史观念中解释了黑色的神秘意义,可与此相参。参见叶舒宪:《认识玄玉时代》,载《中国社会科学报》2017 年 5 月 25 日第 7 版。

力的形成、社会组织的建构、和谐秩序的维护等,也莫不是经过多方连接而达成的。人类个体对于人格自我的追求、对于灵性空间的渴慕,也是通过把一己之我与更广大浩渺的外在世界相连接而实现的。马克思主义关于"人是社会关系总和"的观点之所以能经受住批判,正是因为其对于个体间关联的深刻把握;以哈贝马斯为重要代表的"交往理论",融汇了社会存在的关系性和行动性。同样,人类的终极追求,也往往是把个体的、世俗的、受限的存在与无限者相连。把受限者与无限者连接在一起的"存在巨链",为久远的长青哲学注入不竭的活力,开拓出人性中的神性空间。

对于个人来说,事件、情境之间的连接,在时间之河中掠过,就会形成具有人格独特性的记忆。这正是"银翼杀手"对于记忆进行组装的用意所在。人是一种历史性的动物,个人的记忆构成人格的基础,文化的记忆成为民族国家的身份标志。人类设计师对复制人记忆的拼接和重组,使得瑞秋、戴克和K都出现了深深的认同危机。因而,对复制人进行基准测试和对人性的基准测试,最终都被归结为记忆真实性的问题。

第四节 真与幻的交织

文化记忆研究者特别珍视一个民族文化记忆的连续性和真实性,但文化入侵者往往通过篡改历史、抹杀民族集体记忆来实现改变他人文化基因之目的。"银翼杀手"中对复制人记忆的篡改和随意拼接,使得人格问题的真伪转变为记忆真实性的问题。独裁工程师华莱士与复制人革命军之间的争锋,转变为保存记忆与抹杀记忆之间的斗争。而洛杉矶警察局为了维护人类记忆的完整性,试图抹掉复制人记忆的任何蛛丝马迹,也是一种人性文化对异乎人性的文化侵略,这种侵略是通过篡改他者的记忆而实现的,因此,虽然实施者是人类,但他们的行径却是赤裸裸的非人性的。相反,复制人起义军为了不使关于复制人自然生子的文化记忆遭到湮没而奋起反抗,却是具有文化正义感的更具人性的壮举。根据文化记忆理论,文化记忆被删除,还有可能被恢复,正如电脑硬盘中文件删除后还有可能被恢复,但是,如果文化记忆被随意拼接打乱,原本真实的记忆就很可能彻底湮灭,被彻底遗忘掉。人类文明间的纷争,很大程度上就是围绕文化记忆主权问题展开的。

由此引发的问题,就是复制人的文化权益问题。复制人具有其文化记忆的权益吗?这一问题正是复制人是否具有自主独立人格的另一种表述。复制人用维护文化记忆、反抗华莱士暴政的革命方式争取自身的文化权益。这样的电影桥段,首先是人类文化记忆保卫战的象征性隐喻;但在象征意义之外,这一问题的严正性和紧要性同样不容忽视。复制人的文化记忆主权问题,直接关涉人类文化记忆的主权问题。这样说,可能有人觉得有些耸人听闻。但是我们只要想一想电子技术发明以来人类文明成果的记录方式,就会明白其中的奥秘了。

人类文化是对自然的改造和发明。改造包括地球自然环境、自我身体结构和外太空环境等的多方面改造,发明包括生产生活工具的发明、新世界的开拓和思想观念的发明等。作为历史性的动物,人类的文化记忆是通过不断革新的技术在历史长河中保存下来的。电脑技术出现之后,文化记忆的保存越来越依赖于电子记录手段。由于电子记录技术的更新换代,硬盘空间、文件格式、电脑运行速度、软件环境、网速等电子化的条件越来越限制、规范着人类文化记忆的效度和清晰度,硬件支持、格式匹配,甚至断电等技术问题都会影响文化记忆。复制和粘贴的操作,是文化记忆和传播的重要手段,人类文化越来越依靠于电子设备和电子媒介,越来越依赖于K的电子女友JOI所说的简单的语言(0和1)。微信阅读的利弊、电脑病毒的瞬间繁殖、人类信息处理与情感交往的相容性问题、电子现代性所造成的机器对人的控制、共享汽车交通事故责任认定问题……太多的现实困境把电子信息权益的限度问题提了出来。电子信息权益的扩大是否直接意味着人性空间的相应缩小?复制人是电子信息的"位格",是人工智能技术的人格化。

以华莱士为代表的电子媒介独裁者,操控着复制人的文化记忆,正如马克思所分析的,在阶级社会中,统治阶级的观念就是统治性的观念,文化主权与政治主权、经济控制权和技术特权直接相关。这样,华莱士不仅能随意篡改瑞秋、戴克和K等复制人的记忆,还有可能随意篡改人类个体的记忆。在当今时代,无所不在的文化争夺战的各方正在向着文化记忆主控权的高地发起抢夺战。美国学者福山所谓的文化冲突,已经从具体现实的客观世界中转移到虚拟的赛博空间。

记忆的真假,可以瞬间改变 K、戴克和瑞秋的身份认同。K 在自己"复制人—复制人所生的后代—复制人"的身份迷宫中彷徨摇摆,想摆脱 skin-jobs(人皮货)的蔑称,获得传说中只有人类才配享的"灵魂",却被告知,他的所有童年记忆,那个关于小木马的珍贵片段,只是别人的记忆。K 所遭受的羞辱,不仅仅是记忆被褫夺的问题,还有人性伸展空间被剥夺的问题。当他沉浸在"复制人所生后代"的迷梦中时,就像那个未食智慧树果实的蒙昧的亚当;当他了解到自己不过是一个平凡而温顺的连锁九型复制人时,就像被驱逐出了伊甸园,要想获得神的眷顾,必须凭借自己在土地上的辛劳。

在"银翼杀手"中,保存文化记忆真实性的真幻争锋具有远远超出现实场景的复杂性。这不仅表现为,文化记忆的真切性直接关系到能不能获得神灵眷顾而得到灵魂,更在于,电影中营造了多层次的真幻对比关系。依照自然出生的生物性人类,电影中设计的各层次"非自然人"有好几个层次。第一种是连锁各型复制人,第一部《银翼杀手》中出现的,有戴克追杀的几个连锁六型,还有连锁七型瑞秋。根据同型产生爱情的猜测,戴克可能也是七型。对连锁一型到连锁五型,电影中没有交代。《银翼杀手2049》中,开场就"被退休"了的萨珀·莫顿(Sapper Morton)和起义军领袖 Freysa 属于八型,连锁九型是几乎完美的复制人,听从人类所有指令,K 和 Luv 属于此型。

复制人根据型号的新旧,性能和能力呈逐渐增强趋势,但大致说来,他们属于同类。他们相对于人类来说,真实性较差,对于自己头脑中的记忆不能够区分真伪,瑞秋和 K 都曾真者为幻、幻者为真,人类,尤其是设计师具有鉴别其记忆之真伪的能力。所以,人类是他们真实性的根源,也是他们存在的意义之源,是他们所处的"洞穴"中的微弱的火光光源。在希腊哲学家柏拉图著名的"回忆说"中,尘世中的人们大都忘记了他们在天国的经历,只有神灵附体的智者可以回忆起,这些人相对于普通人,有关于天国的较真实的回忆。柏拉图没有说明真实记忆的把控者为谁,但在"银翼杀手"中,这一把控者很明确就是人类设计师。

复制人对于真实回忆的珍藏和确认,似乎是柏拉图式的"回忆说"在电子时代的复现。"银翼杀手"把真实性的确认权交给人类设计师,是人类的狂妄自信还是自我打气壮胆,对此我们不得而知,但是在人工智能席卷天下的当今时代,人类对于记忆真伪的辨别能力并不乐观,这却是不可辩驳的事实。人类在自己营造的观念、意识形态、谣言、宗教教条、商品拜物教以及披着科学外套的巫术的裹挟下,在过剩精神产品的供应下,往往真假难辨。现实生活中,人类往往很难掌握辨认记忆真假性的标尺。尤其是,当真与幻的二元对立分解为多级的模糊态"拟真"时,就很难明确肯定某一个层级的真实性。现代世界早已不是简单的"世俗之城"与"上帝之城"的二元对立。即使世俗世界也远远超出波普尔所谓的"三个世界"了。在意识形态万花筒般的繁衍滋生中,在消费主义大行其道的浪潮中,在人类观念不断回卷和科技迅猛向前这两个方向的往复激荡中,人类生活世界无限多级地"分形"了。物质生活的现实、精神生活的现实、灵性的现实、电子虚拟的现实、异次元的现实……坚硬的一元现实被打破了。不同的现实对应着不同的真实性,各自索求独特的真实性:历史的真实性、情感的真实性、算法的真实性、逻辑的真实性,等等。多重现实与多元真理的关系,有并置,也有纵深递进。

在复制人之外,还有电子人,那就是K的电子女友JOI,这是华莱士公司开发的一款虚拟伴侣。K本身就是华莱士公司的产品,他同时也拥有一款电子女友作为陪伴。在物理性存在上,电子人比复制人又低了一等,她的存在真实性掌握在她的"主人"K手里。K可以让她显形,也可以让她消失。她与她的复制人主人的关系,是又一个层次的人类与上帝关系的重演。在物理性存在的真实性上,相对于K,JOI是低一等的存在,但是在情感的真实性上,是她唤醒了K身体中的爱欲,并借助一个比他们两人的现实存在性都要高的人类妓女,满足了K对于真实人类肉体的享受。这里的真实性层次是复杂的,不同的真实性原则主导着不同的世界。K是JOI的上帝,可以随意将她从虚拟世界唤醒并赋予她以准物理性的存在。JOI

是爱的原则象征,她遵循的是情感的真实性,在物理性上,她最不具有真实性,但是爱的原则却可以跨越存在的层次,导演"她的上帝"和"她的上帝的上帝"实现不同物理性存在之间的媾和。妓女塞巴斯蒂安是真实的人,按说她是可以主导整个交合过程的,但实际上,她的作用只是为这个跨界的灵肉结合提供了临时借用的肉体质料,精神的属灵的一面与她无关。这样的安排也许并不算是对人类的诋毁,而是对妓女这个社会角色之本质的最深刻揭示。塞巴斯蒂安在离开时对 JOI 说了两句话,第一句是,这没有什么特别的;第二句是,我也当了一回你。第一句的隐晦表达,允许人们猜测,K 也许真的是人类而非复制人。第二句则为后面她"拯救"K 埋下了伏笔。妓女实施拯救的主题,古今中外的文学作品和神话中都不鲜见。人类学家对于"神妓"的救赎功能多有论述,在《羊脂球》《魂断蓝桥》《茶花女》等艺术名作中,妓女施救的情节一再复现,这是女性以身体引导男性走上灵性追求之路的隐喻。塞巴斯蒂安所代表的,是肉体性的真实,她的身体为 K 和电子女友的结合搭建了临时的舞台。

电子人 JOI 本身,也具有显隐不同层级的真实性。K 为她购买的显影设备,可以帮助她从隐蔽状态中显现出来,提高其真实性。K 手中握有 JOI 的打开和关闭控制器,调整着 JOI 的真实感受;反过来,显影后的 JOI 也提高了 K 的真实性,在听了 K 讲述的儿时记忆后,她明确告诉 K,我就知道你与众不同。这相应开启了 K 的神性探索之路。

人类、复制人和电子人具有不同程度的真实性。但是他们的真实性的根源,均不在自身。掌控他们记忆真实性的,是洛杉矶警察局所代表的赋权机构。布莱恩特警长命令戴克去追杀复制人时,戴克说自己已经退休了。但布莱恩完全掌握着他的命运,只用一句话就让他改变了主意:You're little man。这或者暗示他只是个不起眼的小人物,或者暗示他就是复制人。可见,掌握复制人的生命真实性的,并非任何一个人,而是人类社会中的权力部门。在复制人与人类、复制人与复制人、复制人与他的电子情人等多方交织的关系网之上,掌控整个局面、掌握生杀予夺权力、调控记忆真实性的,是站在社会顶端的当权者。与之形成竞争又协作关系的,是高科技资本的掌舵者华莱士。这是现代社会知识与权力的交织利用关系的艺术写照。

在权力资本的控制下,一个卑微的个体能知道什么,被允许具有何种能力,都是被规划、设计好了的,甚至对何者为真、何者为幻的认定,都不由每个个体自己决定。瑞秋记忆中的照片、K儿时记忆中的木马,戴克梦中的独角兽,甚至戴克对瑞秋的一见钟情,都是被设计好了的,用人工智能语言来说,这一切都是由程序和算法决定了的。在世俗专制统治下,掌控着真与幻、存在与非存在、生与死的大权的,是恐怖的国家机器。但在AI昌盛的当代世界,这样的专断权隐藏起了恐怖的面孔,代之以数据挖掘、云计算、大数据这样的高科技面目。打开电脑蹦出的新闻网页是根据你以前的浏览记录而推荐的;网络购物时,网站会根据你的以往购物记录推荐新产品。据说未来高智能化的家电会给你提供适合个人身体状况的搭配合理的早餐。我们如果放心食用智能家电提供的健康早餐,就是把自己的信任和健康权交给了数据统计程序。"银翼杀手"中,瑞秋和戴克真正的孩子,那个被保护在无菌室里的女博士说,人们一般认为记忆越清晰丰富便越真实,但是如果记忆本身就是被植入的,则真与伪便很难辨识了,这在电影中得到了印证。把他人记忆植入导致的身份危机,让K深深失魂落魄,戴克在华莱士明确告诉他,他与瑞秋的一见钟情也是系统设计好的之后的反应,是对他们的爱情的宗教信仰般的坚守。我们是该感慨科技弄人的天衣无缝呢,还是该为戴克的痴情而扼腕呢?

影片中的全知视角(上帝视角),除了布莱恩特警长和华莱士,还有对戴克的一言一行洞若观火的探员卡夫。戴克梦中出现的独角兽,卡夫用折纸表明自己一清二楚。华莱士用随意拼接记忆的方法控制着复制人的自我认知,但同为他的产品的探员K却可以在深刻自知后挺身为复制人的利益而战,给他以启发的,是起义军领袖Freysa所说的,复制人为同类而牺牲,是比人类更具人性的壮举;促使他形成自由意志的,或许还有莫顿的蔑视("杀掉同类感觉很好吗?")和JOI与塞巴斯蒂安给予他的灵与肉的双重"救赎"。通过爱欲实现人格的升华,是许多爱情故事的程式。这里更加具有典型象征意义的,是JOI和塞巴斯蒂安合并。K实现了电影《她》中的男主人公所没有实现的灵肉洗礼,升发出为同类而牺牲的意识。这是一束冲破程序和算法之束缚的璀璨的人性光辉,K由此而发展出来的自由意志,绝对不在华莱士的程序之中。

在人类设计师的程序设定和对记忆片段的随意拨弄下,电影"银翼杀手"所展示的复制人的生存境况是暗淡而忧郁的,具有朋克赛博的典型风格和存在主义的悲观色调。但是,K在片尾偏离程序设定(制造温顺的人造奴工)的行为举动表明,他虽然基本上还是被算法控制的,但人类自诩所独具的"灵魂",他也是有的。K的自由意志显示出了存在主义的积极一面:即使他人都是"地狱",是狼,我依然保有做人、做天使的尊严和自由!

第十五章 《你的名字》的文化解读

对于文化符号和文学符号的研究,可以通过对一个最常见的能指即"名字"的解析而展开。我们被别人以某个特定的名字来称呼,这是能指与所指实现对接,完成意义、信息和指令传输过程的一种典型情境。名字中所蕴含着的深义,正如《中庸》所言:

> 君子之道费而隐。夫妇之愚,可以与知焉,及其至也,虽圣人亦有所不知焉。夫妇之不肖,可以能行焉,及其至也,虽圣人亦有所不能焉。

无论是夫妇之愚或是圣人之智,知与不知的微妙界隙,正在言语行动的瞬间领悟中。名字中的深义,在能指作为重要问题而得到探讨之前,一直处于"百姓日用而不知"中。上帝耶稣以言创世而孔子"予欲无言"。孔子提出"必也正名乎"的重要性。中国人传统上对起名字高度重视,很多人相信名字会影响人的命运,这就是起名学兴盛的原因。因此,《超时空同居》中的女主人公才会说,"改名就是改运"。当一个陌生人直接叫出你的名字时,你会瞬间在脑子里提出一百个存在论课题。据《中国防伪报道》,当化名"小言"的沈阳姑娘收到诈骗犯的"逮捕令",看到自己的名字赫然在上时,完全言听计从,一步步被骗。① 名字的重要性于此可见一斑。

新海诚的电影《你的名字》以感人的爱情主题和唯美的动漫形式捕获人心,掀起2016年年底的影坛热潮。《你的名字》作为类型片受到热捧的原因,已有不少的解析评论。在流行元素之外,其所蕴含的文化思想内涵同样值得探究,这里尝试以"名字"这一话题切入,展开意义探索。

第一节 名字与自我的探寻

看惯了爱情片的观众适应不了《你的名字》的"套路":为什么两个互换身体的人会爱上对方?另外一个让观众不解的细节是,为什么他们身体互换那么多次,并且在日记上记下对方的行踪事迹,却不能记住对方的名字。还有,男女主人公互换身体后醒来,总会有出神入定似的发愣,三叶"早上起来的时候,不知道自己为什么在哭"。立花泷感觉"明明做过的梦却总是想不起来,只是,我一直在寻找着什么"。主人公的恍惚迷离和爱情主题表现手法有关吗?神情迟疑、举止失措的描写,在情到深处时烘托一下主人公的内心世界,是爱情描写的常用手段。但主人公却隐隐觉得,他(她)似乎在寻找某种莫名的东西。他们寻找的是什么呢?

生活中的三叶,不满于系守镇的单调生活,梦想在来世变成京都的帅气男生。当她意识到自己在梦中与一个京都少年互换身体后,那份强烈的渴望被唤醒,梦想就在现实的梦中直接实现了,这时候她要寻找的,就是那个男孩。他的生活点滴,三叶已经详细记录下来了,但是他叫什么呢?他的名字,那个系缚三叶梦想的符号,她却始终记不起来。

新海诚浓墨重彩描写三叶对男主人公名字的苦苦追寻,并用《你的名字》为片名,把三叶对男主人公名字的追问作为影片后半段的情节推动力。但备好手帕的爱情电影观众却不明白,男主人公叫什么名字为什么就那么重要呢?反过来,男主人公立花泷也不知道,他真正要寻找的到底是什么。"你到底是谁,我是来见谁的?"困扰男主人公的这个问题,放在爱

---

① 《名字赫然出现在"逮捕令"上,受害人言听计从》,载《中国防伪报道》2017第12期。

情片里，答案似乎只能是那个爱人——但在寻找爱人的表层主题之下，显然还潜藏着另外一个更加本质的追寻主题。

谈及创作动机时，新海诚说，年轻人会有类似"不知道自己想干什么"的烦恼，他们正处在寻找自己生存意义的时期。对于这个阶段的人来说，动画电影多少可以给他们以勇气。他们看完《你的名字》后，就会觉得自己将会遇到一个对自己重要的人。所以，"我想给年轻人说的是，他们的未来真的有很多的可能性"。

可见，新海诚置入电影中的寻找主题，除了爱情片常见的寻找爱人，更深的则是对于生存意义、对于未来可能性的追寻。动漫电影把年轻人作为主要观众群，在寻找爱人的主题之下，以艺术化的感人方式表达着过来人对年轻人的期许、劝导、鼓励和指引。生存的意义，对于涉世未深的年轻人来说，隐藏在尚未展开的多种可能性中，自然就是不可知的，是不知其名的。

新海诚自述："到了成年人的年纪，就想将自己曾经得到的东西，送给与曾经的自己相似的人"。这是一个有艺术情怀的成年人对年轻人真诚而满怀期待的爱。对于其未来尚不确定的年轻人，一个过来人能讲些什么呢？絮絮叨叨的说教自然没人爱听。这不仅仅是说教论理的方式问题，更重要的是，可能性是指向未来的，一个拥有"曾经"的人，关于未来能够直接地、具体地说些什么呢？关于未来，关于可能性，"过来人"有一肚子话要说，但不论其态度何等真诚、期待何等殷切，最聪明的办法，依然只能是让这样的指引和劝导保持在未可名言的开放状态。这是人类精神世代传递中不得不接受的现实。意义之链在传递中随时可能断开，正如系守镇的人们早已忘记了祭神仪式的真正含义，正如环湖而居的人们并不知道，这个湖本就是一千二百年前的彗星撞击造成的。

生存的意义和可能性指向未来，但过去却并非毫无价值，即使过去存留的只是一些让人不可捉摸的古老仪式，如三叶的祖母一叶虔诚谨守的箱根神社拜神仪式，或者只是一些高度抽象的象征符号，如三叶头上系着的丝带中央那象征湖泊的圆环。对生存意义的探寻和追问，虽然指向未来的无穷可能，但却时时将过去唤醒，让历史记忆复活。

在千年之前的彗星撞击和即将到来的撞击之间，在古老仪式的神秘意义和三叶的憧憬之间，在互换身体的三年前的三叶和2016年的立花泷之间，在过去与未来之间，在现实性与可能性之间，一条观念和生存意义的丝线前后勾连。

在前后勾连的意义丝线之上，男女主人公相互寻找对方的表层故事平添了一份深沉的人生况味和命运主题。使得表层的寻找爱人主题得到升华的，正是《你的名字》中最抢眼的身体互换桥段。传统爱情故事中恋人间亲熟、亲热、亲昵的种种细节，凝练成身体互换这一纯良而却又引人遐思的"形式主题"。这种艺术形式是纯良的，是因为在互换身体时，在万有流转的无限可能性中，他的身体和她的思想、她的身体和他的思想因缘和合，避免了身体与身体直接面对的滥俗情节；但这种形式又是引人遐思的，在这一看似不经的形式中，糅合了传统关于爱情的两种看似截然相反的理解。

基督教义要求男人"要离开父母，与妻子连合，二人成为一体"。（《圣经·以弗所书》5：31），要求丈夫当爱妻子，"如同爱自己的身子，爱妻子便是爱自己了"（《圣经·以弗所书》5：28）。这是从身体和合达到挚爱的道路。与之相反，柏拉图式的爱情，源于对超越性理念世界的爱，则表现出对于身体欲望的拒斥。

身体互换的形式主题，似乎游移于以上两种模式之外，但却是对于两者的奇妙结合。与他的身体相结合的是她的思想，这就不是骨中之骨、肉中之肉的身体和合。但是，他也以自己的思想意志赏玩、探测她的身体，满足异样的好奇心；她也为他身体的凸出而抓狂。在这里，身体是分是合，是不能明确说清楚的。这里似乎没有基督教式的和合，但却分明存在两个思想实体与两具身体之间爱嗔交织的恩怨游戏。

身体是少男少女寻求自我、发现无穷可能世界的探测器，身体互换的模糊多义性，最大可能地把意义的无穷可能性展现。身体互换的模糊性，表明的恰恰是主人公世界的开放性。

第二节　我与你

如果认为在身体互换中存在着和合观念的隐晦表达,那也是曲折而艺术化的,这种表达方式中既有日本传统"物哀"文化中因物(这里是"身体之物")动心的隐隐哀怨,也融进了动漫异次元世界的奇诡情趣。互换身体同样可以看作是纯良无害的浪漫想象,这里可以发现柏拉图式爱情的"高情感体验":柏拉图认为在人生前和死后的纯粹观念世界中,每个人都是完整的,在尘世中,完整的人破为两个,每个人都若有所失,试图寻找到自己的"另一半"。在电影后段拯救小镇的行动中,促成镇长采取行动的,正是他和她的瞬间和合体。这不就是柏拉图理念世界中完整的人吗?

在表层的爱情故事中,他和她的苦苦寻找经历了惊愕、好奇、埋怨、误会、故意伤害、谅解、渴慕等程式化过程(爱情片套路);在爱情故事之下隐藏着的生存意义探索主题,却指向更加深邃的意蕴。男女主人公所追求的,更本质地说,就是自己的未来,是自己的无穷可能性。对未来的探寻、对可能性的追问,是与自我认知密切相关的问题。这是一个严峻而本质的思想命题。哲学家以思辨语言表述的问题,新海诚则以艺术的方式予以表达。

这样,我们再次回到片名《你的名字》上。关于片名的意义,剧中有一个点睛之笔:三叶上课时,日文老师所讲的,正是"你的名字"的意义。据说这个词的词根就是阴阳相交的黄昏时刻。黄昏时阴阳相交的短暂一瞬,正是男女主人公跨越时空直接见面的时刻。在此场景中,黄昏的意义远远超出日文老师所讲,这一时刻同时也是男女交汇的时刻,是三年前的三叶与2016年的立花泷见面的时刻,是过去与未来的交汇点,是现实与可能性的交汇点。这个交汇点,是撕掉男欢女爱卿卿我我的爱情片粉色封皮而展露出来的故事正文,是新海诚这个成年男人召唤着、等待着少男少女前来会面的剧场中央。

新海诚说,他想"将自己曾经得到的东西,送给与曾经的自己相似的人"。这个东西是怎么呢?是送给影院沙发座上小情侣们的催泪巨弹?是头扎三叶绳结朝圣般观影的仪式感?是"最后一秒拯救"的有惊无险的奇观？这些都不是。在系守镇居民终于获救的结局中，新海诚的教诲明朗起来，他要讲给少男少女的，是与死生一样重大的人生命题。但新海诚的人生命题显然是以爱情故事为封皮的。

柏拉图式的爱情观中，有一种令人唏嘘感慨的人生际遇：神给了尘世男女以缘分，让他们相遇，但却忘了给他们指出交点，他们的爱便成了远远的守望，像两条平行线永无交汇之日。新海诚用"最后一秒拯救"完成了男女的交会，拯救了系守镇，拯救了三叶与立花泷的情缘，也拯救了他置入影片中的深刻的人生主题。

三叶对"你的名字"的追问，与其自身的存在密切相关。随着追问男主人公名字的主题变得紧张起来，她自身的存在也受到威胁，到了存亡的紧要关头。与"你是谁"这一问题相映照的，正是"我是谁"的终极追问。我的自我定位，是与你密切相关的，只有与你相遇，我的生存意义问题才有了现实而妥帖的解答。立花泷"我在寻找谁？在寻找什么？"的问题，在大拯救结局中得到解答。

爱情故事提供的，是自我身份确认中的更加本质的情境：只有与你相遇，我才能真正认识我自己；只有爱上你，才能真正与你相遇；认识到我的不完整，我必然会爱上你；只有真正追寻过自我，才能认识到自我的不完整。爱与探索的主题是爱情与人生哲理间的深层关联。通过他者可以确定自我，不仅因为他者是我的借镜，而且因为，只有在与他人的互相对照中，我的可能性和未来才能呈现大致轮廓。新海诚说，我们的人生始终处在一个和他人邂逅之前的状态，我希望通过我的电影让大家相信，我们明天或后天，或一年之后，会和自己人生中非常重要的人相遇。比起那些遇到的人，我更希望那些我尚未遇见的，甚至是那些可能一生都不可能见到的人，希望他们能看到我的电影。

与他者的亲熟过程就是与自己的未来和可能性相遇的过程。当立花泷和三叶站在镜子前面看到陌生的身体时，作为借镜的他者显得如此突兀而别扭……经过爱情故事的回旋曲折，这种不适感逐渐消除了，取而代之的是对他者的心悦接受和执着追求。

通过他人认识自我，并非《你的名字》中的独特哲思。在身体互换这一空间性隐喻背后,还潜藏着更加深刻的时间向度的哲思。与立花泷交换身体的,并非现在的三叶,而是三年前的三叶。所以,当已经意识到奇妙相遇的三叶费尽艰辛找到立花泷的时候,他毫无反应。新海诚是想用这样的安排来隐喻少女的怀春和少男的懵懂吗?女孩的早熟与男孩的懵懂,的确符合现实常态。故事中,正是女孩子对男孩子早早给予点拨和启蒙的。这里蕴含着人类意识成长中的"女教师"隐喻(《言叶之庭》中的雪野百里香,身份就是女教师)。但是换一个角度,我们则可以说,在危急关头展开救赎的,是男人而非女人。得到启蒙的男孩子,意识到自我,同样也意识到自己的可能性。在与女主人公的身体互换中憬悟自我生存意义后,他认识到自己的力量和使命,勇敢承担起救赎的重任。

男女人格成长的主题,在这里呈现交织和交错的态势。对于每一个体来说,探索自己的未来和可能性,都既是自主的,又是被引发的。在那个不可捉摸的命运之下,每个人的成长,都是在与他人日常交往时的切磋琢磨过程。所以,探索自我的过程也是在探索他人、探索未可明言的命运的历程。立花泷与三叶的相互寻找,也可以看作人类探索自己本质的一种艺术化表达。对自我的探索与对他人的寻求交错相长,期间尤其需要借助于迥异而互补的他者,即异性的指引和帮助。

在对自我和自性的探求中,更多复杂的环节逐渐呈现了:他者的指引和激发、异性的点拨和吸引、主动方与被动方的相互转换、跨时空的交错成长……多个主题交织、呼应、对照、引发,使得电影的思想性内涵得到极大的增殖和衍发。新海诚贪婪地把生命的一切馈赠,即他关于生命和成长的思考都放在这个爱情主题的迷人花架上;幸而有身体互换这个奇幻的想象,爱情主题增强了催泪效果,而沉甸甸的人生命题也被表层的爱情故事映照得鲜明而深彻。

三叶和立花泷的相互寻找,隔着三年的时光隧道,时间维度是电影中的神奇道具。三年时间的阻隔使得浪漫而不失童稚气的爱情故事骤然平添一分"君住长江头,我住长江尾"的淡淡忧伤;但故事在爱情的悲喜配方上基本是平衡的,片尾的见面,如同时光滤板中折射出的七彩霓虹,亦真亦幻,抚慰了揪心的观众。

第三节　时间与线

　　三年的时差,除了表达出男女主人公心灵成长主题的交错和相互引发,还蕴含着更加深邃的哲理。古典时代的思想家在寻求终极实在时,往往摒弃时间维度,试图确立某种超时间的存在,尤以西方思想家为甚,这正是西方传统形而上学的基本特征;而反超越性,追求历史中的动态实在,为有限性、历史性的存在赋予意义,则是现代思想的基本命题。无论新海诚是否自觉到古今转折中的观念变革,《你的名字》借用时间道具所表达的,完全可以视为对现代思想的艺术性阐释。

　　《你的名字》强调式表现着时间性的意义。把男女主人公连接起来的丝带、一叶编织活里的丝线、彗星和飞机在天际曳出的尾线、新干线列车的路线……这些线条所象征的,都是时间的线性流逝,是以"线喻"表达的生存意义和人类精神的生成、关联、流转和传递。与超历史的传统意义世界相反,在现代世界中,意义是与历史性相关的。在身体互换中与立花泷一线牵连的,是处于历史长河前端的三叶,而在片尾与他相遇的,则是未来的三叶。三叶作为时间性镜像,使得立花泷的意义世界变得立体而流动起来。

　　男女主人公的人生意义和可能性世界,在时间轴上伸展开来,像攀着时间的藤蔓婷婷袅袅绽放的一片花海,因为两个人的生命轨迹的呼应、关联、应答、牵引,这部双线的人生意义活剧显得动感而富有召唤力。两人心灵与身体的交织、交错和深层交流,也像灵力之线扭成的结,成型,扭曲,缠绕。

　　对线性存在的追求,打开了生命意义的无尽宝藏,使一切抽象的意义世界建构(形而上的存在、超越性的天国)相形见绌。一切崇高而神圣的事物,都需要在时间的长河里,在岁月的流转中受洗和加冕。在无所不在的灵力的牵连中,爱的教育成为关于生命力成长的教育,自我认识就是关于自我能力的认识。《你的名字》告诉我们,爱是一种能力的形成,爱是一个成长的过程,是在时间长河中的受洗过程。生命之河中的所有期待与回首、欣悦与苦痛、爱与恨、琐屑的与宏大的、可感者与可知者……都成了生命意义的滋养。在古老教诲中一再回响着的"永恒",被永续不绝的灵力之线取代。生命的意义在对"存在巨链"的依靠中得到延续。

爱的教育是关于成长的教育,是关于世界成为世界的绝佳隐喻,其中既有两个独立个体之间的呼应、对话、映照和交感,也有永恒灵力之线的洄波逆转、往复流连。唐代诗人陈子昂因"前不见古人,后不见来者",便"独怆然而泣下",韦应物《初发扬子寄元大校书》诗有"今朝此为别,何处还相遇。世事波上舟,沿洄安得住"之句,对离去的人发出了的悲叹。新海诚则以艺术的方式告诉我们,逝者也是会回返的,时间之线也有扭曲和缠绕。

时间的流逝,在新海诚的笔下变成了幻彩的美丽线条。飞机、彗星划过的线,新干线的线路、一叶织机上的绳结、三叶的头绳、立花泷给前辈缝裙子的绿色丝线……都有神奇的幻化效果,把前后相续、令人徒生悲叹的无情的流逝,铺展在梦幻般的二维世界中。新海诚的画笔,为世界之存在塑形敷彩,他把动态的时间性意义生成过程投影在画稿上,但却不失时间性的灵动飞跃。那个隔着三年时光的立花泷,对于三叶来说,好像就藏在新海诚七彩世界的某个角落里,等着她去找出来会面。

这里可以从立花泷的角度对世界的线性结构做出分析。立花泷与三年前的同龄人三叶交换身体,这是两条平行时间线的缠绕;但因为三年的时间差,立花泷的时间线条呈现交叉;当立花泷意识到三年前的灾难威胁时,他想要把自己的时间线与三叶的时间线再次缠绕以完成救赎的使命;两人世界之间不自觉的缠绕是在梦中实现的,梦中世界是现实世界的变形,是两条时间线的错位交接,立花泷要想再次实现错位交接,就需要突破时间的单向性,促成时间线的"回越"。帮助他再次实现时间线错位交接的,正是连接过去与未来、给时间的流逝赋予意义与力量的灵力。

立花泷喝下三年前的三叶亲口酿造的口嚼酒,实现了对时间线的象征性改变。由于时间线的人为改变,灵力得以在世代之间绵延传递,这样,男女主人公的爱情故事也融入无所不在的灵力的一脉相传线索中去了。不仅爱情被赋予神圣的意义,主人公所经历过的和将要经历的一切,都披上一层神圣的光辉。

故事的神圣唯美之处还在于,立花泷甚至可以预先看见三叶同学的未来,并能遇见未来的三叶。这样的设计,让在时间必然性链条束缚下的人们心中的渴望和憧憬梦幻一般绽放。《你的名字》的"情感胚芽",源自日本流传甚广的一句诗"梦里相逢人不见,若知是梦何须醒"。动漫电影以绚丽的色彩、摇曳的线条幻化出时间线条的往复飘摇,与诗句中缠绵悱恻的情思相应。

立花泷和三叶的相互寻找,把单向线性的时间流搅乱,让多重时空交错缠绕起来。世界的时间性表象如同扭结在一起的七彩绳结,平行、交错、扭结、缠绕……但最让人揪心的,是线条的断裂。男女主人公在寻找对方时的急切与仓皇,刻画出意义链条断开时世界面临破碎的危险。

可能破碎的,并不仅仅是二人的情感故事,而且是主人公身处的整个世界。世界是时空纵横交织的统一体,随着时间线条的抽离和扭曲,时空统一体也面临着崩解的危险。所以,当他们不再能够互换身体时,立花泷陷入迷茫和自失,他只知道自己要寻找,但寻找什么、寻找谁却并不知道。这是自我认知的垮塌,是自我价值和意义追寻过程的中断,自我探寻陷入了僵局。在三叶方面,世界的崩解是更加具体的、物质性的。身体互换失败之时,正是彗星将要撞向系守镇,三叶的生存面临终极威胁的紧要关头。

这里用时间性的断裂表达的整体世界崩解的主题,是隐微而深彻的。在这一主题中,时间性关联的坚实可靠,成为关乎世界存在与个体之生存的关键;在《你的名字》设定的高度象征性语境中,世界是否安全稳妥、个体的生存是否富有意义,全在于时间线条是否连贯坚韧。时间性成为世界意义的源头和本质所在。世界意义在时间的前后勾连中延展开来,构成了对超时空的终极实在的反拨。古老的宗教和哲学所悬设的绝对实在,被无所不在的灵力之线所取代。灵力所指的,就是流动中的力量、生命里的根源、生命意义传递和关联中的不竭动力。正如一叶所说,灵力的意义是多样的。

时间的绵延对意义的持存和对神圣性的呵护,让生命主题在历史延续中伸展开。三叶和立花泷所坚守和维护的,正是那细若游丝却与时俱存、连绵永续的生命力量。爱情的花朵,在这条蜿蜒的生命之流中粲然绽放。

第四节　断裂与连绵

《你的名字》中的灵力链条有续有断:在梦中互换身体时,男女主人公实现了跨越时空的灵力连接;身体互换失败时,灵力之链断裂。两人之间的三年时间差是明显的断裂,但是如果换做上周和这周之间、昨天和今天之间、前一秒和后一秒之间、刹那前后之间,难道不也是断裂吗? 只要是连绵,不都是对时间点之间或宽或狭的断裂带的连接吗? 难道真的存在无"缝隙"的连绵吗? 连续性与点状确定性的关系问题,是一个历史深远的哲学问题。对点的确定性的维护和对连绵的确证,都出于维护世界之可靠性目的,但确定性的点和无缝的连绵形成了深刻的思想矛盾。《你的名字》一方面通过灵力的连接,历史性展现了男女主人公的世界持续伸展开来的连绵不断过程,另一方面又用三年时差的宽阔"壕沟"凸显断裂。个体的生长、世界的形成,都是由无穷确定性的点连绵相续、依次拼成一个整体的过程。自我人格的形成是这样的,自我的世界是这样的,宏观的世界图景、玄妙的精神世界也是这样的。在《你的名字》象征性描写的世界连绵生成景象中,爱情的起伏波澜亮丽而鲜活。

世界的生成既是连绵一体的,也是断裂跳跃的。可以说,连绵与断裂也是一体之两面。在阴阳交汇的黄昏时刻,连绵与断裂的一体性得到集中的展现。黄昏时刻既是阴阳交接的连绵,也是阴阳转换的断裂带。黄昏时刻标识着时间之连绵/断裂一体性的本质特征,也把个体生成与世界建构中断与连接的辩证法揭示了出来。

三叶和立花泷在灵力断开时的经历,既是一种"成人礼"式的考验,也是任何一个人在成长过程中随时会经历的磨炼。灵力的断裂,既是二人成长中的偶然事件,是对成长的阻碍和遏制,也是成长中的必然环节。断开的灵力之线还将重新接续;而连绵的灵力之线总会再次断开,这是个体成长和世界建构中的常态。系守镇上神秘的祭神仪式,由于一次大火而变得意义模糊,意义传递出现断裂;但当彗星再次降临,村民的生存受到威胁时,其神秘庄严的意义,再次铭刻进他们的记忆中。灵力之线的断续所表达的命运婉转,是两个恋人情感起伏的背景。

恋人为记住对方的名字需要的就是那宝贵的一秒钟,然而在阴阳交错的黄昏过后,那宝贵的一秒钟却消失在虚空里,徒留怅叹。但只要有片刻的欢洽相逢,那断开的灵力之线必将重新接连。正如剧中歌词所唱:

> 恋人在命运前索求的,永远不过一分一秒/就算一秒依偎,一秒分离。/所以一定要找到彼此,/就算忘记声音,就算忘记笑貌,就算忘记名字。/凭借掌心曾经告白的温度就能够再一次找到对方。

连接灵力之线,仅需最微细的掌心温度。只要曾经有过温存,他们必将重逢,永恒存在的灵力之线必将再次连接。黄昏时刻既有阴阳连绵,也深刻下阴阳断裂带,这是一个典型的两可处境,同时也是岁月流逝的分分秒秒中每个瞬间的两可体验。在每一个当下,我们都能感受到刹那之前的温存,感受到连绵和持续带来的可靠和自在;但同样地,在任何一个当下,任何一个微细的时间裂隙中,都难免无常的侵扰和突袭。三叶和立花泷都不知道,为什么突然会和时空相隔渺远的另一个人融汇,也不知道为什么又突然不再能互换身体了。在每一个稳妥的安全秩序中都隐藏着偶然和断裂,而在每一个偶然和断裂的缝隙中又都蕴含着灵力连接的可能。这正是新海诚在爱情聚散离合的故事中放进的人生教诲。

新海诚在剧中"内置"的灵力之线贯穿全剧始终,隐秘而富有韧性,并连缀起故事的情节线。通过对灵力之线的结构分析,我们可以说,《你的名字》通过主人公的聚散离合所表现的,是关于世界完整性的深刻主题。世界的完整性和可靠性,不是静态的、完成式的,而是在断裂与连绵的相反相成互转中实现的。世界的完整性随时面临断裂的危险,但维系世界的灵力之线会不断衍生蔓延,紧紧链接起无边世界中一个个孤立的存在者。单个的三叶和立花泷,就像被生命灵力遗忘了的孤立小岛,茫然张望。正如阿信作词的中文宣传片歌词所唱:

> 最安静的时刻回忆 总是最喧嚣/最喧嚣的狂欢寂寞 包围着孤岛

当灵力之线将他们连接起来时,他们看到了自己的憧憬和梦想,这些既亲切又陌生的镜像是他们生命的可能性和意义之源;灵力之线的贯穿,将他们的世界连接起来,艺术而梦幻地实现了他们的生命意义。

憧憬和梦想是绚丽多姿的,但也恍惚多变。当突然不再可能互换身体时,两人都怅然若失,如同不再被命运之手拨动的琴弦,空中虽有余韵袅袅,但不闻清音再起。对命运之歌前响而后应的期盼,与对主人公完满爱情的期盼一道,引发观众对完整世界的期盼。

灵力之线把主人公的世界相连,把过往与未来相连,把成长期的少年与自己的命运相连,把现实与可能性相连,把当下的生命体验与无穷的生命意义相连,也把银幕内外的一个个自我求索者相连。曲曲折折、迂回缠绕的灵力之线,勾连起电影内外的整体世界,让观者一面体会灵力断裂处的惊骇与怅惘,一面徜徉于艺术所营造的连绵可靠的意义世界。

新海诚的《你的世界》不仅仅是青春动漫,同时也是讲给成人听的哲学寓言。爱情主题贯穿起来的故事主线,牵连出了激情跃动的命运主线。剧中用绚丽彩线勾画出的纯美世界,是新海诚对剧外世界的期盼。

第五节　拯救与物哀

新海诚电影中对于线性时间的有意变形,在前期的创作中同样存在。在他2002年制作的二十五分钟超长独立动画《星之声》中,少女美加子驾驶战舰前往八光年之外的宇宙战场,与留在地球的少年阿升仅靠手机短信联系,短信传输的时间随着光年不断拉大越来越慢。八年后,少年收到短信:"二十四岁的阿升,你好,我是十五岁的美加子啊。迄今为止,有关阿升的事情,我都非常非常喜欢。"在时间线的回越、交错钩织起的世界中,空间也时间化了,八光年的空间阻隔,串在八年时差的时间轴上。八光年之外,美加子在最后一次战斗中击溃敌方母舰,而在八年后,传到地球的战报则是,地球战舰全部被摧毁。由于时间的错位,阿升听到的是美加子的呼唤"升,我在这里啊"。时间的错位,造成唯美而动人的爱情结局。时间线条的错位缠绕,在《你的名字》中得到了纯熟的运用。

《秒速5厘米》中,远野贵树在十三年后看见明里时说:"这一刻,我想将这十三年的感情都分享给明里,但在这之后的下一瞬,是无比的悲伤。横亘在我们面前的是巨大庞然的人生,阻隔在我们中间的广阔无际的时间,我们无能为力。"广阔无际的时间引发了对当下意义的无尽遐思,每一个当下瞬间都可能与横无际涯的时间之海中的另外一个瞬间缠绕关联。《你的名字》以多样化的时间错位关联表现了无限瞬间相互连接的可能性。

时间轴线上的过去、现在和未来无限瞬间的往复牵连,是着眼于当下的,是为了让时间之流中的每一个瞬间都能熠熠生辉。对当下瞬间的关注,是新海诚最深刻的教诲,这样的教诲需要借用多彩绚丽的动漫形式和浪漫感人的爱情故事作"诱饵"来完成。完成了这一深刻教诲的新海诚,其自身的观念背景和精神底色也逐渐暴露了出来。

对瞬间与永恒关系的思索,与人类卑微而高贵的自我意识相关。日本文化中的物哀思想,是关于自我意识的一种集体无意识式的表达,其关注点正在于瞬间与当下易逝之物。本居宣长在《紫文要领》中是这样阐述"物の哀れ"的:

> 世上万事万物的千姿百态,我们看在眼里,听在耳里,身体力行地体验,把这万事万物都放到心中来品味,内心里把这些事物的情致一一辨清,这就是懂得事物的情致,就是懂得物之哀。进一步说,所谓辨清,就是懂得事物的情致。辨清了,依着它的情致感触到的东西,就是物之哀。比如说,看到樱花盛开赏心悦目,知道这樱花的赏心悦目,就是知道事物的情致。心中明了这樱花赏心悦目,不禁感到"这花真是赏心悦目啊",这感觉就是物之哀。然而不论看到多么赏心悦目的樱花,都不觉得赏心悦目,便是不懂事物的情致。这样的人,更无缘于"好赏心悦目的花呀"的感触,这是不懂得物之哀。

人类身处万相流转的不定湍流中，自我定位的能力是微弱的。在物哀思想中，任何一种简单甚至琐碎的物象，都能成为系缚人类情思和自我观念的"丝带"。男女恋情、世态万象、自然物象、岁时物候，都能引发日本人的情思和喟叹，并把当下卑微的生存与无际无涯的永恒意义联系起来。物是人与世界连接的纽带，是纷纭世界中意义盎然的节点，同时也是往古来世湍流不息时间长河在瞬间中聚集、实现意义升华的象征。正如物既是空间性世界网络中琐屑又是重要的组成部分，每一个瞬间也都勾连起渺远的往昔和遥不可知的未来，既琐屑又至关重要。正是在这意义之网的普遍关联中，在时间之流的绵延永续中，转瞬即逝之物的灵明玄妙得以显现。这正是日本赏樱花传统的观念背景。在日本人看来，瞬间是时间的一种残缺美，在这瞬间的残美中截取人生的意义，以获得对终极死亡的自由，才是一场永恒的"物哀"。

新海诚在《你的名字》中精心勾画的每一条线、每一个平凡瞬间，似乎都有灵力的贯穿和涌动。在少男少女们以主人公 coser 的身份牵手进入影院，体验着当代流行文化时潮时，被带入的并不仅仅是电影工业制造的梦幻空间，他们也被带入了那条无古无今的灵力之线中了。在故事情节的起伏波澜中与主人公悲喜与共，这是传统物哀思想的最新的展演，是把悠久的神秘意义引入异次元世界的奥德修斯式的探险。

新海诚的思想关切，与他所传承的日本物哀思想密切相关。日本狭窄的国土和丰富多样化的自然景观，造成了人们对于短暂者、有限者的敏感和深思，多种自然灾害又加强了人们对于稍纵即逝者的珍惜和感念。① 物哀并非仅限于哀情，而是包含因物兴发的种种情思和哲理。瞬间中追求永恒，有限中探索无限，现实中发现可能性，都是因物而起的遐思。

---

① 物哀意识诞生于日本，与岛国特殊的地理环境有很大关系。日本列岛自古以来经常为雾霭所笼罩，自然风光留给人们的是朦朦胧胧、变幻莫测的印象。世界上没有一个国家能像日本一样在狭窄地域集中了如此之多的美景——雪山、海滩、山涧、峡谷、温泉、瀑布、林木葱葱，繁花似锦，小桥流水，幽雅庭院。故而说日本国土处处诗情画意并不为过。同时世界上也没有一个国家像日本一样，自古以来被如此之多的自然灾害所频频袭击——火山、地震、雪灾、海啸、飓风、战乱……多少年来日本人常看到的是美稍纵即逝，顷刻化为乌有。一切使他们相信，美好的事物是不稳定的。

物的兴发,因时而变。古典时代的日本文人,由草木荣华而逸兴纷飞,引发新海诚之哲思的,则是现时代的物换星移。新海诚谈到了2011年的日本大地震对这部作品的重要影响。他说,"既然在现实中发生了这么多残酷的事情,我反而希望人们在电影中可以找到一个更加温暖的更加有奇迹的故事"。

在残酷中找到温暖,说明物哀情思并非全都悲戚。大地震所造成的断裂,恰恰象征着秩序的断裂、时间线条的断裂和灵力的暂时中断。断裂中蕴含着连接与安全;无所不在的断裂提示,人们对于连绵和稳妥的追求将永世不绝。大地震与《你的名字》中的彗星到访,均造成天崩地裂的"大象",因此象而生的情与思,却并非完全的悲戚感伤。新海诚在大灾难所造成的时空断裂带中注入的英雄式的拯救和自我寻找主题,跃动着乐观精神,并以完满结局收尾。这样,物哀不再哀,更多的则是激发人们在断裂中继续寻求灵力连绵之线的勇气。

可以说,对大灾难结局的诗意处理,同时也拯救了流传久远的物哀思想。这算不算是以艺术的形式对日本传统观念的接续和更新呢?

附录一　文学人类学的中国路径与问题
——中国比较文学学会第十二届年会暨国际学术研讨会小组研讨综述

2017年8月17—20日,中国比较文学学会第十二届年会暨国际学术研讨会在河南大学隆重举行。大会由中国比较文学学会主办,河南大学文学院和《汉语言文学研究》编辑部共同承办。会议的主题为"比较文学视野中的世界文学",来自海内外168所知名高校与科研机构和多家重量级出版机构的500余位专家学者出席会议。

围绕"比较文学"和"世界文学"主题,本次会议共设十二个议题并展开分组研讨。这十二个议题分别是:"比较文学变异学""比较诗学的新问题与新方法""走向世界的中国现当代文学""中国译介学与世界文学""比较文学与东亚文学研究""世界文学观念中的区域、民族与文化""文学人类学的中国途径与问题""世界文学经典重读与文学史建构""美国华裔、亚裔文学研究""世界文学与中国河南作家群""文学人类学的中国路径/'一带一路'与中外文化交流""宗教研究与比较文学"。

中国学人在当代"世界"版图和"比较"观念指引下开创的"文学人类学"研究,秉持一贯的学术创新传统,继续引领比较文学界和整个人文学界的观念革新,持续深化比较文学研究。

中国比较文学学会副会长、学术委员会主任、上海交通大学致远学者叶舒宪教授做了题为《文学人类学三十年——回顾与展望》的主题报告。报告总结了文学人类学三十年的发展历程。叶教授指出,文学人类学三十年的发展可以分为三个十年:第一个十年(前十年,1986—1996)的草创和学科观念形成期,主要的工作是积极开展跨学科的文学研究,标志性理论探索是对原型批评和神话学理论与方法的译介和大胆运用,标志性的成果是由萧兵主编的"中国文化的人类学破译"丛书。第二个十年(中十年,1997—2006)是全国性的学术团体建制化阶段。在此期间,中国文学人类学研究会成立,并于1997年在厦门召开第一届年会,会议论文集《文化与文本》于1998年出版。第三个十年(后十年,2007—2016)是新学科的建构阶段。在此阶段,文学人类学者积极总结理论与方法,标志性的理论创新是提出了四重证据法等方法论工具,并出版了体系完备的《文学人类学教程》。叶舒宪教授对文学人类学三十年发展的总结得到与会代表的积极肯定,他对于文学人类学跨学科跨领域方法论的阐释和示范,更是引起与会代表的高度关注;"大小传统""文化文本""四重证据""玉教""多民族文学与多民族中国论"等概念及其方法论意义,在后续专家的主题演讲中得到积极回应。

中国比较文学学会自1993年起确认了一个传统,那就是让独树一帜的跨学科研究引领整个比较文学界和人文学界。作为建制化、体系化的文学研究方法、路径和流派,文学人类学日益显示出其学科引擎作用。就此次会议而言,文学人类学的引擎作用体现在以下几方面。

一、何为"世界"?

本次会议的主题"比较文学视野中的世界文学"凸显两个主题词:"世界"和"文学",大会主题报告中有不少学者以"世界文学"为主题或关键词,分组议题也多涉及"世界"或"世界文学"的不同面向。以"世界文学"为核心,本次会议的议题又可以重新划分为以下五种:"世界文学"的概念、欧洲本位的"世界文学"观、非欧洲本位的"世界性文学"、"文学"在

"世界"范围内在的流通、基于中国文学的"世界观"。

世界比较文学学会会长张隆溪先生在题为《尚待发现的世界文学》的报告中指出,"目前在世界上广为流传的作品基本上都是西方主要文学传统里的经典作品,世界上其他文学传统,尤其是非西方文学传统,虽然都有极有价值的文学经典,却仍然停留在自身语言文化的传统之内,尚未成为在国际上广为流传的世界文学经典"。因此,"世界文学"是"大于"欧洲文学的,"世界文学之兴起为我们提供了最好的机会,让我们有可能把欧洲主要文学传统之外的经典作品,尤其非西方文学传统和甚至在欧洲属于不太受注意的所谓'小语种'和'小传统'的文学,也超出其原来语言文化的范围,介绍到世界上去,成为世界文学之一部分"。新任中国比较文学学会会长、上海交通大学教授王宁(《全球化进程中的中国文化与文学发展走向》)指出,"世界文学"的概念从歌德时代的提出,本来就是受到中国文学的激发而形成的,重提"世界文学",有助于中国文学走向世界。刘小枫教授(《历史哲学与中国文明的思想负担》)认为欧洲在近代(17—18世纪)确立了自己文明的合法性,这种合法性的基础——历史哲学被中国学界接受后,成为中国文明的思想负担。中国文明若不再接受西方的历史哲学,中国文明就无须承受西方历史哲学的负担。以上学者所研究的,无不涉及对欧洲中心的"世界"概念的剖析和警惕。同样,在"世界文学"的题号之下,也有学者指出对这一概念的调校。北京师范大学方维规教授(《"世界文学"vs"全球文学":何为经典?》)提出,在文学研究中应该用关系取代本质主义,对"世界文学",可以用网状来理解。在全球化时代,对文学的研究将不断打破中心与边界的限制,特定国族文学将不断被消解,超越国家国族界限的文学观念将逐步确立。

以上学者的大会主题报告,共同显示了对于"世界"这一概念的谨慎态度。叶舒宪借助文学人类学的跨界功效对"世界文学"概念的消解和超越,显示了文学人类学的锐气和活力。在大会评议环节中,叶舒宪指出,"世界"概念本身就是一种殖民话语,源自近代以来的欧洲中心主义思维。因此,在"世界文学"题目之下的文学研究,必须与偏狭的欧洲中心主义保持距离,对不同民族文学保持开放态度,这样才有可能谈论"世界文学"。

文学人类学对于"世界"概念的解构和祛魅,并不止步于近代欧洲中心主义的权力话语,还上溯至前现代的神话"世界观"。在主题报告中,叶舒宪指出,在前现代的神话世界中,确立"世界"的核心任务之一就是确定宇宙中心。这个中心是由神话观念建构起来的,具有权威的神圣来源和政权合法性依据的无上价值。所谓"世界",在神话观念之下,无非是参照这个中心而确立的。显然,神话观念中的"世界观"相比欧洲中心主义的近代"世界观"更具历史的穿透力,也更能说明"世界文学"概念中的权力话语,更能有效地祛"世界文学"之魅。文学人类学借助前现代的思想资源对"世界文学"的祛魅和超越,为"世界文学"的研究设下理性的底色,也牵引着比较文学研究向更加深远的历史源头迈进。

二、如何"比较"?

在比较文学视野下的"世界文学",把"比较"作为第一方法论。本次会议展示了"比较"的多个维度和多重论域:主题的比较("比较文学变异学")、观念的比较("世界文学观念中的区域、民族与文化")、文学表述的比较("比较诗学的新问题与新方法")、跨文明/族群的比较("走向世界的中国现当代文学""比较文学与东亚文学研究""美国华裔、亚裔文学研究""世界文学与中国河南作家群")、文本的比较("中国译介学与世界文学")、历史性比较("世界文学经典重读与文学史建构""一带一路"与中外文化交流")。在分议题的题目中,似乎只有"文学人类学的中国路径"和"宗教研究与比较文学"没有凸显以上的比较方法和意识,但在实质上,这两个论题是把文学放在人类精神结构中进行比较的。尤其是,在古今一体的意义时空中,文学人类学展示了"比较文学"进行"比较"的更加本质的方法和深广论域。

参与"文学人类学的中国路径与问题"分组讨论的学者,多角度回答了何为文学研究"比较"方法。王宪昭的《母题比较在神话研究中的应用》对神话母题做了穷尽式搜罗,以计量统计方法总结了神话母题的变异情况,展现了"比较"方法的理性客观。罗庆春的《少数族裔诗歌跨文明创作的理论意义》,不仅涉及跨文明的理论命题,而且实际操演了跨文明书写和跨文明表述。张进的《丝绸之路"物"的流通与感觉共同体和大传统的建构》,分析了"丝绸之路"上的"物"的流通情况,并以"物"的流通为案例阐明了大传统建构的机理问题。陆晓芹的《麽(Mo):壮族和东南亚相关民族历史关系研究的重要支点》,试图探索宗教的传布逻辑与族群关系之间的联系,是对书写与口传、观念与表述之间复杂关系的细致解析。梁昭的《口头传统与世界少数族裔文学》,把口头传统的理论与方法自觉运用于少数族裔文学研究,对无文字的少数族裔文学表述提供了研究范例。吴蔚琳的《梵语、巴利文、汉语哈天人闻法升天故事对比研究》属于母题研究,除自觉运用了母题变异研究方法,还把母题变异与观念变异结合起来。韩小梅的《欧洲与中国文明对话的一个侧面——以古代欧洲对西藏的书写作为中心的考察》,分析了欧洲人对西藏的书写,指出,古代欧洲那种现实与传说界限模糊的零碎的西藏书写与其说表现的是西藏的本相,毋宁说折射的是古代欧洲人的观念和集体无意识。黄葵的《贵州侗族艺术的地域性研究》,解析了贵州侗族艺术表达的多样化特征。

"文学人类学的中国路径",并不限于中国文学论题。"中国路径"主要是指以叶舒宪、徐新建和彭兆荣三驾马车为指引的当代文学人类学研究的中国学派在中国文学和思想资源中淬炼思想工具,提升跨文明、跨语际、跨时空的文学研究方法,这种方法当然也可以对"世界"范围内的不同文学做出深度解析和阐释。上述分组研讨的学者展示了经由文学人类学中国学派的理论创新而提炼总结出的更加锐利深邃的"比较"方法。"比较"的方法,不限于母题、影响和变异等方面,还涉及对文学表述原型结构的解析和还原。"比较"的内容和相关项包括:大小传统的对照与互勘(张进)、不同编码的解析和对照(陆晓芹)、跨族裔书写的多元性(罗庆春、吴蔚琳)、多元表述的相互映照(黄葵、李川《流观〈山海经〉——试论古典政教视野下的早期"图—书"传统》)、跨族书写的变异(韩小梅)、母题的历时性呈现逻辑(王宪昭)等等,在文学人类学的指引下,文学的"比较"研究向更加广阔的论域伸展,以更加多元而立体的形式呈现,并散发出深永的意味。

三、谁的"中国"？何为"文学"？

比较文学的研究往往把中国文学中的母题、结构、人物性格等与他国文学中的相应成分进行比较,这种平行比较中所预设的"中国文学",包含着对整一概念"中国"的不假思索地认定。文学人类学引入历史的眼光,"世界"范围内的"中国"呈现了历史性维度和多民族共融的共时性结构。文学人类学中所探讨的"中国文学",不限于长期占据文学研究主流的汉族文学,还包括其他少数民族的文学,不仅限于文学的书面表达,还包括史诗传唱等口传叙事。张羽华的《少数民族诗人的诗歌地理学：论武陵山区当代多民族诗歌及诗学主题》,从文学地理学角度解析了武陵山区诗歌的多民族构成,展现了在"中国文学"范围内的多民族文学共生互渗特点,透视出"中国文学"的多元一体性结构。王立杰的《第三空间视域下的当代少数族裔文学》,以第三空间理论来透析中国当代少数族裔文学的多元构成。马卫华的《少数族裔作家的文化书写与社会介入——徐新建"三度书写"理论再阐释》,以徐新建提出的"三度书写"理论对少数族裔作家的写作做出文学社会学的解析,阐明了"三度写作"对于文化表述的转译和影响。廖丛燃的《跨族群写作——文学人类学视野下的〈白马部落〉》,以《白马部落》的跨族群写作为案例,解析了在"中国文学"范围内不同族群文化表述的交织和"中国文学"的内在张力。在文学人类学的视野中,"中国"既是历史性生成的,也是多元融合的,"中国文学"便具有了内在的组织结构和历史性生成的活力。黄玲的《"体性"与"生生"：文学人类学的中国实践》指出,在全球化语境中"移动性"消解了民族志研究对象与阅读受众的空间分割和文化隔阂。"中国"思想中的"生生"之易衍生出《文心雕龙》中的"体性"论,这一独特的东方智慧可以对人类学民族志的理论有所推进。

"中国"的多元结构和历时性生成,也显影出"中国文学"的立体性构成,从而丰富了"文学"的表述。与"中国"的立体性、结构性重释相映,文学人类学对于"文学"观念的理解也摆脱了静态、经典性和纯书面表述的窠臼,把历史性生成的口传叙事及其所映现的圣俗一体的"生活世界"纳入文学考察的视野中。梁昭、吴蔚琳、黄葵、陆晓芹都在研究中把口传因素作为研究对象或者"文学性"研究的切入点,杨俊光(《文学人类学视野下的吴歌研究》)以文学人类学的大传统口传叙事对吴歌进行了案例解析。

在与"世界文学"观念的对照性深化研究中,"中国文学"概念中的复杂结构呈现:"中国"之内的多族群一体共生和"文学"中的大/小传统、书写/口传二元映照,为文学人类学开辟了层次丰富的研究领域。即将卸任的会长曹顺庆在8月18日的开幕辞中通报了一个新情况,他称之为"不好的消息",即民政部规定,二级学会不能冠以"中国"二字。这样,附属于"中国比较文学学会"之下的文学人类学就不能称为"中国文学人类学",而只能称为"中国比较文学学会文学人类学研究会"。在文学人类学学分会场的研讨中,中国社会科学院的王宪昭研究员反其意而用之,称其为"一个好消息",他说,脱掉了"中国"的帽子,中国学人所展开的文学人类学就真正是"世界性"的了。王宪昭的反义借用提示了"中国"和"世界"、"中国文学"和"世界文学"之间的映照和张力。

文学人类学研究首先是"中国的"。这是因为,学者们所倚重的思想资源和深入解析的文学/文化样本很多来自"中国";但另一方面,文学人类学更有理由成为"世界的",因为文学人类学所解析、阐释的文学/文化样本,远不限于"中国"。李佳川的《〈西游记〉和〈神曲·地狱篇〉中"阴间"和"地狱"的"鬼"形象比较研究》,以结构分析的方法对跨文化的近似文本进行对照性解读,其比较的层次从形象、结构向思想观念逐层深入。陆薇薇的《日本河童文学中的民俗文化内涵解读》,解析了日本民间广为流传的河童故事在不同作家笔下的变异性流传。张绍斌的《古印度〈奥义书〉的意识形态内涵分析》,对包含在"隐语"中的意识形态意图进行深入挖掘。夏冬的《亚瑟王传奇中莫德雷德》,分析了亚瑟王故事在流传中的两个转变,认为两希文化传统和天主教文化背景是促成转变的最重要的文化因素。刘曼的《"替罪羊"之文化内涵演变考释——从廷代尔到弗雷泽》指出,弗雷泽在《金枝》中对古希腊罗马宗教、犹太教、基督教和现代"野蛮"人的替罪习俗进行并置和分析,揭示了弗雷泽对基督教的讽喻。

四、作为"精神科学"的文学人类学

文学人类学在文学研究中引入"人类学"因素,这在整个比较文学学科中是独树一帜的。人类学因素的合理性和必然性在此次分组研讨中也得到集中体现。"人类学"面向使得文学研究更具深远的人类精神需求背景,李永平在《文学人类学大传统中的隐蔽秩序》揭示了在人类精神追求中的深层牵引力,即对于隐蔽秩序的追寻。李川的《流观〈山海图〉——试论古典政教视野下的早期"图—书"传统》,立足古典政教视野下的图—书传统,把《山海图》的考证问题与"铸鼎象物"的华夏政治发轫期思想变革联系起来,展现了人类精神的图像表达方式。杨雅丽的《〈礼记〉祭礼命名的仪式叙事》用仪式叙事理论分析了《礼记》中祭礼的命名。谭佳的《从格物到拜物:中国思想起源研究》以物为切入点,分析了中国思想的形成逻辑。赵周宽的《文学人类学的"物观"与"世界观"》以"物"为核心,用文学人类学、思想史和比较哲学多学科互证的方法阐释了"物"在人类精神世界建构中的作用和意义。杨骊的《大传统视域下的道家(道教)崇玉文化考察》,解析了崇玉观念在建构道家思想、规范道家法术仪轨、指导道家养生修炼方面的意义和价值。文学人类学研究把文学置于人类精神追求的广阔时空中,开拓出了无限丰富的理论课题。

在人类精神建构和对生活世界的护卫方面,文学人类学学者展开了细致入微的研究,胡建升的《涤除玄览的文学治疗与本身显现》,通过对《道德经》中"涤除玄览"的文字学考证和图像学阐释,阐发了文学在净化人类精神世界、治疗疾病方面的精神功效。仲红卫的《〈坛经〉所记惠能故事中的中国神话元素》解析了惠能故事中的中国神话元素,并以此研究为例分析了佛教经典中国化过程中的策略,认为佛教中国化的经验可以为我们理解和吸收西方文化提供借鉴。国威的《文本比较与结构复原:唐代悟达国师转生故事考》,以悟达国师转生故事为案例,解析了教徒在教义接受中对于传统佛教史进行隐性重构的愿望。张洪友在《规训、拟仿与治疗——文学治疗视野下陀思妥耶夫斯基死刑经历及其创作中的相关描写研究》中,分析了陀思妥耶夫斯基小说中对死刑的描写的"瞬间时刻"的神话学意义,是借助文学人类学的理论与方法对人类精神体验和文学表述的精微解析。公维军的《〈管子〉"煮海为盐"神话解——基于文学人类学的研究路径》,跳出文字限制,调动起多重证据的综合阐释力,参照其他文明中的盐业考古资料,结合物质文化研究新潮流,对《世本》《管子》等先秦文本予以重释,探寻神话观念对于行为动机的决定意义。

以上学者的研究,不限于狭义的"文学",内容也不限于传统上单一性理解的"中国",但他们的目标都是把文学作为人类精神追求和观念演进中的表述和呈现方式。在"精神"维度上,文学人类学极大开拓了文学的人性内涵,把文学的研究向着跨文明、跨族群的类的生存意义大大推进。

文学人类学路径的开拓和延伸,叶舒宪、徐新建和彭兆荣"三驾马车"功不可没。在成立文学人类学研究会(1996)以后,尤其是在多重证据、N级编码、大小传统等创新性方法论提出,第一本研究生教材《文学人类学教程》(2010)出版以后,文学人类学对于比较文学研究者的吸引力和号召力更加明显,其深化整个人文学科研究的引擎作用日益凸显。文学人类学学者在本次大会上的抢眼表现说明,发挥文学人类学的助推作用,继续深化人文学科研究的范式变革,正当其时。

附录二 "Road of Jade"
—Kinetic Analysis of Jade on the Origin of Chinese Civilization

Abstract: Ye Shu-xian's proposal of "Road of Jade" brings forward a new way to study the origin of civilization. Jade replaced bronze as one of the major criterions of the birth of civilizations. Ye explains jade as a mystical witchcraft which has a sacred power for the ancient people. Because the jade is produced in the water, and has the similar color with the sky, both of which have significance for the origin of life, it is thus considered to be the origin of power. The notion of Jade-god gave birth to the civilization in ancient China and triggered competitions among the settlements, which in turn, advanced the development of civilization.

Key words: Ye Shu-xian, Road of Jade, the origin of Chinese civilization, jade as god, kinetic study

Introduction

In May, 2013, at the international symposium on literary anthropology held at Shaanxi Normal University, Ye Shuxian proposed a frontier issues of

"Road of Jade", which argues that jade should be one of the major criterions of the birth of civilizations. This proposal has the potency of displacing bronze from the central place it occupies in cultural history. It gave rise to heated debate. It proved once again the capacity of the inter-disciplinary interpretation to explore the origin of Chinese civilization from the perspective of literary anthropology. What is the theoretical innovation of the "Road of Jade" in terms of the problems in tracing the origin of Chinese civilization? What is the value or significance of this view in the systematic questioning of the research on the origins of Chinese civilization? This paper attempts to examine the exploration of Chinese civilization origins, and elucidate the inner logic of the "Road of Jade" with the aid of Ye's ideas about literary anthropology thoughts to probe into the above issues.

Ⅰ. Notional Premises of the "Road of Jade": Transformation of "Myth" and "History"

Based on Ye's 30-year-long exploration and research on literary anthropology, the proposal of "Road of Jade" didn't come out of vacuum. This innovative theory has its ideological foundation in the development in literary anthropology. From the view point of methodology, Ye's inventive conceptual understanding of "myth" and "history" and his integrated interpretation of "myth-history" laid the theoretical foundation of "Road of Jade". In the 1980s, with self-awareness about the reform of tools, Ye introduced myth-archetype criticism into the field of literary studies and his re-interpretation of the classics of Chinese culture. The introduction and practice of myth-archetype criticism in literary studies is a breakthrough for the conceptual innovation of "myth". Myth-archetype criticism is the inter-cultural and interdisciplinary DNA of the subsequent development of literary anthropology. In his re-interpretation of *Lao Tzu*, *Shi Jing* (*Book of Odes*), *Chuang Tzu* etc., Ye focused on both the revelation of their literary "ideological contents" and the analysis of their literary expressions of philosophical ideas, which were integrated and aided by the decoding of "mythological images". In *The Hero and the Sun* and *Chinese Philosophy of Mythology*, the two-way incorporation and the mutual interpretation of "literature" and "philosophy", with the "mythological images" as the key word, are pushed into a broader cross-cultural horizon. The reinterpretation of *Lao Tzu*, *Chuang Tzu* and *Shi Jing* (*Book of Odes*) focuses on the particular Chinese classics. However, *The Hero and the Sun* and *Chinese Philosophy of Mythology* adopt "mythological images" to initiatively extend the scope of research field, which exhibits the charm of theoretical innovation.

The close association or the intimacy between myths and history is related to a special type of myth — Genesis myth which exists and plays an important role in all nations' mythology. Genesis myths are about the creation of the universe and the man, which reflects the search for historical origins. Ye's systematic research on the bear totem marks a breakthrough of viewing historical elements from the perspective of myths. The multi-evidences relating to the bear totem in ancient myths (name of the Empire, image narration and folk legends, etc.) manifest the great capability and promising potentiality of myths to record and reveal history. Thus, the history of myths is presented clearly. By elucidating the deep connection between myths and philosophical thoughts and historical exploration, Ye successfully gets rid of the narrow interpretation of myths and deliberately treats myths as the common source and archetype of the humanities' modern categories principles, such as literature, history and philosophy. Mythology is thus defined as the integrated origin of civilization.

Besides being motivated by the history-interpreting function of "mythological images" as elaborated above, Ye's conceptual innovation of "history" is also triggered by an anecdote about a modern school of the thought in the study of Chinese history and post-modern views of history such as the New Historicism. The anecdote concerns the doubting of ancient myths from the Doubting

Antiquity School. Gu Jiegang puts forward the "pile-up theory" and regards all history recorded by ancient myths as nonsense. He thinks what myths record is merely the result of later generations' authoritative narration. The Doubting Antiquity School's denial of the historical significance of myths has its ground in the scientific conception of history in Chinese history studies, which keeps alert for authoritative narration in history records. However, the Doubting Antiquity School, failing to realize the complexity of myths which is mixed up truth and falsity, thus completely denies the myths' possibility and capability of narrating history. With the aid of the totem bear, Ye showed the history and reasonability of myths, shedding light on the complex of mythical narratives. It is common sense that myth is absolutely not entirely an account of authentic history, but it takes much more effort to penetrate the fantasies in myths and perceive the authentic history or the threads that lead to authentic history. By discovering and consciously adopting the underlying relations between "mythology" and "history", Ye reveals the complexity of mythical narratives, This can be seen as the accomplishment of a Chinese three-step dialectical view of history: from believing antiquity to doubting antiquity, then from doubting antiquity to interpreting antiquity.

The "literature" and "philosophy" in myths are associated by mythological images, while the reproduction of the authentic history in myths relies on the concept of "mythistory" which is developed by Ye. Though it has its theoretical support in western mythological research, it is still closely rooted in Chinese native materials. Given that mythology is multi-faceted and also the "prototype" that constructs Chinese civilization, Ye even uses the concept of "mythological China" to generalize the self-expression of Chinese civilization. Owing to the activation of the capacity for myths to be multi interpretable, and the penetrating understanding of the relations between mythology and history, "mythistory" offers methodological support for Ye's deep exploration of the origins of Chinese civilization.

II. Basic Characteristics of the Mythological Mode of Chinese Civilization Exploration

Ye's "deified images" explains the origin and occurrence of literature in a cross-cultural, cross-time manner, exhibiting the typical features of the myth-archetype criticism. The inner relations that associate mythology to history and philosophy are revealed. Consequently, mythological research is introduced to the origins of thoughts and history. In exploring the origins of thoughts, Ye regards mythical images as the intrinsic expression of the philosophy of Lao Tzu and Chuang Tzu (Lao-Chuang philosophy). His integrated analysis of the physical archetypes of philosophical concepts, such as Tao(道), Zhiyan (卮言), and Tian Jun(天钧), is characterized with comparison of thoughts and archeology of conceptions. The exploration of the starting point of Chinese civilization has, for more than a hundred years, been the core research into the source of Chinese civilization. Thanks to Ye's innovative combination of "mythology" and "history" in his "mythistory" concept, this exploration has made significant progress.

Ye's mythological mode of exploring civilization origins has distinctive characteristics and provides a unique approach. Before analyzing its uniqueness, we can take a look at how it complements those traditional modes of academic research.

With the increase of archeological discoveries, exploration of the origins of civilization is obliged to connect as many verified Chinese civilization forms as possible on the timeline. Previous civilization exploration tries to specify the exact time at which civilization began, however, what numerous archeological discoveries offer is the chronological development of civilization, with no exact datable starting point. It has been acommon sense that civilization is gradually shaped and started. The searching for an exact time is no longer the only pursuit of research into the origins of civilization. Scholars also devote themselves to another topic: what are the driving forces of the long evolution of Chinese civilization? The search for the driving forces for the birth civilization has become an important theoretic issue. Scholars have proposed theories such as the "oasis theory" (R. Pempelly), "two revolutions" theory (V. G. Childe), "unequal distribution of resources", "population pressure theory" (M. J. Harner) and "religion forces" (T. Earle), and all of the various theories attempt to explore the origin of civilization. While, the mythological method, providing the theosophical (theological + philosophical) concepts, is actively trying to search for the underlying forces that promote the birth of civilization. The jade-as-god model, offered by "Road of Jade", shares two commonalities with other kinetics: firstly, what drives the civilization is material (jade), a proposal which is characteristically materialism; secondly, the social distribution or configuration of material resources implies that of conceptual and spiritual resources.

Besides these two commonalities, the "Road of Jade" enjoys obvious superiorities. Instead of separating the material and spiritual resources, it integrates them as the combined forces for the origin of civilization, which cannot be analyzed by Marxism's separation of materials and spirits any longer. According to the "Road of Jade", the fight for spiritual resources goes along with the strive for material resources. This theory takes into consideration both the material forces and the spiritual forces, which results from the unification and fusion of mythological thoughts. Ye points out that, at the very beginning of civilization, humans must have undergone such a kind of era that man and god are equal and that the sacred and the secular are not divided. This means, the "Road of Jade" does not only bring us to the star of civilization, but also presents the outlook of the integration of the material and the spiritual.

With the confusion of spiritual factors, the research on the origin of civilization is enriched with the favor of spiritual archeology.

III. "Psychoanalysis" of Jade

In order to grasp the core value of the spirit archeology of Chinese civilization that is implied in the "Road of Jade", it is necessary to analyze the theoretical structure of the "Road of Jade". The fundamental work shall be centered on the spiritual and conceptual analysis of jade — the core of jade myths. The following analysis is the induction and explanation of the inherent logic structures underlying the "Road of Jade".

Jade, as a natural mineral, enjoys certain characteristics that are superior to other minerals. Firstly, it is formed in extremely harsh conditions, making it rare and special. Secondly, it has special physical properties, such as the hardness, color luster, and the sense of touch. Viewing from the little tradition of Chinese civilization, *Shi Jing* (《诗经》) put that "A gentleman is as gentle as jade"("言念君子,温其如玉"), "A gentleman always wears jade"("君子无故玉不去身"), a gentleman shall cultivate his morals the way the jade is sculpted — by "cutting(切), polishing(磋), carving(琢) and rubbing(磨)", and the concept of "jade virtues": all of these are related to jade's physical properties. However, Ye explains them as the reflection of the great tradition of "jade-as-god". The reason why jade is respected in the little tradition of Chinese civilization lies in the jade myths 5000 years ago. "Jade myths" are peculiar to Chinese mythology. The mythological mode of thoughts provides a multi-dimensional panoramic view of the origin of Chinese civilization.

Ye's psychoanalysis of jade is interpreted on the mystical witchcraft and the magic in the comparative religious studies. Chinese jade, together with the western "hierophany" — gold and Lapis Lazuli, enjoys a holy and sublime status in the early civilization. The earliest "jade as god" ides appears in the great tradition of mythological world. Ye analyzes six jade myths — Yellow Emperor plants jade, etc. — that starts from the legendary Chinese ancestor Yellow Emperor and ends with the three wise rulers of Xia, Shang and Zhou dynasties.

The analysis, stretching 2000 years, is the transition period from the great tradition to the little tradition. Ye "interpreted the little tradition of characters by the knowledge of the great tradition", and verified the great tradition by the little tradition.

All of the six myths listed by Ye show jade's sanctity and the function of connecting man and god. To be specific, Yellow Emperor's planting jade, recorded in *The Classic of Mountains and Seas*, shows that jade can increase the power of gods or ghosts and protect the gentlemen from the evil; the story that a jade article made Yu the Great the ruler of the country, as recorded in *Shang Shu* and *Records of the Grand Historian*, shows jade's honorable status in secular world. Qi of Xia going up to heaven with the ring of jade in his right hand and semi-circular jade wearing around his waist shows that semi-circular jades and jade wearing are all holy media that connect man and god; according to *The Yizhoushu*, Zhou, the last emperor of Shang Dynasty, burned himself together with jade, which implies that jade can be smelted; Jiang Ziya got semi-circular jade and the Duke of Zhou talked to the ancestors with jade sacrificial vessel, which shows that jade conveys mythical information; King Mu of Zhou visited the Yellow Emperor's Palace and got jade bough and jade leaf, which hints that the Yellow Emperor's Palace may be the palace where the worship of god with jades is performed. In the previous interpretation of mythological stories, Ye reinterpreted both the great and the little tradition under the guidance of the "jade-as-god" concept and presented the multi-dimensions of jade myths.

With the aid of two scholars (Charles de Brosses and F. M. Muller) of comparative studies of religion, Ye confirmed the mythological association between "jade" and "god". He pointed out that the great tradition of regarding jade as god has potentially dominated the little tradition of "Jade is virtue". More importantly, he suggested the method of searching for the driving force of regarding "jade as god". That is the "supernatural power" in myths.

Searching for the driving force of regarding "jade as god" is the prelude of jade's psychoanalysis. Since Muller suggested the search for supernatural powers that pre-exist the materials, where does the supernatural power of jade come from? Different from the Newtonian mechanics, Nietzsche's "the will to power" or Freud's libido, supernatural power follows neither the equilibrium law of the acting force and counter-acting force, nor Aristotle's logic of cause-and-effect. The core feature of the supernatural power is eternity and mysteriousness. Its eternity is roughly explained in the description of the place where King Mu of Zhou got jade bough and leaf.

Where did King Mu of Zhou get the jade bough and leaf? According to *The Classic of Mountains and Seas*, "Clear water springs out of the Chong Mountain, which is warm and windless. Flying birds and various animals feed here. Former kings called it "Xian Pu" (the Fairyland). The Son of Heaven (King Mu of Zhou) got the jade bough and leaf here."

The core message here is that all jades come from the water, which shares "similarity of mode" with Hetian jade peddles that come from the river. This fact ought to be the basis on which ancient people set the mythological context of the origin of jade. Crops that grow in water can rear people and grow year after year. Their lives are endless, which guarantees the eternity of human beings. Similarly, jade "comes from the water" and becomes the symbol of eternal life, which conforms to the "resemblance law" of James George Frazer. The mythical logic can be described like this: crops growing in water change and renew with seasons and have the eternal life; the eternity of crops guarantees the eternity of humankind; since the crops come from the water, their eternity must also come from the water; another rare mineral, jade, also coming out of water, shall have eternal life too. Records proving jade's coming out of water can be found in *The Classic of Mountains and Seas*. The *Xishan Jing* chapter describes the Gui Mountain: "There is no tree but many jades there. The Qi River, originating from the Mountain and going west into the sea, contains many jades, gold and cinnabars." The Shuli Mountain: "The Chu River, originating here and going south into the Wei River, contains many white jades." The Longshou Mountain: "Tiao River, originating here and going south-east into the Jing River contains many beautiful jades." According to *Book of the Later Han*, Yu the Great "swam to the East Sea" and got jade bar there. The association between water and life is testified by Mircea Eliade, the leading star of comparative religion, in his *Patterns in Comparative Religion*, a whole chapter fully scans the related myths around the world. In the following chapter, the eternity concept of supernatural stones is analyzed. Notably, stones, which can make women fertile, give birth to stones and marry plants etc., are directly related to the source and the eternity of life. Eliade separately analyzed the eternity symbols—the water and the stone (jade), which, in Chinese civilization, are connected by the archetypal narrative of "Jades come from the water". It means the "resemblance law" shall be built between the two images of Eliade.

Attributing the source of supernatural power to the water is an exploration of the driving force of Chinese civilization in the domain of great tradition. The concept of water as the source is also fully reflected in the little tradition of Chinese culture. For example, Lao Tzu compared Tao to water in the chapters 8, 43, 61, 66 and 78 of *Tao Te Ching*; Confucius sighed to the river, "Life goes away like water"; Mencius compared benevolence to water; Hsün Tzu compared the people to water, etc. *Water Embodies Tao*, one of the Guodian bamboo slip writings of ancient Chu State, explicitly places water at the center of universe. Discussion about the water as the source of thought in the little tradition of written records has been done by many scholars both at home and abroad. American contemporary Sinologist Sara Allan confirmed the water and plants as the ideological origin of Chinese thoughts, and holds the view that water and plants are the metaphor of many native Chinese philosophical concepts.

The implied meaning of water is the source of life and the eternity, which confirm each other: water is the invariable source of life and the eternity of life comes from the water's endless circulation in the universe. In the circulation theory of western literature development, Canadian literary critic Northrop Frye made an analogy of the circulation of literary images and the circulation of water which brought together the source of literary images and the endlessness of the water circulation. Thus, the inner driving force of literature development is also a metaphor of water. Though flowing to the lower places, water nourishes all, and drives the spreading of civilization in the early uncivilized world. The practical reason why water is lined with the circulation and rebirth, is that ancient people know the water's circulation in the universe. Similar to Frye's "psychoanalysis" on water, Chinese always believe that "the water of the Yellow River comes from the Heaven", and terms like "Heaven Han River" or "Heaven River" connect the water and the heaven which shows water's symbolic significance of eternal life.

The psychoanalysis of jade leads us to know that water is the source of civilization. This in turn verifies that the jade-as-god concept is the ideological source of Chinese civilization. Since jade can connect man and god and gives human eternal life, jade turns into a spiritual resource in integrated mythical thoughts. Jade's supernatural power of eternity is conveyed in "holy narrative", for example, Yellow Emperor ate jade cream and planted the jade flower. Qi of Xia treated the dukes and princes with jade at Yuan Platform, all gods and ghosts being fed on jade etc. The "secular version" of this holy narrative is of medical care function, "A gentleman never leaves his jade" or "Jade nourishes people".

Another link between jade and eternity is the same color shared by the sapphire (blue jade) and the sky. Ye adopted the patterns of comparative religion in comparing Sumerian lapis lazuli, Hebrew jade in the Garden of Eden, Buddhist Rudraksha tree and Chinese jade. He pointed out that jades that are worshiped in these nations have the same azure blue color as the sky, which may be the source of jade's supernatural power. All of these jades are not necessarily bluish green, but bluishgreen jades' function of connecting man and god and symbolizing eternity is confirmed in various nations. In Ye's opinion, ancient Chinese used jade to worship the heaven because they noticed jade's similar color to the sky. Ye arrives at this conclusion by the comparative method. Meanwhile, he realized that the colors of sapphire (green jade) and lapis lazuli have obvious distinction. Therefore he made other evidences and further argumentation. He proved the correctness of color analogy by giving the example of Liuli, which is closest to lapis lazuli in color and enjoys high status. The name of man-made Liuli may be transliteration of lapis lazuli's Latin proper name. Later generation created two imitations of Liuli—Liuli-colored glaze and glass, whose color is also close to the natural mineral lapis lazuli.

The eternity concept in jade-as-god theory is the Chinese version of the pursuit for eternal life in mythical thoughts. The association of jade and water is the exploration of the source of eternal life. The color analogy places the highest form of eternal life in heaven, which can be proved by mythical imagination like "Jade Emperor" and "jade halls— palace in the moon". Actually, in his spiritual archeology of mythical imaginations like hero myths, Sun myths and the totem bear, Ye continuously focused on the mythological expression of the eternal life.

The association of water as the source between jade and grass and the color similarity of jade with the sky provides mythical logics for jade's holiness. Holy narratives, like "Heaven River", Nvwa repairing the heaven with "five-colored stones", jade being the essence from "the combination of heaven and earth", intensifie jade's holiness by integration of both the water as the source and the color similarity. As the driving force of Chinese civilization, the "jade-as-god" concept integrates the material and spiritual elements of the origin of Civilization. The pursuit of jade mineral and the privilege of "worshiping god with jade" bred the bud of early Chinese civilization. The "era of jade" of early Chinese civilization is not Ye's invention. However, the "Road of Jade" theory enriches the spiritual pursuit and conceptual contents of "era of jade" by illustrating jade's holiness. According to "Road of Jade", jade that integrates the material and spiritual resources becomes a holy gold apple that attracts various power groups. This gives birth to Chinese civilization.

IV. Kinetic Analysis on the "Road of Jade"

According to the view of "mythistory", the mythology and history are both opposite and complementary to each other. The "Road of Jade" concept provides a kinetic mode that is worth pondering on to the research on the origin of civilization. It has unmatched theoretical advantages in offering a multi-dimensional view of the starting point of civilization which connects man and god and combines the material and the spiritual powers. Psychoanalysis is merely a "measure" of power source of "Road of Jade". As for constructing the civilization, how the jade-as-god view performs its magic effects? How do the material and spiritual powers work? What kinds of "stresses" exist at the civilization source defined by the way of jade? A series of questions constitute of the basic contents of the kinetic analysis on the way of jade.

The kinetic analysis on the way of jade is the analysis of the flow direction of the mysterious power that gives people eternal life. This differentiates the way of jade from secular forces like greed. What affect the early people are the unpredictability and the mystery of this power. The theory of greed or desire, distinguishing the sacred and the secular, highlights the secular greed as an important driving force. However, this theory betrays and ignores the spiritual condition at the beginning of civilization, where the sacred and the secular are unified. The supernatural power is manifested in the long-standing fight for jade, in Shaman's sincerity in worshiping god with jade, in the all-around social input in acquiring jade and in the amazing jade-polishing techniques. Analysis of the complex kinetic system will be made from the following aspects.

i. The competition for materials and the strive for ideological power

Ye showed the competition for scarce resources at the birth of various civilizations. However the cause of competition is not the scarcity, but the underlying conceptual identity awareness. In other words, both competing parties fight for the jades' infinite supernatural power. Therefore the spiritual concepts disseminated together with the material competition. With the formation of jade's cross-cultural identity, the arduous pursuit for jade and the competition between tribes turned into the fight for social control and ideological power. Ye pointed out that:

> The ideology molded by jade myths includes the concepts of regarding jade as god, the symbol of celestial body and the symbol of eternal life, Shamanist rituals of worshiping god and ancestors with jade; folktales that respect and uphold jade; moral standards (virtues of jade) and teaching or learning patterns (cutting, polishing, sculpting and rubbing) derived from jade; social practice of wearing jade (a gentleman must wear jade)"; linguistic customs formed from the supreme values of jade — names that contain jade (jade girl, Zhuan yu, Qiongyao, Tang Guizhang etc.); numerous Chinese characters that are formed with jade as a component and various idioms and proverbs with the jade myths as the core information. The previous examples, through cultural spreading and interaction, constructed the state of royal powers in the Central Plain, and also the identity of many states and peoples beyond the Central Plain.

Viewing from the influences the "jade-as-god" view has on the multiaspects of Chinese social life, the "Road of Jade" does not highlight the process of forming social entity through wars (which, of course existed), but the fusion of nation spirits on the basis of the widely acceptance of the jade-as-god concept. According to the "Road of Jade", besides the physical unification of political community, namely, early state, the gradual formation of Chinese civilization also means the chelation of spiritual ideas, such as ideology. As a spiritual "chelate", the jade-as-god view is more stable, which is embodied in both the heaven worshiping with jade in Shamanism and the gold medal inserted with jade in the 2008 Beijing Olympics.

Ideology created by the jade-as-god view, surmounting the great and little tradition and integrating the spiritual and material, is the uniforce that drives the formation of Chinese civilization. The "Road of Jade" provides a more dimensional view of the starting point of Chinese civilization.

ii. The competition among different regional cultures and the fight for social strata within one single civilization community

The competition among different regional cultures, both spiritual and material, is a comprehensive, whole-scale war during the forming of civilization, which is a force that leads to complexity. This force not only initiates the bud of one single civilization, but also the world-wide mutual initiation between various civilizations. Similarly, in one single civilization, with different groups sharing the same jade-as-god identity, they compete for jades and the jade-as-god view. The fight inside a society results in the formation of social strata and the supreme ruling class that monopolize the privilege of "worshiping god with jade". According to *Discourses of Chu* in the book *Discourses of the States*:

> King Zhao of Chu asked Guan Shefu, "According to the *Book of Zhou*, Zhong and Li separated the heaven and the earth. Why is that? If not, can humans go up to the heaven?"
>
> Guan Shefu answered, "The fact is not so... In Shao Hao's ruling, the Jiuli tribe did not behave virtually. Man and god were mixed. Ceremonies were performed by ordinary people and Shamanism was done at home. There was no stress on god's holiness...

When Zhuanxu took over the country, he ordered that Nan Zhengchong be in charge of the heaven and confer it to god and Huo Zhenglibe in charge of the earth and confer it to the man... which is the separation of the man from the heaven."

Zhuanxu's "separating the man from the heaven" is the process of limiting the power of man-and-god communication to the hand of the supreme rulers. Before this, "man and god were mixed" and "Shamanism was done at home" showed that, every human being can communicate with god, which is described on a broader scale of "Asian-American Shaman worship" by Kwang-chih Chang. Shaman is a representative of the winning class who has monopolized jade and the power to communicate with the heaven. This winning class, in that way of "the winner takes all", comprehensively monopolizes the resources and many other powers in the social entity. With "state"—this political entity—the supreme rulers take charge of the unpredictability of the power in "jade-as-god" view. Such mysteriousness of power is also reflected in the little tradition, such as the saying that "The holy jade of state cannot be shown to ordinary men". In the ancient world, the mysterious power is the "charisma" in the sages, such as the Buddha, Mohammed, Confucius and Jesus. In modern world, the mysterious power is the "Mana" in native beliefs, which is defined by Max Weber as the charming personality "revealed" in those leaders. The social stratification and the consolidation of the supreme ruling class's status changed the body of society, from complex unity of multi powers to a relatively stable self-organized structure. After the consolidation of the social strata, there are a lot of internal stresses inside it, which has the potential of sudden outburst, like the infinite energy hidden inside the earth after its formation.

iii. Transverse force and longitudinal force

Through the jade and ideology competition among different regional cultures, the competition for the supernatural power is established among paralleled civilizations. Before the formation of the hierarchy political entity, i. e. , the state, the competition is among the different peoples in the same region and finally forms the ideological unity within which the peoples support and compete with each other. However, the competition among different cultures is the competition for the supernatural power. The transverse force that comes from the competition among different peoples in one same region is embodied in two aspects. The first is in their fight for the supreme ruling power in the formation of states. The second is in the fight for supreme power of communicating with god and ideological dominance by acquiring the ruling power. "Jade-as-god" view triggered the fight for resources and power among paralleled cultures, which actually was the fight for the embodiment of supernatural power. In exploring the origin of civilization, researchers used to focus on the material symbols. With deepened research, more and more researchers come to realize the importance of spiritual force. The "jade-as-god" view integrate the spiritual and material forces.

Spiritual force always changes. Therefore the spiritual completion never ends. The transverse forces ultimately lead to the pursuit of the supreme spiritual power. Jade's power of communicating man and god becomes the compass that directs the spiritual force, attracting human beings with the incredibility of supernatural power and leading them into the house of civilization. The discontent for civilization development is more than the secular greed identified by Werner Sombart (1863-1941) when he did research on the source of the capitalist spirits. This discontent that provides an upward force is already rooted in the source of civilization. Besides the secular material desires, humans also desire for spiritual resources.

For the birth of civilization, the significance of transverse force that resulted from the competition among regional cultures and the upward force of spiritual pursuit is fully displayed in one article—*The Transportation of Jade from the West to the East and the Formation of Chinese Civilization*. "The cultural and historical meaning of the transportation of jade, different from that of the transportation of gas from the west to the east, lies in what it has brought into Chinese tradition—spiritual forces, i.e. the national mainstream of core values." Ye pointed out that, "viewing the source of jade ware in east Asia from the perspective of mythology, the main line of Chinese mythology is jade myths and the related faiths. We can see that certain corresponding jade-as-god concept lies behind every type of jade ware. Observing the time and place of the unearthed jades, we can outline the spreading route of jade-as-god view." Such route predicts the direction of the driving force of civilization, which is the very theoretical focus of Ye's two main directions of explaining the civilization spreading. "According to the great tradition, from 8000 years ago to 4000 years ago, the spreading of jade culture can be simplified in two directions, from the north to the south and from the east to the west."

The driving forces for civilization which are implied in the "Road of Jade" took on the multi-element, multi-direction and multi-polar complexion. The previous analysis from three levels is set out for the sake of labor saving. The exploration of Chinese civilization origin requires the mobilization of multi-forces in the "Road of Jade". Therefore a multi-dimensional view of the starting point of civilization can be formed. The "Road of Jade" presents the complex kinetic structure of civilization, which is scattered in Ye's works that analyze jade in the multi-dimensional perspective. Correspondingly, the driving force has been paid much attention to in recent research on the origin of civilization. The kinetic analysis on the way of jade has proved the methodological support for the research.

V. Epilogue: The Methodological Significance of the "Road of Jade"

i. The integrated view of the civilization exploration

The research on the origin of civilization requires an integrated view, which points at an inevitable trend of research on civilization origin. The integration does not confine to the integration of research patterns of all related natural principles in empirical archeology, but also extend to the integration of different views and methods of empirical natural principles, social principles and interpretive humanities. With the deep involvement in civilization exploration, the "Road of Jade" is characterized with the empirical favor, analysis methods of social science (the sociological analysis on the route of jade) and the interpretation feature of humanities ("spiritual archeology" of the jade-as-god view).

On the peculiar features of Chinese civilization, researchers usually attach great importance to rituals. Rituals are part of the "construction of spiritual civilization" of ancient Chinese, which is verified by the "material" evidence—unearthed sacrificial pottery, jade and bronze vessels. But, to deepen the research on their spiritual source should rely on the interpretation of Chinese civilization thoughts. According to the "Road of Jade", the source of rituals is in the concept of regarding jade as god—"worshiping the heaven with jade", which offers a way to deepen the ritual research. However, only when the "jade as god" view is introduced to a larger-scale world civilization and the more-pervasive spiritual archeology, can its real theoretical effects be fully motivated. On the basis of Peter Frost's "Asian-American Shamanism", Kwang-chih Chang put forward the "Asian-American Shamanism as the basement" theory and the Maya-Chinese continuum theory. He thought that the reconstruction of "Asian-American Shamanism" shall be extended to the east of old world, especially China, instead of being limited to the Central and South America region. Since ancient China shares many similarities in many aspects, such as religion and arts, with the Central and South America, they can be placed in the same category as Shamanistic Civilization. His "Asian-American Shamanism as the basement" theory provides larger conceptual space for the jade-as-god view which "worships the heaven with jade". The meaning of Shamanism to the embryology of concepts is echoed in Ye's jade-as-god view. The conceptual logic of "worshiping the heaven with jade" to "regarding jade as god" is revealed in the conceptual derivation of Asian-American Shamanism.

ii. A coherent view of Chinese civilization outlined by the "Road of Jade"

From the historical background of "worshiping the heaven with jade" to the gold medals inserted with jade in the Beijing Olympics, from the "virtue of jade" of the Confucian morals to the fortune made by jade sales, from being buried minerals in the Flood Age to the symbol of highest values in the civilization age, from the reserved, warm, and mild properties to humans' killing and fighting to attain it... jade has gone through the building of Chinese civilization with various gestures, which provides us a perfect perspective to know about the integrity and continuity of Chinese civilization. In the research on the origin of Chinese civilization, its continuity is commonly accepted by scholars. The continuity has two layers of relevant meanings: First, Chinese civilization never stops from the ancient to now, which enchants the west scholars; second, there is a structural continuity of belief, ritual, politics and economics inside Chinese civilization system, which is described by Tu Weiming as "the continuity of being". He used "the continuity of being" to explore the particularity of Chinese thoughts. He raised a question about the concept of "Qi", "in what sense do the most unintelligent substances, such as stones, and the most intelligent embodiments, such as the heaven, constitute of the same thing—Qi?" In Ye's words: How old great tradition becomes the conceptual source of the "little tradition" concepts in written records? "Stones" and "heaven" listed by Tu directly correspond to jade and "jade-as-god view" in the "Road of Jade". The great potential of the way of jade in connecting the great and little tradition and conducting the spiritual archeology can be seen. The continuity, integrity and growth of Chinese philosophy, which are intensively discussed by researchers who conduct comparative studies of Chinese and the western philosophies, may have more to dig up. With the mutual interpretation between the great tradition and the little tradition, comparison of philosophical thoughts can make a great difference.

iii. Probability of mutual interpretation between the great tradition and the small tradition

The "Road of Jade" as the source of civilization has not only confirmed the typical jade type of different civilization ages, but also revealed the most essential particularity of Chinese civilization (jade and ritual). With the full-scale development of Chinese archeology, more civilization sites describe the sky of Chinese civilization history by "stippling". Different from the Su Bingqi's "Starry Sky" to describe the transverse surface of the start of Chinese civilization, Kwang-chih Chang summarized the historical development of Chinese civilization with "continuity". This continuity forces Kwang-chih Chang to regard the birth of Chinese civilization as the typical pattern, while the broken "emergences" of European civilization as untypical, which is the innovative application of Marx's thought of the Asiatic Mode of Production. Chang's brave proposal is verified by revealing the most intrinsic essence of Chinese civilization.

The integration of multi-aspects in jade-as-god view, the centralization of ritual in Chinese civilization, the continuity of the start and development of Chinese civilization, and the unity and integrity of Chinese belief and ritual depict the essence of Chinese civilization from various perspectives, through which, the richness of Chinese civilization is reflected from the mutual revelation and interpretation between the great tradition and the little tradition. If the continuity is the outward feature of the formation of Chinese civilization, the transfer from "jade as god" to "virtue of jade" is the conceptual thread going through the great and little traditions. And the transformation of "worshiping the heaven", a mythological view, to rituals set as political rules, shows that the great tradition and the little tradition share the same ideological regulation system.

In the context of comparative studies of Chinese and Western philosophies,

F. W. Mote pointed out that, the pre-Qin thinkers didn't mention any "Genesis myth", which is the most prominent feature of Chinese philosophy. This conclusion shall be detailedly examined in the context of comparing the civilization and thoughts of China and the West. If we see the origin theories from the clearer reason since the Renaissance, the driving force of Chinese civilization is neither expressed as explicitly as "the God" in the west, nor identified by the pure natural "substance" (according to Thales, water).

Regarding the concrete "the God" or the substance "water" as the originating principle is not typical in Chinese civilization exploration. However, Lao Tzu's ambiguous definition and unclear positioning of the civilization source with "Hun Dun (chaos)", *The Universe Comes from the Water*'s dynamic description of the starting point with the water that has no fixed place and no fixed shape, and in the Song Dynasty, neo-Confucianism scholars' dynamic depiction of Qi showed Chinese view of "the formation of all things", which is pretty different form that of the West. The dynamism, chance-based and pervasive of Chinese view of "the formation of all things" can be traced in the continuity of great tradition of Chinese civilization. In *The Formation of Chinese Civilization*, Xu Pingfang, Kwang-chih Chang et al summarized the continuity as follows.

Chinese civilization was formed in the wholesome frame of the universe's creation, which is of continuity. So, it didn't make any essential difference to the relationship of man and nature. Seen from the ideological perspective, old Chinese civilization developed in the same frame and its development didn't break the original ideological frame.

As to the relationship of man and nature, the comparison of the essential features of Chinese and western philosophy—Chinese theory that "Man is an integral part of nature" and the western theory of "Man and nature are opposite"—is unalterable in the domain of little tradition, which corresponds with the comparison of existing or not of "Genesis myths" in the domain of great tradition.

The methodological approach of mutual interpretation between the great tradition and the little tradition motivated by Ye's "Road of Jade", is a way to lead us out of the puzzle of "making up the history" and "proving the history". But this approach shall be confirmed in the self-examination system of hermeneutic methodology. If we sink into the circular argumentation, the "Road of Jade" will lose its methodological "kinetic energy" and become a new dogma. Take an analogy to explain it, just like the process of "pointing the moon with the finger" eventually turns into the obsession with "the finger" and the process of "pointing the moon" is forgotten. To avoid this extremity, guided by the dynamic theoretic feature of the "Road of Jade", we shall deepen our research into the utmost source "context" of civilization on the basis of more careful analysis of the unearthed materials and with the more human interpretative methods, in order to present a more complex, more multi-dimensional views of the source of Chinese civilization. Maybe, this layer-by-layer mode of research is the sole and most reliable way to enable the kinetic analysis of jade by the "Road of Jade" to give the priority in the onward time sequencing line, which can be random, to jade, rather than the bronze, which also conforms to the real verification of Chinese civilization essence.

Conclusion

"Road of Jade" serves as a new approach to explore the powers that give birth to civilization. Jade has sacred power to give birth to individuals and civilizations as well. "Road of Jade" helps to explain the complex structures in the birth of civilization and reveals the manifold powers that advanced the civilization. The powers can be summarized as, the competition for materials and the strive for ideological power, the competition among different regional cultures and the fight for social strata within one single civilization community, transverse force and longitudinal force. The proposal of "Road of Jade" has significance beyond the civilization research as well. With the proposal of "Road of Jade", integrated view of the civilization exploration is broadly recognized. "Road of Jade" helps to outline a coherent view of Chinese civilization.

Reference

[1] Ye Shuxian. The Hero and the Sun[M]. Xi'an: Shaanxi People's Publishing House, 2005.

[2] Ye Shuxian. Lao Tzu and Mythology[M]. Xi'an: Shaanxi People's Publishing House, 2005.

[3] Ye Shuxian. Cultural Analysis of Chuang Tzu[M]. Xi'an: Shaanxi People's Publishing House, 2005.

[4] Ye Shuxian. Cultural Interpretation of Shijing[M]. Xi'an: Shaanxi People's Publishing House, 2005.

[5] Ye Shuxian. The Totem Bear: Chinese Ancestors' Mythical Exploration of the Civilization Origin[M]. Shanghai: Shanghai Literature & Art Press, 2007.

[6] Ye Shuxian. The Golden Bough and the Jade Leaf: Comparative Mythology from Chinese Perspective[M]. Shanghai: Fudan University Publishing House, 2012.

[7] Ye Shuxian. The Transportation of Jade from the West to the East and the Formation of Chinese Civilization[N]. Guangming Daily, 25 July 2013.

[8] Chen Chun. Resource, Religion and the Vicissitudes of Civilization [J]. Southeast Culture, 2000(5).

[9] Chen Chun. Exploration of the Origin of Civilization and Early State: Comparison of the Theories, Methods and Research Results[M]. Shanghai: Shanghai Century Publishing Group, 2007.

[10] Eliade, Mircea. Patterns in Comparative Religion[M]. Guilin: Guangxi Normal University Press, 2008.

[11] Allan, Sara. The Way of Water and Sprouts of Virtue: Metaphor of

Chinese Early Philosophical Thoughts [M]. Beijing: The Commercial Press,2010.

[12] Su Bingqi. On the Districts, Systems and Types in Archeology[J]. Cultural Relics, 1981(5).

[13] Kwang-chih Chang. The Bronze Age of China[M]. Beijing: SDX Joint Publishing Company, 2013.

[14] Li Hongwei. Kwangchih Chang's Gain and Loss in the Research on Chinese Civilization[J]. Hebei Academic Journal, 2003(5).

[15] Xing Jinshan. Jade and the Olympics: Analysis on the Jades in Beijing Olympics[J]. Relics from South, 2008(2).

[16] Tu Weiming. The Continuity of Being: Chinese Visions of Nature, and Analysis on the Three Keynotes of Chinese Philosophy[J]. Research of Chinese Philosophy History, 1981(1).

[17] Xu Pingfang, Kwang-chih Chang. The Formation of Chinese Civilization[M]. Beijing: New World Press, 2004.

后 记

本书在作者已发表于学术期刊的数篇文章基础上统合编纂而成，分别为：

1.《中华文明起源"玉教说"及其动力学分析》，载《思想战线》2014年第2期。

2.《文学人类学的理论视野——以叶舒宪的相关研究为例》，载《文贝：比较文学与比较文化》2015年第2期。

3.《大传统的思想意义》，载《长安大学学报》（社会科学版）2014年第2期。

4.《中华文明起源"玉教说"的方法论意义与观念效应》，载《百色学院学报》2015年第2期。

5.《N级编码理论与挖不透的表象之墙》，载《百色学院学报》2013年第5期。

6.《"格物"说的大传统探源》，载《百色学院学报》2017年第1期。

7.《网络游戏角色扮演的艺术人类学思考》，载《艺术学界》2015年第1期。

8.《在仪式中获得永生的有限存在者——关中丧葬仪礼的文化人类学考察》，载《宝鸡文理学院学报》（社会科学版）2015第3期。

9. "Road of Jade"—Kinetic Analysis of Jade on the Origin of Chinese

Civilization[J]. Journal of Literature and Arts Studies, 2016.

10.《复制人的考验与人性测试——〈银翼杀手〉中的哲思》,载《电影新作》2017年第12期。

关于物联网的章节,采自作者提交给"全国博士后学术论坛"第一届年会"大数据时代下新型智慧城市及全球展望"(2016年12月,横琴)的会议论文。附录一"文学人类学的中国路径与问题——中国比较文学学会第十二届年会暨国际学术研讨会小组研讨综述"为作者参会后的会议综述,未发表。

对电影《你的名字》的文学人类学解读,曾以《细若游丝的线性存在:〈你的名字〉的文化解读》为题,通过"人文交大""文学人类学"和"陕西省外国文学学会"等三个公众号传布。

文学人类学作为新的方法论创新仍在发展与探索中,但其方法论效应史的彗尾已然扫过了当代中国人文学科的广袤领域。作为系统的方法论体系研究和总结,本著尚不能且不应该做到周全和完备。但毫无疑问,文学人类学的方法论观念已经烙印在笔者的人文思考中。对受惠于前辈的思想启迪,拙著暂以朦胧而开放的"想象力"予以概括。"想象力"一词同样是一种召唤:对于任何一个自认为不缺乏想象力的人来说,这个词都向着无穷的可能世界开放着。

感谢以上学术刊物及公众号的支持,感谢"全国博士后学术论坛"提供的交流平台,感谢陕西师范大学出版总社人文学术出版中心主任冯晓立先生,感谢邓微女士和王文翠女士的细心审读。感谢爱妻李宁的付出和儿子行健的鼓励。

2018年5月